Alev Lytle Croutier

WASSER
ELIXIER DES LEBENS

Mythen und Bräuche, Quellen und Bäder

Wilhelm Heyne Verlag
München

Titel der amerikanischen Originalausgabe:
TAKING THE WATERS:
SPIRIT · ART · SENSUALITY
Ins Deutsche übertragen von Bernd Rullkötter

Umschlag, vorn: Sir Lawrence Alma-Tadema,
Die Caracallathermen, siehe Seite 83
Schmutztitelseite: Galileo Chini, Detail eines
Freskos (1922) an der Wand der Galatreppe
in den Berzieri-Bädern, Salsomaggiore
Frontispiz: Poster, Baden
S. 10—11, 74—75 und 184—185: Detail der Fliesen-
arbeit in den Berzieri-Bädern, Salsomaggiore

Die Originalausgabe erschien im Verlag Abbeville
Press, New York
Copyright © 1992 Alev Lytle Croutier
Copyright © 1992 der deutschen Ausgabe by
Wilhelm Heyne Verlag GmbH & Co. KG, München
Buchgestaltung: Patricia Fabricant
Schutzumschlaggestaltung: Christian Diener
Satz: Schaber Datentechnik, Wels
Printed in Singapore

ISBN 3-453-05924-7

Für Robert

Denn eher heizt die Liebe eisige Flut,
Als Wasser löschen mag der Liebe Glut.
William Shakespeare, Sonett 154

Inhalt

Wasser ist H$_2$O:
Zwei Teile Wasserstoff,
Ein Teil Sauerstoff.
Aber da ist noch ein Drittes,
Das es zu Wasser macht.
Und niemand weiß, was es ist.

D. H. LAWRENCE

Vorwort

Ich schreibe dieses Buch in einem Brunnenhäuschen sitzend; über meinem Kopf befindet sich eine ständig pumpende Zisterne, die eine enorme Wassermenge enthält. Manchmal stelle ich mir vor, daß mir ein Wassergeist über die Schulter blickt, während ich gerade über ihn schreibe. Und zuweilen fürchte ich, daß die Zisterne unter dem Druck bersten und ich in der Flut umkommen könnte.

Aus meinem Fenster sehe ich auf einen gewaltigen Ozean: Wellen schmettern an den Strand, Wale schwimmen vorbei, Fischerboote liegen am Riff, und in der Ferne ziehen sorgfältig gestrichene Ozeandampfer am Horizont entlang. Ich denke an das Buch, das ich zum Thema Wasser schreibe. Ich denke daran, wie das Wasser sich auf mein eigenes Leben ausgewirkt hat und es auch weiterhin — sogar ohne mein Wissen — tut.

Wasser ist das wertvollste Element in unserem Leben. Es ist ein Tänzer in mannigfaltiger Gestalt. Es bringt Geräusche in unterschiedlichen Tonhöhen hervor — leidenschaftlich, beruhigend und ätherisch. Die hypnotische Unschuld des Wassers verbirgt nichts, und trotzdem ist es ein Rätsel — voll von endlosen Assoziationen, heilig und profan, schöpferisch und zerstörerisch.

Merkwürdigerweise wurde ich unter dem Zeichen des Wassermanns geboren, in einem Haus am Meer, und auch jetzt wohne ich in einem Haus an einem anderen Meer. Wo immer ich bin, suche ich nach den Ursprüngen des Wassers — sei es am Ozean, an heißen Quellen oder in großen Badeorten. Aber gleichzeitig habe ich Angst vor dem Wasser, denn zweimal wäre ich fast ertrunken, und einmal überlebte ich eine folgenreiche Überschwemmung. Das letzte Erdbeben von San Francisco überraschte mich ausgerechnet, während ich in einer Badewanne voll Wasser saß.

Jeder hat seine eigenen Geschichten über das Wasser zu erzählen, und sie scheinen aus einem hervorzusprudeln, ohne daß es eines besonderen Anlasses bedürfte. Viele meiner Geschichten ereigneten sich in meiner Kindheit an der ägäischen Küste der Türkei. Aus dem Fenster meiner Großeltern sah ich häufig, wie ein Esel traurig im Kreis dahintrottete und das Wasserrad drehte. Oder ich beobachtete die auf ihren Kamelen reitenden Nomaden. Kamele sind prächtige Tiere mit Wasserspeicherzellen in den Mägen, die sie für Wüstendurchquerungen unschätzbar wertvoll machen. Hin und wieder erhaschte ich einen Blick auf meine Großmutter, wenn sie sich unbeobachtet fühlte und zum Brunnen sprach oder Münzen hineinwarf. Manchmal tat ich das gleiche.

Wir durchlebten endlose Dürreperioden, in denen kein einziger Wassertropfen vom Himmel fiel und in denen der Inhalt der Wassertanks äußerst sparsam verteilt wurde. — Wie Benjamin Franklin in *Der arme Richard* schrieb: »Wenn der Brunnen trocken ist, erkennen wir den Wert des Wassers.« Stellen Sie sich vor, Sie würden den Wasserhahn aufdrehen und nichts als ein höhnisches Zischen hören! Stellen Sie sich vor, Sie könnten nicht baden, die Toiletten nicht spülen oder Windeln tage- und manchmal wochenlang nicht waschen!

Die Dürre zwang uns, mit Tonkrügen und Eimern loszuziehen und Wasser aus einem zentralen Brunnen zu holen. Bald wurde diese Stelle zu einem Treffpunkt, an dem sich die Frauen unterhielten und sich den neuesten Klatsch erzählten. Um die Ecke vergnügten sich die Männer in Teehäusern und rauchten Wasserpfeifen.

Ich entsinne mich, daß mein Vater uns oft in einen ländlichen Badekurort schleppte, wo wir die schwefelhaltige Feuchtigkeit ertragen mußten und gezwungen wurden, entsetzlich schmeckendes Wasser zu trinken. Da dieses Wasser unsere Gesundheit verbessern und unser Leben verlängern sollte, galt die Qual als gerechtfertigt.

Die Philosophie des Badens fasziniert mich seit 1989, als ich von der Zeitschrift *Art & Antiques* damit beauftragt wurde, einen Artikel über Bäder in der Kunst zu schreiben. Ich erinnerte mich, daß mein Geburtshaus ein *hamam*, ein gemeinschaftliches Badehaus, besaß. Als meine Familie ein paar Jahre später in eine moderne Wohnung umzog, die über eine private Dusche verfügte, vermißte ich diese Baderituale. Glücklicherweise kehrte ich in die Welt der *hamams* zurück, als ich ein Mädcheninternat in Istanbul besuchte. Jeden Samstagmorgen schlüpften wir, mit wehenden Burnussen und klappernden *pattens*, in ein *hamam*, das mit glänzenden Fliesenwänden und Marmorbecken ausgestattet war. Als Zwölfjährige schloß ich mich damals einer höchst exklusiven Gesellschaft sinnlicher Mädchen an, deren ältere ihren Körper selbstbewußt und genüßlich zur Schau stellten. Das Baden war, wie ich entdeckte, eine Kunst der heimlichen Enthemmung und Lüsternheit.

Die Möglichkeiten der intimen Begegnung mit dem Wasser sind unzählbar. Bei meinen Nachforschungen habe ich mich auf die metaphysischen, ästhetischen und verjüngenden Aspekte des nassen Elements konzentriert. Ich fand heraus, daß das Wasser im Leben aller Menschen eine spirituelle Kraft war und ist. Brunnen, Quellen und Ströme wurden wegen ihrer Heilkräfte verehrt. Im Laufe der Jahrhunderte haben sich diese geheiligten Gewässer dann zu beliebten Bädern und Kurorten entwickelt, welche die sich wandelnde Moral und die immer neuen Einstellungen der jeweiligen Gesellschaft widerspiegeln.

Es gibt Tausende von Badeorten auf der Welt, von abgeschiedenen heißen Quellen hoch oben in den Bergen bis hin zu den prächtigen Kurorten, die von der europäischen Aristokratie des 19. Jahrhunderts aufgesucht wurden. Ich habe jene ausgewählt, die reich an Geschichte sind und die Unversehrtheit ihres Wassers und den Geist des Ortes bewahrt haben. Diejenigen, zu denen ich reiste, teilten nicht nur die Mythologie ihres Wassers, sondern auch die sie umgebende Welt mit mir und wurden zu einem Teil meiner eigenen Mythologie. Gewöhnlich haben nur wenige Privilegierte Zugang zu diesen Orten, doch die Großzügigkeit vieler Personen ermöglichte mir, etliche Badekuren zu machen und mich daran zu erfreuen, wie das Wasser Kunst, Architektur, Musik und Film beeinflußt hat.

Wasser hat eine eigene Sprache. Wenn wir untersuchen, wie sich die Menschen im Lauf der Geschichte seinem Tanz angeschlossen haben, können wir, wie ich glaube, eine tiefere Kenntnis von diesem so kostbaren Element erlangen. Unsere Einstellung gegenüber dem Wasser prägt unsere ökologischen und geistigen Werte.

A. L. C.

DER GEIST DES WASSERS

> *Das Wasser ist das Element des selbstlosen Gegensatzes, das passive Sein-für-Ande-res ... das Wasser hat somit Dasein als Sein-für-Anderes. ... seine Determination ist, das noch nicht Besondere zu sein. ... und darum ist es früh »die Mutter alles Besonderen« genannt worden.*
>
> GEORG WILHELM FRIEDRICH HEGEL, *Die Naturphilosophie*

Mythen

Das edelste Element

Wasser ist stets als Quelle der physischen und metaphysischen Energie gefeiert worden. Die Naturphilosophen sahen in ihm den Ursprung der Entstehungsprozesse des Lebens, die sie als »sensibles Chaos« bezeichneten. Goethe erblickte in ihm das universelle Element, und von Pindar wurde es das »edelste Element« genannt. Leonardo da Vinci forderte, eine umfassende Methode zur Erforschung des Wassers zu entwickeln, vom kleinsten Tropfen bis hin zu den größten Flüssen. Für ihn war das Wasser voller Paradoxa:

William Bouguereau, Die Geburt der Venus, 1879, Ölgemälde auf Leinwand, 300 x 218 cm. Musée d'Orsay, Paris

> *Wasser ist manchmal scharf und manchmal kräftig, manchmal sauer und manchmal bitter, manchmal süß und manchmal dick oder dünn, manchmal sieht man, wie es Schaden anrichtet oder die Pest bringt, manchmal spendet es Gesundheit, manchmal ist es giftig. Es nimmt so viele Merkmale an wie die verschiedenen Orte, durch die es fließt. Und wie sich der Spiegel mit der Farbe seines Gegenstandes ändert, so wandelt sich das Wasser mit dem Charakter des Ortes; es wird lärmend, abführend, zusammenziehend, schwefelhaltig, salzig, fleischfarben, traurig, wütend, ärgerlich, rot, gelb, grün, schwarz, blau, schmierig, fett oder schlank. Manchmal löst es einen Brand aus, manchmal löscht es ihn; es ist warm, und es ist kalt, es trägt davon oder setzt nieder, füllt aus oder baut auf, reißt ab oder begründet, füllt oder leert, erhebt sich oder gräbt sich ein, rast dahin oder ist unbewegt; zuweilen ist es die Ursache von Leben oder Tod, von Wachstum oder Mangel, zuweilen nährt es, und zuweilen tut es das Gegenteil; zuweilen hat es einen Geschmack, zuweilen hat es keinen, manchmal überschwemmt es die Täler mit großen Fluten. Mit der Zeit und mit dem Wasser ändert sich alles.*

Die schöpferischen und zerstörerischen Elemente des Wassers hoben es in einen metaphysischen Bereich. So schrieb Wolfram von Eschenbach im *Parzival*: »Wasser steht als Saft im Baum, / Wasser macht die Wesen fruchtbar, / die man Geschöpfe nennt, / Wasser läßt die Augen sehen, / Wasser gibt den Seelen Glanz, / den nicht mal Engel überstrahlen.«

Schöpfungsmythen

Warum war den alten Persern das Meer heilig? Warum gaben ihm die Griechen eine eigene Gottheit, Zeus' leiblichen Bruder? Das alles ist sicherlich nicht zufällig.

HERMANN MELVILLE, *Moby Dick*

In den antiken Zivilisationen war das Wasser als Quelle des Lebens, als Samenflüssigkeit, als Saft des Erdschoßes heilig, und es zieht sich als gemeinsames Motiv durch all ihre Schöpfungsmythen. Der Schöpfungsakt wurde als Katharsis in einem von den großen Gottheiten vollführten Tanz betrachtet. Diese Gottheiten waren die Elemente: unzertrennliche und voneinander unabhängige Systeme, welche die Zyklen der Natur, die Jahreszeiten und die Ernährung aller Geschöpfe regelten. Wasser konnte nicht ohne Erde, Feuer und Luft existieren. Es gab noch keine Zersplitterung.

Flüssig, farblos und durchsichtig, wurde Wasser als kosmischer Spiegel gesehen, der alles — Geschöpfe, Berge, Wolken — zurück zum Ursprung führte. Das Bild des Wassers als Spiegel des Universums drang auch in die Weltreligionen ein. »Am Anfang schuf Gott Himmel und Erde. Und die Erde war wüst und leer, und es war finster auf der Tiefe; und der Geist Gottes schwebte auf dem Wasser«, heißt es im 1. Buch Mose.

Da in fast jeder Zivilisation angenommen wurde, daß das Leben im Meer begonnen hat, ist das Wort für »Meer« in vielen Sprachen feminin, und es hat stets mit dem entstehenden Leben zu tun. Im Sumerischen zum Beispiel bedeutete *mar* »Schoß« und »Meer«. Die Sumerer glaubten, am Anfang habe es nur das stille Meer unter der ungeheuren Leere des Himmels gegeben, und es habe darauf gewartet, von der Sturmgöttin Huracan berührt zu werden. Nachdem es von ihr berührt wurde, sei die Erde aus der *mar* gekommen.

Der Meeresbiologe Lyall Watson bedient sich in seinem Buch *The Water Planet* (1988) einer ähnlichen Analogie: »Es [das Meer] hat Stimmungen, die unsere eigenen widerspiegeln — von kleinen Wellen des Interesses und des Bewußtseins bis hin zu tobenden Fluten des Zorns und der Wut. Und bei all diesen Manifestationen bewahrt es eine mütterliche Stimme und Erinnerungen an ihren Schoß.«

Im japanischen Schöpfungsmythos erwacht ein gigantischer Karpfen aus seinem Schlummer am Meeresboden. Er schlägt so heftig um sich, daß er eine enorme Flutwelle (*tsunami*) auslöst, aus der sich die Erde in Gestalt der japanischen Inseln erhebt.

Der indische Gott Wischnu hingegen läßt die Erde entstehen, während er auf der kosmischen Schlange ruht, die auf den kosmischen Wassern dahinschwimmt.

In den Prärien Nordamerikas, wo Apachen, Pima und Blackfoot lebten, war alles still, bis der Alte Mann auf seinem Floß eintraf und die Erde aus dem Wasser aufsteigen ließ. Andere nordamerikanische Indianerstämme beschrieben, daß der Schöpfer ein Tier auf den Meeresgrund schickte und es Schlamm, aus dem er die Erde formte, heraufholen ließ. Daneben gab es den Mythos vom Erdtaucher, der das Land aus den Urwassern an die Oberfläche brachte.

Die Indianer ahnten nicht, daß es jenseits der Ozeane Menschen gab, die sich ähnliche Schöpfungsmythen erzählten. Zum Beispiel war der sumerische und akkadische Apsu das Urchaos, der Süßwasserozean unter der Erde, der zu Beginn der Zeiten mit der Göttin Tiamat vereinigt wurde.

Uralte Wassergottheiten

Alle frühen Zivilisationen vergöttlichten die Elemente. Manche Wassergottheiten waren gut, andere böse, doch alle waren mächtig — in der Regel allmächtig — und jederzeit fähig, das Schicksal der Menschen zu gestalten. Die Menschen fürchteten oder verehrten sie und beteten zuweilen zu ihnen. Obwohl sich die Namen der Götter und ihre Gestalt von Kultur zu Kultur unterschieden, war ihnen das entscheidende schöpferische und zerstörerische Wesen des Wassers gemeinsam.

Im Zweistromland verehrte das assyrisch-babylonische Volk das Wasser als Urelement, das aus Apsu, einem die Erde umgebenden Abgrund, stammte; sie personifizierten es in Gestalt Enkis oder Eas, des Schöpfers lebensspendender Quellen, Seen und Ströme. (Ea soll auch Freundschaft mit Noah geschlossen und ihm geraten haben, eine Arche zu bauen, um sich vor der Sintflut zu retten.) Canopus in Ägypten, Apah in Indien und Alejin in Phönizien waren sämtlich Versionen der Götter, die aus Apsu hervorgingen.

Die chaldäische und persische Göttin Anahita, bekannt als die Makellose, war Personifikation der von den Sternen strömenden Samenflüssigkeit der Erde. Ein Archetyp der Artemis, war sie auch die Göttin der vom Himmel fließenden Wasser, die der Erde Fruchtbarkeit verliehen.

In der japanischen Mythologie ist das Wort *umi* (Ozean) homophon mit dem Verb »gebären«, und viele der alten japanischen Gottheiten wurden durch den Kontakt mit dem Meer hervorgebracht. Der Meeresgott, später Drachenkönig genannt, lebte, ähnlich wie die olympischen Wassergottheiten, mit seinen Töchtern und Dienerinnen im Wasser.

Viele Gottheiten, Weltenschöpfer und Helden, deren Eltern oft namenlos, abwesend oder unbekannt sind, stammen aus dem Wasser. Zum Beispiel wurde Sargon, der Gründer Babylons, dessen Vergangenheit unklar ist, von dem Wasserträger Akki aus dem Schilf gerettet. Karna, ein Held des indischen Epos *Mahābhārata*, wurde auf dem Ganges treibend entdeckt. Aphrodite entsprang einer Muschel aus dem Schaum des Meeres. Während die Tochter des Pharaos im Nil badete, erblickte sie Moses (sein Name bedeutet »Wasserschöpfer«), der in einem Korb vorbeitrieb. — All diese Überlebenden erlangten ihre Macht im Bund mit den Kräften des Wassers.

Die ägyptische Göttin Nut symbolisierte die fließende Einheit der himmlischen Urgewässer. Später trat sie in griechischen Mythen als die kretische Prinzessin Ariadne und die Göttin Aphrodite auf.

Böse Gewässer

Die Chinesen fürchteten das Meer. Wie den Balinesen erschien es ihnen als zorniges Gewässer, von seltsamen, bedrohlichen Geistern bevölkert, die alle Eindringlinge davonscheuchten. Auch Sedna, die Eskimogöttin der Meerestiere und Herrin der Wale, hatte böse Eigenschaften. Die Zulu glaubten, daß ein Tier die Gewässer bewohne, und vermieden es, in Quellen zu blicken, damit das Tier ihnen nicht die Seele stahl. Der Verlust der Seele wurde mit dem Verlust des Lebens gleichgesetzt, denn der Körper konnte sich ohne Energiezufuhr durch die Seele nicht am Leben erhalten.

Die Eingeborenen auf den Andamanen im Golf von Bengalen waren davon überzeugt, daß ihr Spiegelbild ihre Seele sei, weshalb sie nie ins Wasser schauten. Wenn jemand im antiken Griechenland oder in Indien träumte, sein Spiegelbild im Wasser zu sehen, galt dies als Omen, daß er bald sterben würde. Man fürchtete auch, daß Wassergeister die Seele zu sich herunterziehen könnten, so daß der Betreffende die bevorstehende Reise seelenlos antreten mußte.

Dies alles bestärkt uns in der Vermutung, daß die Legende von Narziß, einem schönen Jüngling, der sich in sein eigenes Spiegelbild im Wasser verliebt — eine Egozentrik, die sich als tödlich erweist —, auf ähnliche Auffassungen zurückzuführen ist. Doch die Bedeutung der Geschichte von Narziß, der sich in den Brunnen stürzte und ertrank, sei, so Hermann Melville, noch tiefer: »Aber dieses gleiche Bild sehen wir selbst in allen Flüssen und Meeren. Es ist das Bild vom unfaßbaren Phantom des Lebens; und das ist der Schlüssel zum Ganzen.«

Klassische Wassergottheiten

Die klassische Mythologie nahm einen großen Teil der bestehenden heidnischen Überlieferungen in sich auf und entwarf ein äußerst komplexes religiöses System, das, mehr als jedes andere, Wasser mit Schöpfung und Vernichtung, Fruchtbarkeit und Tod, Schönheit und Sexualität, Leidenschaft und Macht und immer mit Rätselhaftigkeit in Verbindung bringt. Die Gottheiten, die diese Erscheinungen symbolisieren, treten fast ausschließlich in menschlicher Gestalt auf. Sie versinnbildlichen und beherrschen die Kräfte der Natur. Die Spannung und Anziehung zwischen diesen Kräften wurde zur Grundlage der klassischen Kosmologie. Zum Beispiel symbolisiert Okeanos, der Sohn des Uranus (Himmel) und der Gäa (Erde), den großen Strom, welcher der antiken Geographie zufolge die Erde umspannt. Die Gelehrten jener Zeit hielten ihn für das Magnetfeld um die Erde, das, ähnlich wie die Wasser im 1. Buch Mose, die ozeanischen Möglichkeiten einer noch ungestalteten und leeren Welt repräsentierte. In der menschlichen Psyche weckte Okeanos das Gefühl ungeheurer Tiefe und Weite, das man mit dem offenen Meer verbindet — eine Erfahrung unpersönlicher Größe, die unfaßbar und deshalb erschreckend ist.

Okeanos und seine Schwester und Gemahlin Tethys waren Titanen, die über das flüssige Element einer uranfänglichen Welt herrschten. Nachdem Zeus und seine Brüder die Titanen gestürzt hatten, wurde Poseidon zum Nachfolger des Okeanos. Sein römisches Pendant Neptun — zunächst ein Gott der Quellen, eine recht freundliche Süßwassergottheit — entwickelte sich nach und nach zu einem furchteinflößenden Meeresgott, dem man die stürmi-

Edward Burne-Jones,
Die Meerestiefen,
1887, Aquarell und
Gouache auf Papier,
aufgezogen auf Holz-
tafel, 169,4 x
75,8 cm. Mit Geneh-
migung des Fogg Art
Museum, Harvard
University, Cam-
bridge, Massachu-
setts, Vermächtnis
von Grenville L.
Winthrop

schen Kräfte des Wassers zuschrieb. Vermenschlicht als ein grimmiger, bärtiger Krieger mit einem Dreizack, konnte er Stürme heraufbeschwören oder bändigen. Pferde mit ehernen Hufen und goldenen Mähnen zogen seinen Kampfwagen über das Meer, während die Geschöpfe der Tiefe in seinem Kielwasser herumtollten. Er war der Gott aller Gewässer und regelte ihre Gezeiten.

Francesco Colonna, Neptun und das Pferd, *Miniatur aus einem Velinmanuskript des 16. Jahrhunderts. Bibliothèque Nationale, Paris*

Nereiden

Die Nereiden, die schönen und verspielten Nymphen der Meere, waren die Töchter von Nereus, dem Sohn des Okeanos, und seiner Schwester Doris. Sie repräsentierten die Harmonie und das Gleichgewicht der Gewässer, und starke Kräfte stellten ihnen nach. Zum Beispiel verliebte sich Neptun in die Nereide Amphitrite und umwarb sie, wobei er auf einem Delphin ritt. Nachdem Neptun ihr Herz gewonnen hatte, machte er Amphitrite zu seiner Frau und ließ den magischen Delphin, der ihm Glück gebracht hatte, unter den Sternen erscheinen.

Die Nereide Thetis war so schön, daß sich kein geringerer als Zeus selbst in sie verliebte. Doch als Prometheus, ein Titan, prophezeite, sie werde einen Sohn zur Welt bringen, dem es beschieden sei, seinen Vater eines Tages an Bedeutung zu übertreffen, gab Zeus seine Bemühungen auf und verfügte, Thetis solle einen Sterblichen heiraten. König Peleus errang mit Hilfe des Zentauren Cheiron ihre Gunst; der einzige überlebende Sohn der beiden war der griechische Held Achilles, der ebenfalls eine starke Beziehung zum Wasser hat.

Die Nereide Galatea hatte weniger Glück als ihre Schwestern, denn der Zyklop Polyphem, der die dunklen und ungestümen Kräfte der homerischen Tiefe verkörperte, stellte ihr zwanghaft nach. Er war so eifersüchtig, daß er einen schweren Felsbrocken auf Acis, den schmucken jungen Geliebten der Galatea, schleuderte und diesen damit zerschmetterte. Zuerst floß purpurnes Blut unter dem Felsen hervor, doch allmählich wurde es kristallklar. Der Fels teilte sich, und das Wasser sprudelte mit einem sanften Murmeln aus der Spalte hervor. — Galatea hatte Acis in einen Flußgott verwandelt.

Leukothea war einst eine sterbliche Frau namens Ino, die mit ihrem kleinen Sohn vor ihrem bösartigen Gatten Athamas flüchtete und von einer Klippe sprang. Die Götter retteten ihnen aus Mitleid das Leben, verliehen ihnen die Kräfte von Wassergottheiten und benannten sie um in Leukothea und Palämon (Portunus). Leukothea war für die Rettung von Seeleuten verantwortlich, die Schiffbruch erlitten hatten, und Palämon war für die Häfen zuständig.

Diese Mythen inspirierten zahlreiche dichterische Werke. Zum Beispiel spielt Milton in einem Lied am Ende seines Dramas *Comus* auf die Eigenarten an, welche die gesamte Hierarchie der Wassergottheiten kennzeichnen:

> *. . . schöne Sabrina,
> Höre und erscheine uns.
> Im Namen des großen Okeanos,
> Beim Zepter des erderschütternden Neptun
> Und Tethys' majestätisch' Tun,*

Bei des alternden Nereus Falten,
Des karpath'schen Zaub'rers Haken [Proteus],
Bei des schupp'gen Tritons Muscheln
Und des prophet'schen Glaucus Tuscheln,
Bei Leukotheas lieblich Händen
Und ihrem Sohn, dem Herrscher an den Stränden,
Bei Thetis' glitzernd beschuhten Füßen
Und der Siren Lieder, ach so süßen.

Aphrodite

Die wohl verführerischste der mit Wasser in Zusammenhang gebrachten klassischen Gottheiten ist Aphrodite (Venus), die Göttin der Liebe und Schönheit und die Beschützerin der Seeleute. *Aphros* bedeutet »Schaum«, und *Aphrodite* ist zu übersetzen mit »die Schaumgeborene«. Bereits bei Homer erscheint sie unter dem Beinamen Anadyomene, »die aus den Wellen steigt«.

Dem Mythos zufolge hatte Uranos (Himmel) seine Frau Gäa (Erde) erzürnt, weil er drei ihrer gemeinsamen Kinder, die Zyklopen, aus Angst vor deren Macht in den Tartaros, den Abgrund unter der Erde, gestürzt hatte. Daraufhin

LINKS: *Andreas Groll,* Pan und die Nymphen, *1897, Ölgemälde auf Leinwand, 74,9 x 109,9 cm. Privatkollektion*

RECHTE SEITE, OBEN: *Sandro Botticelli,* Die Geburt der Venus, *ca. 1484—1486, Tempera auf Leinwand, 172,5 x 278,5 cm. Galleria degli Uffizi, Florenz*

RECHTE SEITE, UNTEN: Aphrodite auf einer Muschel, *3. Jahrhundert v. Chr., Skulptur. Louvre, Paris*

wandte sich Gäa an ihren Sohn Kronos. Dieser kastrierte Uranos und verstreute den Samen seines Vaters über den Ozean. Der auf den Wellen treibende Same wurde zu Meeresschaum, aus dem die schöne Aphrodite in einer Kammmuschel geboren wurde. Sanfte Winde wehten sie über die Ägäis, und sie landete auf der Insel Zypern. Die Göttin war so anmutig und bezaubernd, daß die Jahreszeiten herbeieilten und sie anflehten, auf der Insel zu bleiben.

Dieses Bild von Aphrodites Herkunft inspirierte zahlreiche Künstler. In Gemälden wie Botticellis Meisterwerk *Geburt der Venus* entsteigt sie nackt ihrer Kammuschel.

Rimbaud brachte seine heftige Leidenschaft für
Venus in *Soleil et chair zum Ausdruck:*
  Wie diese Erde mannbar ist und reich an Blut,
  Wie ihre mächt'ge Brust, erhöht von einer Seele,
  Aus Liebe ist wie Gott und auch aus Fleisch
  wie eine Frau,
  Und wie sie, groß durch Saft und Lichtes
  Strahlen,
  Enthält das weite Schwärmen aller Embryos!
  Und alles wächst, und alles sich erhebt!
  — O Venus, o Göttin!
Wenn sie von der Jagd erschöpft war, kehrte sie in
ihre Grotten zurück, um sich an den funkelnden
Wassern ihrer Quellen zu laben.

Aphrodite ist für immer verbunden mit der weißen, schäumenden Sinnlichkeit des Meeres, dem Rhythmus der Wellen und der Feuchtigkeit der Liebe. Auch die sie umgebenden Meerestiere versinnbildlichen Aspekte der Sexualität. Zum Beispiel läßt die rosige und zarte Kammuschel an die weiblichen Genitalien denken. Aphrodite Pandemos, eine der früheren griechischen Erscheinungsformen der Göttin, wurde gemeinhin auf einem Delphin stehend abgebildet, der die fröhliche und spielerische Erotik verkörperte. Diese frühere Aphrodite war auch die Göttin der Vegetation, der Fruchtbarkeit und des Regens. Aischylos läßt sie in den *Danaiden* sagen:

> *Sehnt sich der hehre Himmel nach der Erde Schoß,*
> *Faßt Sehnsucht auch die Erde, ihm vermählt zu sein.*
> *Und Regen, der, umarmt er sie, vom Himmel strömt,*
> *Schwängert die Erd, und sie gebiert dem Menschenvolk*
> *Der Herden Weide und Demeters Frucht fürs Brot.*
> *Der Bäume Blüte wird durch solcher Brautnacht Tau*
> *Gedeihnde Frucht. Bei alledem bin ich am Werk.*

In den noch früheren Mythologien war Aphrodite eine Fischgottheit mit einer großen Gefolgschaft in Nordsyrien und um Ninive (was »Haus der Fische« bedeutet). Ihre menschliche Gestalt wurde der Göttin erst später verliehen. Im Laufe der Verwandlung, die auf alten nahöstlichen Tafeln verzeichnet ist, wird sie als Halbjungfrau und Halbfisch — als Nixe — beschrieben und Derketo genannt. In *De Dea Syria* schildert der griechische Autor Lukian Derketo als seltsames Wesen: »Die Hälfte war eine Frau, und das übrige, von den Schenkeln bis zu den Fußspitzen, sah aus wie ein Fischschwanz.« Wie ihre Nachfolgerin war auch Derketo aus Meeresschaum geboren worden.

Artemis

Artemis war — wie ihr römisches Pendant Diana — die Herrscherin der stillen Flüsse und der schattigen Wälder. Von einem Nymphengefolge umgeben, suchte sie gern Teiche und sprudelnde Quellen auf und belegte Grotten mit Beschlag, die niemand sonst betreten durfte. Sie verkörperte den heimlichtuerischen Aspekt der weiblichen Psyche.

Ovid beschreibt in den *Metamorphosen*, daß kein Sterblicher die heilige Höhle der keuschen Diana entdecken sollte, bis sie, umringt von einer Schar nackter Nymphen, eines Tages von Aktaion, dem König von Kadmos, beim

In Askalon, in einem der ältesten je ausgegrabenen Tempel, entdeckte man den Fischkult der Atargatis, der phrygischen Mondgöttin, eine frühere Erscheinungsform der Aphrodite. Ihre prächtige, fischschwänzige Statue war mit Gold und Edelsteinen bedeckt, und die Statuen der heiligen Fische in ihren Tempeln trugen Juwelen in ihren Flossen, Lippen und Kiemen.

Bad überrascht wird. Der Jüngling, auf einen solchen Anblick nicht gefaßt, setzt eine so lüsterne Miene auf, daß Diana ihn zur Strafe in einen Hirsch verwandelt. Daraufhin wird Aktaion von seinen eigenen Hunden gehetzt und zerrissen.

In früheren Darstellungen war Artemis/Diana auch eine große Fruchtbarkeitsgöttin, die man mit Selene, der Mondgöttin, gleichsetzte. Ihr heiliger Hain in Nemi, unweit der antiken Via Appia, war von Gewässern umgeben, die aus schwarzen Felsen plätscherten und in Kaskaden in einen See stürzten. Der Dichter Ovid, der häufig das Wasser dieser heiligen Quelle trank, beschrieb das Murmeln des über die Kiesel fließenden Stromes.

Egeria

Egeria, eine Wassernymphe, teilte den Hain in Nemi mit Diana. Ihr Liebhaber war der römische König Numa Pompilius, dessen kluge Entscheidungen man auf die Ratschläge der Nymphe zurückführte. Die Hochzeit Numas und Egerias wurde jeden Mai in dem heiligen Hain von Nemi gefeiert; dies erinnerte an die heilige Verbindung zwischen den Mächten der Vegetation und des Wassers, die sich in jedem Frühjahr vollzog und die Fruchtbarkeit der Erde erneuerte.

Egeria wurden auch Heilkräfte zugesprochen. Plutarch beschreibt die Quelle der Egeria, die sich aus einer großen Eiche ergoß. Ihr Wasser verlieh angeblich prophetische Gaben, und Priesterinnen leiteten Orakelsprüche aus ihrem leisen Rauschen ab. In der geheiligten Umgebung der Quelle entdeckte man Opferkerzen und kleine Tonfiguren, die verschiedene Teile des menschlichen Körpers darstellen, was darauf schließen läßt, daß das Wasser Heilzwecken diente. Viele glauben immer noch, daß diese Quelle Wunder wirken kann.

Wassernymphen

Die Menschen des Altertums hielten die Nymphen für übersinnliche, mit natürlichen Phänomenen verbundene Mächte. Sie waren göttliche Geister der Wälder, Flüsse und Gebirgsquellen und Muster an weiblicher Jugend und Schönheit. Als Najaden, Oreaden, Dryaden und Nereiden bezeichnet, lebten sie in Höhlen und Grotten und heiligen Quellen, Ströme, Seen und das Meer. Die Najaden herrschten über Bäche und Quellen; die Oreaden waren Nymphen der Berge und Grotten; die Dryaden trugen die Verantwortung für die Wälder, und die Nereiden waren, wie oben erwähnt, Meeresnymphen. Die Nymphen der Quellen und Flüsse versorgten die Erde mit Nahrung, während die Meeresnymphen fromme Seefahrer nach Schiffbrüchen retteten. Alle wurden durch Gebete und Opfer geehrt, und die meisten gingen Liebesbeziehungen mit begünstigten Sterblichen ein.

> *Ich traure um die Zeiten der überlebten Jugend,*
> *Der wüsten Satyrn, der tierischen Faune,*
> *Der Götter, die vom Zweig der Liebe kosteten*
> *Und in den Schnellen blonde Nymphen küßten.*

RIMBAUD

*Arnold Böcklin,
Najaden beim Spiel,
1866, Ölgemälde auf
Holz, 149,5 x
104,5 cm. Öffentli-
che Kunstsammlung
Basel, Kunstmuseum/
Gottfried-Keller-
Fonds*

*Paul Delvaux,
Badende Nymphen,
1938, Ölgemälde auf
Leinwand, 130 x
150 cm. Privat-
kollektion*

*Collier Smithers,
Ein Rennen von
Meerjungfrauen
und Tritonen, 1895,
Ölgemälde auf Lein-
wand, 104 x 211 cm.
Whitford & Hughes,
London*

Dies erklärt, warum viele Helden, etwa der Grieche Achilles, Abkömmlinge einer Najade oder einer Nereide waren.

Nymphen konnten sexuelle Bereitschaft ohne Angst zum Ausdruck bringen. Schließlich waren sie »sterblicher« als die höheren Gottheiten. Die Süßwassernymphen jedoch waren im allgemeinen ergebene Zofen der keuschen Artemis/Diana. Die sexuell zugänglichen Nymphen, die wiederholt von Künstlern gemalt wurden, waren zweifellos Gefährtinnen der Aphrodite, welcher die einschüchternde Strenge der Artemis fehlte.

Meerjungfrauen

Die göttliche weibliche Macht wurde oft gefürchtet und mit der Verführung sterblicher Männer verbunden, die zu Tod und Vernichtung führen konnte. Meerjungfrauen, Sirenen, Undinen, Herrinnen der See und Nixen stellten sowohl den lebensbedrohenden wie den lebensspendenden Aspekt des Wassers dar. Sie erschienen als verführerische und unwiderstehliche Frauen ohne Seele, die unbedachte Jünglinge an Flußufern oder an der Meeresküste lockten.

Esther Harding, eine Ärztin und Expertin für psychogene Krankheiten, hält Meerjungfrauen für autoerotisch: »Sie erobern den Mann nicht nur um einer Liebe willen, sondern um Macht über ihn zu erringen. Sie können nicht lie-

Wassernymphen erscheinen in der buddhistischen Mythologie als Acchara, d. h. als Wesen, die den Himmel von Sakka bewohnten. Sie lebten in einem himmlischen Park und spielten auf ihren Lauten, um die Götter und Göttinnen zu wecken und diese mit ihrem Gesang und Tanz zu unterhalten. Sie sollen auch Asketen verführt haben und wurden häufig zur Strafe auf die Erde geschickt. In der islamischen Überlieferung erschienen ähnliche Nymphen in Gestalt von Houris, die ebenfalls in himmlischen Gefilden an magischen Strömen lebten, junge Männer verlockten und alten Männern Vitalität spendeten.

ben, sie können nur begehren. Kaltblütig, wie sie sind, haben sie keine menschlichen Gefühle und kein menschliches Mitleid. In ihnen lebt der Instinkt in seiner dämonischen, völlig nichtmenschlichen Gestalt. Dieses unvermittelte Ausleben des Instinkts übt eine seltsame Anziehungskraft auf Männer aus, es weckt ihre Aufmerksamkeit und betört sie. Solche Frauen rauben die Seele des Mannes, aber sie selbst erfahren nicht die Leidenschaft, die Sehnsucht, den Kummer des Instinkts. Der untere Teil ihres Körpers ist Fisch, nicht Frau.«

Aber die Meerjungfrauen waren nicht immer gnadenlos. Manchmal führten sie vom Kurs abgekommene Schiffe in die Heimat zurück oder warnten Seeleute vor drohender Gefahr, manchmal pflegten sie sogar Männer gesund. Aber letzten Endes standen sie für die Unmöglichkeit einer Verbindung zwischen unterschiedlichen Gattungen. H. G. Wells schrieb eine Geschichte über eine Meerjungfrau, die sich in einen Sterblichen verliebte, ihn jedoch nicht wie eine Frau lieben konnte; sie vermochte nur, ihren Geliebten in den Tod zu locken. Hans Christian Andersens Meerjungfrau mußte ihre Fähigkeit zu sprechen aufgeben, um Beine zu erhalten — ein einprägsames Symbol für die Opferung der Redefreiheit, um Anerkennung zu erlangen.

Gelegentlich allerdings nahmen Verbindungen zwischen Meerjungfrauen und Sterblichen ein gutes Ende. Und Paracelsus, der Schweizer Arzt und Alchimist des 16. Jahrhunderts, verkündete, daß eine Meerjungfrau eine Seele erhalte, wenn sie einen Sterblichen heirate und ein Kind zur Welt bringe.

Edward Eriksen,
Die kleine Meerjungfrau, *1913,*
Bronzestatue,
165 cm

John William Water-
house, Eine Meer-
jungfrau, 1901, Öl-
gemälde auf Lein-
wand, 96,5 x
66,6 cm. The Royal
Academy of Arts,
London

Meerjungfrauen sind noch immer ein Teil unserer zeitgenössischen Mythologie. In Kindergeschichten und Märchen erscheinen sie als gütige, von Sorgen
gequälte kleine Mädchen mit Fischschwänzen — etwa in dem Buch und dem
Film *Die kleine Meerjungfrau*. Aber sie entzünden auch die erotische Phantasie
von Erwachsenen — beispielsweise in Filmen wie *Die goldene Nixe* oder *Splash
— Jungfrau am Haken*.

Sirenen

Sirenen — teils Frau, teils Vogel — waren Meeresnymphen, die Seefahrer durch ihren bezaubernden Gesang ins Verderben lockten. Ihr Gesang war so unwiderstehlich, daß Circe den Helden Odysseus in der *Odyssee* anwies, seinen Matrosen die Ohren mit Wachs zu verstopfen, damit sie die verführerischen Klänge der Sirenen nicht hören konnten. Um ungefährdet lauschen zu können, riet sie ihm, sich selbst an einen Mast fesseln und sich erst dann von seinen Matrosen losbinden zu lassen, wenn die Insel der Sirenen hinter ihnen lag.

Odysseus hielt sich an ihre Ermahnungen. Als sich sein Schiff der Insel näherte, war das Meer ruhig und still. Das Schweigen wurde von den Klängen so verführerischer und geheimnisvoller Musik durchbrochen, daß Odysseus sich mit aller Macht befreien wollte und seiner Mannschaft bedeutete, ihn loszubinden. Aber die Matrosen gehorchten seinem ursprünglichen Befehl und banden ihn sogar noch fester an den Mast. Das Schiff blieb auf sicherem Kurs, und die Musik verklang.

John William Waterhouse, Odysseus und die Sirenen, *1891, 201 x 99 cm. National Gallery of Victoria, Melbourne*

Wright Barker,
Circe, *um 1890, Öl-*
gemälde auf Lein-
wand, 138 x
199,5 cm. Bradford
Art Galleries &
Museums, England

Der Nöck

Überall lauerte die Gefahr des Wassers. In der keltischen Mythologie waren die Gewässer von Geistern und Ungeheuern bewohnt. Der isländische Nike wurde weithin für den Teufel gehalten (wovon sich im Englischen die umgangssprachliche Bezeichnung »Old Nick« für den Teufel ableiten mag). Es gab viele Erscheinungsformen des alten Nike: die schöne Nixe, die junge Fischer und Matrosen verlockte, sie in den Wellen zu umarmen, wo die Männer dann ertranken; den als Nöck bekannten Flußgeist, der an den Ufern spielende Jungfrauen ergriff und im Wasser umbrachte; den deutschen Wassergeist, der alljährlich ein Menschenleben als Tribut forderte.

Der Nöck trat in unterschiedlicher Gestalt auf: als schöner kleiner Junge mit goldenen Locken und einer roten Mütze; als stattlicher junger Mann, der von der Hüfte an abwärts einen Pferdekörper hatte; und manchmal als alter, langbärtiger Mann — dem skandinavischen Gott Odin ähnlich —, der auf einem Felsen saß und sich das Wasser aus dem Bart wrang.

Zudem war der Nöck ein großartiger Musiker; er wurde häufig beschrieben, wie er am Wasser saß und auf seiner goldenen Harfe spielte, deren harmonische Klänge die gesamte Natur beeinflußten. Da er unberechenbar war und Vorübergehende verhexen konnte, hatten die Bauern Angst vor ihm und versuchten, den Nöck zu bannen, wozu sie Metalle, besonders Stahl, benutzten und den Zauberspruch sangen:

Nöck, Nöck, Nagel ins Wasser!
Die Jungfrau Maria wirft Stahl ins Wasser!
Wenn du sinkst, husch' ich vorbei!

Lord Frederic Leighton, Die Bäder der Psyche, *1890 (ausgestellt), Ölgemälde auf Leinwand, 189,2 x 66,2 cm. Tate Gallery, London*

Bruce Chatwin zitiert in seinem Werk In Patagonia *die Geschichte eines amerikanischen Forschers namens Martin Sheffield: »In der Mitte des Sees sah ich den Kopf eines Tieres. Zunächst hielt ich es für eine unbekannte Schwanenart, aber Wirbel im Wasser ließen mich annehmen, daß sein Körper dem eines Krokodils ähneln müsse.« Es folgte eine ausgiebige und kostspielige Ungeheuersuche, die ohne Resultat endete.*

Wasserungeheuer

Von Japan und Trung Bô im Osten bis nach Sénégambia, Skandinavien und Schottland im Westen erzählte man von einer vielköpfigen Schlange oder einem vielköpfigen Drachen. Dieses Ungeheuer drohte, die Bevölkerung eines Landes zu vernichten, falls ihm nicht hin und wieder ein Menschenopfer, gewöhnlich eine Jungfrau, gebracht wurde. Fast immer tötete ein junger Mann das Ungeheuer, rettete das Land, heiratete die Jungfrau und erhielt das Königreich.

Ein solcher Held war Perseus. Als Strafe für die zwanghafte Prahlerei seiner Gattin wurde Kepheus, dem König von Äthiopien, von den Seenymphen befohlen, seine Tochter Andromeda einem vielköpfigen Meeresungeheuer zu

Lord Frederic Leighton, Perseus und Andromeda, *1891 (umgearbeitet 1894), Ölgemälde auf Leinwand, 235 x 129,2 cm. Mit Genehmigung des Kuratoriums der National Museums and Galleries on Merseyside; Walker Art Gallery, Liverpool*

opfern. Perseus, der kurz zuvor die Gorgo Medusa enthauptet hatte, empfand Mitleid mit der entsetzten Jungfrau, die an einen Felsen gefesselt war und darauf wartete, verschlungen zu werden. Er erbot sich, das Ungeheuer zu töten, wenn er Andromeda heiraten dürfe. Alle stimmten zu, und der junge Held sprang auf den Rücken des Ungeheuers und rammte sein Schwert hinein. Ein heftiger Kampf folgte, doch es gelang Perseus, dem Ungeheuer einen tödlichen Schlag zu versetzen. Andromedas Eltern jubelten, und die Jungfrau stieg vom Felsen hinab und heiratete den Sieger.

Eine andere Legende handelt von Herakles, der sich den Namen »Wasserzähmer« erwarb. Das Volk von Argolis wurde von der Hydra terrorisiert, einem neunköpfigen Ungeheuer, das eine Mineralquelle in den nahegelegenen Sümpfen von Lerna bewohnte. Zuweilen sprudelte schwarzes Wasser aus der Quelle, dann sprang das Ungeheuer plötzlich giftspeiend heraus und verschlang jeden, der ihm vor die Augen kam. Wenn einer der Köpfe der Hydra abgeschlagen wurde, wuchsen zwei andere an seiner Stelle. Aber Herakles schaffte es, die Hydra völlig zu enthaupten und die tobenden Wasser der Quelle in einen einzigen Kanal zu zwingen.

Im Mythos von Eros und Psyche schickt die neiderfüllte Aphrodite die Psyche hinterlistig aus, um sich die Wasser des Lebens bringen zu lassen. Sie gibt Psyche ein Kristallgefäß und befiehlt ihr, es mit Wasser aus den Unterweltflüssen zu füllen, die aus den höchsten Gipfeln eines riesigen, von Drachen bewachten Berges strömen. Der Adler des Zeus leistet Psyche Beistand und teilt ihr mit, daß die Aufgabe sogar für die Götter nicht zu bewältigen sei. Trotzdem fliegt er mit dem Gefäß davon, weicht den Drachen aus, füllt es mit den Wassern des Lebens und bringt es der Psyche.

Das Ungeheuer von Loch Ness

In den Mythen aller Kulturen und Völker existieren Wasserungeheuer, die man in fast jedem Ozean und See der Welt vermutete. Ihre Gestalt reicht von gigantischen Fisch-Giraffen über dreißig Meter lange Kaulquappen bis hin zu riesigen Kraken. Noch in der jüngsten Vergangenheit, im Jahre 1989, behauptete eine Gruppe philippinischer Fischer, daß ein gewaltiger Krake ihr Boot zum Kentern gebracht habe.

Die schottische und irische Folklore ist voll von Geschichten über Kelpies oder Wasserpferde, die in verschiedenen Seen leben. In einer schottischen Ballade heißt es:

> *Der Hang war steil, der Grund war tief,*
> *Von Ufer zu Ufer das Wasser brauste;*
> *Und das hübsche Mädchen den Wassergeist hört',*
> *Der brüllte so schrecklich, daß es sie grauste.*

Viele dieser Ungeheuer, etwa Grendel in dem Epos *Beowulf* oder das Urwesen in *Der Schrecken vom Amazonas*, sind fiktive Schöpfungen, doch andere gehören zu unserer gemeinsamen Realität. Das Ungeheuer von Loch Ness ist wahrscheinlich das berühmteste aller Geschöpfe, die in Seen oder Flüssen leben. »Nessie«, wie man es liebevoll nennt, wird gewöhnlich folgendermaßen beschrieben: schwarz oder braun, sechs bis zehn Meter lang, ein kleiner, pferdeähnlicher Kopf auf einem langen Hals, kurze Hörner, ein dicker Körper, der sich zusammenziehen und Höcker bilden kann, und wenigstens zwei Schwimmflossen.

*Das Ungeheuer von
Loch Ness (?), 1934*

»Wenn ein schwimmender Otter nicht als ein sehr großes Geschöpf er-
schiene, wüßte ich kaum, was ich davon halten soll«, schrieb Sir Walter Scott
in einem Brief. »Denn ein sehr besonnener, vernünftiger Mann sagte mir, er
habe es am hellichten Tag gesehen. Er wies meinen Gedanken an einen Otter
zurück und meinte, das Tier habe eher einer Kuh oder einem Pferd geähnelt.«

Gerüchte über die Existenz von Ungeheuern in Loch Ness gehen bis ins
6. Jahrhundert zurück. Der heilige Columba, ein irischer Missionar, der Schottland christianisierte, stand einst am Ufer von Loch Ness, während ein Mann in
der Nähe vorbeischwamm. Plötzlich erhob sich ein Ungeheuer aus dem Wasser. Der Schwimmer war außer sich vor Angst, doch der heilige Columba ver-
trieb das Tier mit dem Zeichen des Kreuzes und dem scharfen Befehl, den
Schwimmer nicht anzurühren.

Während in der Geschichte des heiligen Columba von einem bedrohlichen
Ungeheuer die Rede ist, wird das Tier in moderneren Berichten als friedfertig
und scheu geschildert. Mittlerweile ist jedoch deutlich geworden, daß es sich
nicht um ein einziges Wesen handeln kann (denn sonst wäre es heute rund
1300 Jahre alt), sondern vielleicht um eine Kolonie von Plesiosauriern (kleinen,
mit der Schildkröte verwandten Dinosauriern), die ihr Zeitalter überlebt haben. Aber das ausweichende Verhalten des Ungeheuers hat Anlaß zu parapsy-
chologischen Erklärungen seiner Existenz gegeben. Es scheint in den Bereich
der Geister und Engel zu gehören.

Belehrt von Schmerzen erst,
Erfährt der Mensch fürwahr des guten Wassers Wert.
Wenn ihr in Spanien oder der Türkei gewesen wärt
Oder hättet einer schmachtend' Mannschaft angehört
Oder klänge des Kamels Glocke in der Wüste hell,
Ihr sehnet euch zur Wahrheit hin: zu einem Quell.

LORD BYRON

Riten

Regenmacherei

Regen ist der Lebensspender, der Erhalter aller Lebewesen auf Erden. Er läßt die Pflanzen wachsen. Ohne Regen verdorrt die Vegetation, verschmachten Tiere und Menschen.

Für die alten Hebräer war der Regen ein vom Himmel gewährter Segen, der ihnen für die Befolgung der göttlichen Gesetze zuteil wurde. Als Quelle vermutete man einen großen Wasserbehälter im Himmel, dessen Hahn Gott nach Belieben auf- oder zudrehen konnte. Zwar wurden Dürreperioden von den Sünden der Menschen ausgelöst, aber eine Wiedergutmachung war möglich. Dies zeigt die Geschichte von Dürre und Hungersnot im Lande Ahabs (1. Könige, 18). Dort verspricht Gott dem Propheten Elia Regen, wenn sich das Volk von dem bösen Gott Baal abwende. Das Volk tut, wie ihm von Gott geheißen, worauf eine kleine Wolke erscheint und Regen fällt.

Da Regen als Geschenk des Himmels galt, ersannen die Menschen Methoden, die Götter, die über den Himmel herrschten, zufriedenzustellen. Es entwickelten sich verwirrende magische und religiöse Rituale, die sich, je nach geographischer Lage, stark voneinander unterschieden, aber ihr Zweck war stets der gleiche: die Aufmerksamkeit der Götter zu wecken, ihnen zu danken, ihr Mitleid zu erregen und ihnen zuzureden, die himmlischen Wasser auch weiterhin strömen zu lassen.

Walter Shirlaw,
Morgenröte, 1866,
Ölgemälde auf Lein-
wand, 167,6 x
83,8 cm. Privat-
kollektion

Regentänze

Einst, als Schwarzer Rabe auf Erden lebte, regnete es so lange, daß alles, was er besaß, naß wurde. Seine Kleidung und seine Nahrungsmittel begannen zu verfaulen. Sein unterirdisches Haus füllte sich mit Wasser. Schließlich sagte er zu seinem ältesten Sohn Emmemqut: »Universum scheint dort oben etwas anzustellen. Laß uns hinauffliegen und nachsehen.« Sie gingen hinaus, legten ihre Rabenmäntel an und flogen zu Universums Heim, wo sie das Geräusch einer Trommel aus dem Inneren hörten. Universum trommelte, und seine Gemahlin, Regenfrau, war neben ihm. Er hatte ihre Vulva abgeschnitten und sie über die Trommel gespannt. Auch hatte er sich seinen Penis abgeschnitten und benutzte ihn als Trommelschlegel. Wenn er auf die Trommel schlug, floß Wasser in Form von Regen aus der Vulva.

Afrikanischer Mythos

Musik und Tanz sind seit langem ein wichtiger Teil der Rituale, mit deren Hilfe Regen erzeugt werden soll. Amerikanische Eingeborenenstämme vollführen geisterhafte Regentänze, und ihre Schamanen dienen als Regenmacher.

Ich hatte die Ehre, einer solchen Zeremonie bei den Puebloindianern beizuwohnen. Mit Ausdauer und Würde trotzten die Tänzer der Mittsommerhitze, bis es in Strömen zu regnen begann.

Die ganze Gemeinschaft, einschließlich der Kinder, nimmt an diesen Ritualen teil, die sich über Stunden und manchmal über Tage hinziehen, bis Tanz und Gesang zu einem tranceartigen Rhythmus verschmelzen. Die Stammesvölker glauben, die Kräfte des Regens durch eine derartige kollektive Erregung beeinflussen zu können.

Nachahmungsmagie

Die geistlichen Führer, die zwischen den Menschen und den Göttern vermittelten, um Regen zu erzeugen, wurden als Regenmacher bekannt. Gewöhnlich waren sie die am meisten geachteten und einflußreichsten Persönlichkeiten in ihrem Stamm oder ihrer Gemeinde. Ihre Beschwörungen beruhten häufig auf nachahmender Magie: Sie imitierten den Effekt, den sie hervorrufen wollten. Zum Beispiel sprühten die Regenmacher in manchen Teilen Indiens Wasser auf die Erde und gaben vor, eine Wolke zu sein. Und buddhistische Priester führten den Regen herbei, indem sie kleine Löcher im Tempelboden mit Wasser füllten; dies symbolisierte die Entgegennahme des Wassers durch die Erde.

In einem Dorf bei Dorpat in Estland war es Brauch, daß drei Männer in einem heiligen Tannenhain einen Baum hinaufstiegen. Einer von ihnen trommelte auf einen Kessel ein, um den Donner nachzuahmen, der zweite rieb brennende Holzscheite aneinander, deren Funken den Blitz imitierten, und der dritte tauchte Zweige in einen Wasserbehälter und sprühte die Tropfen in alle Richtungen, um den Regen darzustellen.

In Rumänien, in der Walachei und in Siebenbürgen, wurde ein Mädchen mit den letzten Kornähren gekrönt, und alle bespritzten es mit Wasser, um eine reiche Ernte für das folgende Jahr sicherzustellen. Dieser Brauch wird — sogar in manchen Teilen der Vereinigten Staaten — noch immer ausgeübt.

Wenn die Pflüger und Säer in Preußen von den Feldern heimkehrten, wurden sie von den Frauen mit Wasser durchnäßt. Dafür warfen sie ihrerseits die Frauen in einen Teich und tauchten sie unter, um dafür zu sorgen, daß die ausgesäten Samen nicht von der Dürre ereilt wurden.

In Südindien banden Frauen lebende Frösche an Kornschwingen und sangen Lieder über die Sehnsucht der Frösche nach dem Wasser. Andere Beteiligte besprengten die Frösche mit Wasser, wonach es zu Regengüssen kommen sollte.

In verschiedenen Kulturen wurden Frösche, Schlangen, Salamander und Schildkröten als Schützlinge des Regengottes und als Hüter des Regens betrachtet. Von anderen Tieren meinte man, daß sie Regen ankündigten. Dies wird zum Beispiel in Irland dem Ruf des Brachvogels zugeschrieben. Ameisen, die schnell zu ihren Hügeln krabbeln, sollen ebenfalls Regen anzeigen, genau wie niedrig fliegende Krähen, Wildgänse, Schwalben, Mücken oder Leuchtkäfer. In Neuschottland beißen die Moskitos am heftigsten, bevor es regnet; in Neufundland hält man Regen unvermeidlich, wenn eine Katze im Meer ertrinkt. Außerdem soll es regnen, wenn man eine Kröte, einen Frosch oder eine Spinne tötet.

Magische Rituale

Man benutzte unzählige Symbole und brachte endlose Opfer, um Regen zu erzeugen. Bei den Angoni und Baronga in Afrika wurden, häufig von Zwillingen, zotige Lieder gesungen. Im Kaukasus spannten sich junge Mädchen vor einen Pflug und zogen ihn durch das ausgetrocknete Flußbett. In Siebenbürgen setzten sich Jungfrauen nackt auf eine Egge und beteten. Die Arunta in Australien bauten Opferregenbögen über toten Schlangen.

Die Aymara-Indianer in der Nähe des Titicaca-Sees an der peruanisch-bolivianischen Grenze vollführen noch immer ein Regenmacher-Ritual, bei dem ihr Schamane mit seinem Floß zum See fährt und mehrere Gefäße mit Wasser, Fröschen und bestimmten Wasserpflanzen füllt. Musiker, die auf Panflöten und Trommeln spielen, folgen ihm auf weiteren Flößen. Der Schamane, die Musiker und ein gemischter Chor aus Frauen und Männern steigen dann den Berg Atoja hinauf und legen die Pflanzen und Frösche als Opfer für die Geister der Tiefe auf Altäre. Darauf betet der Schamane zu den Berggeistern, das heißt zu Vater und Mutter Atoja, und der Chor singt das Froschlied. Die Sonne geht unter, und es beginnt zu regnen.

Bei den Griechen in Thessalien und Mazedonien wurde eine von einem blumengeschmückten Mädchen angeführte Kinderprozession zu den Quellen und Brunnen entsandt, um Regen zu erbitten. Immer wenn die Prozession anhielt, schütteten die Kinder einen Eimer Wasser über das vorangehende Mädchen, wobei sie eine Beschwörungsformel sangen:

> *Perperia, ganz frisch benetzt,*
> *Erfrische die Umgebung jetzt.*
> *An den Wäldern, an den Wegen*
> *Gehst du dahin, erheischest Gottes Segen:*
> *Oh, mein Gott, aufs weite Land*
> *Sprühe sanften Regen, der von dir entsandt,*

> *Damit fruchtbar auf den Feldern sprießt das Leben*
> *Und wir gewahren bald des Weines Reben;*
> *Damit das Korn sich üppig rege*
> *Und Reichtum uns beschert sein möge.*

Die Serben zogen früher ein junges Mädchen nackt aus und bedeckten ihren Körper und ihr Gesicht mit einem Geflecht aus Blättern, Blumen und Kräutern. Man nannte sie Dodola. Von anderen Mädchen begleitet, tanzte sie hüpfend und wirbelnd durch das Dorf, während die übrigen einen Kreis um sie bildeten und sangen:

> *Wir gehn durchs Dorf,*
> *Die Wolken ziehn am Himmel;*
> *Wir gehen schneller,*
> *Schneller ziehn die Wolken;*
> *Sie sind an uns vorbeigezogen*
> *Und haben Korn und Wein getränkt.*

Im Anschluß daran goß eine Hausfrau Wasser über Dodola, um die Zeremonie zu vollenden.

Mondgöttinnen und Vestalinnen

Aufgrund ihrer jahrhundertelangen Beobachtung der Wetterbedingungen kamen Bauern und Seeleute zu dem Schluß, daß sich das Wetter im Einklang mit den Mondphasen veränderte. Auch die Regenzeremonien orientierten sich häufig an den Mondphasen.

In den frühen Agrargesellschaften waren die Frauen die Expertinnen für Aussaat, Anbau, Viehzucht und andere landwirtschaftliche Aufgaben. Zugleich hatten sie eine besondere biologische Beziehung zum Mond und dessen Phasen. Deshalb spielten sie bei den Regenzeremonien eine wichtige Rolle.

Meinrad Craighead,
Mondbaum, *1983,*
Tuschgemälde auf
Rauhfaser, 25,4 x
25,4 cm. Sammlung
von Alice Saunders,
North Carolina

Gustav Klimt, Bisce
d'Acqua, *1904—1907,*
Ölgemälde auf Per-
gament, 50 x 20 cm.
Österreichische Ga-
lerie, Wien

In alten germanischen Stämmen hielt
man Frauen für heilig und befragte sie
als Orakel. Diese heiligen Frauen betrachteten die wirbelnden Flüsse,
lauschten deren Murmeln und gaben
Prophezeiungen von sich.

Diese primitiven Riten hatten gewöhnlich einen doppelten Zweck: Die Mondgöttin wurde als Spenderin des Regens verehrt und gleichzeitig gebeten, ihre Feuchtigkeit schaffenden Kräfte einzusetzen. Das Vergießen von Wasser sollte die Göttin dazu bewegen, Regen zu schicken — ein extremes Opfer in Zeiten der Wasserknappheit.

Oft vollführten Frauen solche Riten in nacktem Zustand. Sie sammelten die erforderlichen Kräuter und säuberten die Quellen im Rahmen des Rituals. Dann besprengten sie sich selbst mit frischem Wasser und begossen die Gräber ihrer Vorfahren in verborgenen Hainen. In dem baltischen Dorf Ploska gingen Frauen aller Altersgruppen am Abend nackt an die Dorfgrenze und gossen Wasser auf den Boden.

Dieses Ritual wurde zuweilen auch von einem einzigen Mädchen vollführt, der Anwärterin auf die Priesterschaft für die Mondgöttin. Die wichtigsten Funktionen der Priesterin bestanden darin, die Wasserversorgung sicherzustellen und die heilige Flamme zu hüten.

Im alten Rom hielten sechs Vestalinnen, die Hüterinnen des heiligen Feuers der Vesta, bei Vollmond an den Iden des Mai eine Zeremonie ab, welche die Wasserversorgung gewährleisten sollte. Bei diesem Ritual wurden auch vierundzwanzig Puppen in den Tiber geworfen. Einst hatte man hierfür Menschen geopfert. In manchen Teilen Europas werden noch immer unterschiedliche Abbilder in Flüsse geworfen. Die Priesterinnen der Mam-Quilla in Peru spielten eine ähnliche Rolle wie die Vestalinnen und fungierten ebenfalls als Regenmacherinnen.

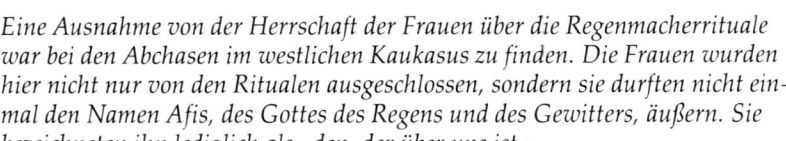

Eine Ausnahme von der Herrschaft der Frauen über die Regenmacherrituale war bei den Abchasen im westlichen Kaukasus zu finden. Die Frauen wurden hier nicht nur von den Ritualen ausgeschlossen, sondern sie durften nicht einmal den Namen Afis, des Gottes des Regens und des Gewitters, äußern. Sie bezeichneten ihn lediglich als »den, der über uns ist«.

Rituale der Isis und des Osiris

Vieles von der christlichen Wassersymbolik entstammt dem Kult der Isis und des Osiris, der altägyptischen Mondgottheiten. Dieser Kult verbreitete sich über das gesamte Römische Reich und hatte einst genauso viele Anhänger wie das Christentum.

Die Ägypter feierten den Bund der Isis und des Osiris in der alljährlichen Prozession von Phallephoria. Man trug eine Schale Wasser, welche die befruchtende Feuchtigkeit und die Macht des Mondes symbolisierte, vor dem Abbild eines aufgerichteten Phallus einher. Jahr um Jahr wurden die Mysterien durch diese Ikonen der Erneuerung enthüllt: durch die Schale, welche Isis, die Mutter, das Gefäß des Lebens, darstellte, und durch den Phallus, die befruchtende Kraft des Osiris. Wer die Mysterien verstand, hatte die Möglichkeit, an einem Leben teilzuhaben, das sich wie der alte und ewige Mond erneuerte.

Osiris, der Gatte und Bruder der Isis,
wurde von seinem bösen Bruder Set in
einen Kasten gesperrt und in den Nil
geworfen. Isis machte sich auf die Suche
nach ihrem Geliebten, doch vergeblich.
Die Kiste verfing sich im Schilf in der
Nähe des Strandes von Byblos, wo ein
im Sumpf wachsender Baum den Sarg
des Gottes mit seinem Stamm umschloß. Dieser schöne Baum wurde ge-
fällt und zu einer Säule im Palast des
Königs von Phönizien gemacht. Isis gab
sich als Dienerin aus und brachte den
Sarg an sich. Doch diesmal zerhackte
Set seinen Bruder in vierzehn Teile und
warf sie in den Fluß. Isis konnte alle
Teile außer dem Phallus retten, den ein
Fisch gefressen hatte. Sie setzte den Leib
zusammen und schuf durch ihre göttliche Zauberkraft einen goldenen Phallus,
durch den sie ihr Kind Horus empfing.
Danach beerdigte sie die Leiche des Osiris im ägyptischen Philae, das zu einem
Zentrum für Pilgerreisen wurde.

Ablution

Hector Leroux,
Sacrarium, *1889,*
Fotogravüre, 20,3 x
30,5 cm. Sammlung
der Autorin

Die Fortwaschung von Sünden oder Unreinheiten wurde zunächst mit Eleusis
in Verbindung gebracht, einer Stadt im alten Griechenland, wo man heilige Riten, sogenannte »Mysterien«, vollführte. Diese Zeremonien begannen mit einer Lustration im Meer. »Ins Meer, ihr Mystiker!« rief der Leiter der Festlich-
keiten, und die Eingeweihten tauchten ins Wasser, aus dem sie als neue Menschen mit neuen Namen hervorkamen.

Geweihtes Wasser dient in den meisten Teilen der Welt seit langem der
Reinigung und spirituellen Säuberung von Menschen und Gegenständen.
Aztekische Hebammen sangen zum Beispiel: »Möge dieses Wasser dein Herz
reinigen und besänftigen; möge es alles Böse fortwaschen«, während sie die
Neugeborenen badeten.

Dieser Brauch erinnert an die japanischen Riten des Ersten Bades für das
neugeborene kaiserliche Baby, die vielleicht erste Waschung, die in der japanischen Geschichte belegt ist. Mit seinen Zeremonien und seiner Lesung heiliger
Schriften läßt dieses Ritual an die christliche Taufe denken. Allerdings beschränkt sich dieses Verfahren auf die japanische Kaiserfamilie.

Im nepalesischen Janakpur, das für seine vielen Teiche bekannt ist (es hat 108), werden die Teiche während des Festes der Sonnengöttin Chait, das alljährlich im November oder Dezember stattfindet, von Frauen mit Opfergaben umringt. Bei Sonnenuntergang steigen die Frauen hüfttief ins Wasser und halten der sinkenden Sonne die Gaben entgegen. Dabei beten sie zur Sonnengöttin um Vergünstigungen oder bedanken sich für bereits erwiesene Vorzüge. Früher standen sie zum Zeichen der Buße die ganze Nacht hindurch in den Teichen.

Heiliges Desinfektionsmittel

Die Anhänger der ägyptischen Göttin Isis benutzten Wasser als heiliges Desinfektionsmittel. Ihren Priestern und Priesterinnen wurde vor einem Ritual Wasser über Hände und Kopf gegossen, und das Volk folgte ihrem Beispiel. Alte Reliefs zeigen Priester, die ähnliche Waschungsrituale an Leichen vornehmen.

Die Waschung von Toten symbolisierte in allen Kulturen die Reinigung der Seele vor dem Eintritt ins Jenseits. Die Peruaner glaubten, daß ihre Vorfahren an einem den Toten eigenen Durst litten, und bei Beerdigungen wurde Wasser verwendet, um die Toten zu säubern und gleichzeitig ihren Durst zu stillen.

Die hebräischen Vorväter erhoben Reinlichkeit zu einem moralischen Prinzip; sie erklärten: »Reinlichkeit kommt gleich nach Gottesfurcht.« Von den orthodoxen Juden wurden Mikwes, Tauchbecken mit fließendem Wasser, eingerichtet, damit sie sich, besonders vor heiligen Handlungen, reinigen und läutern konnten. Aus dem gleichen Grund tauchen orthodoxe und katholische Christen die Finger in Weihwasser und machen das Zeichen des Kreuzes, bevor sie ihre Kirche betreten. Der islamische Brauch, sich vor dem Betreten einer Moschee zu waschen, entstand ebenfalls aus dem Respekt vor Allah, der eine Reinigung vor dem Beten gebietet.

Im Mittelalter verlangte die spirituelle Reinlichkeit bei den Kelten ein rasches Eintauchen in kaltes Wasser. Am Abend vor dem Empfang der Ritterwürde wurde ein Junker von zwei »Herren von prächtiger Ehre« zu einem Friseur begleitet, der ihn rasierte und ihm das Haar schnitt. Dann brachte man ihn in ein Bad und tauchte ihn in kaltes Wasser. Nach diesem rituellen Bad führten die Ritter des Hofes ihn in die Kapelle, wo gewürzter Wein kredenzt wurde und Minnesänger die ganze Nacht hindurch Lieder vortrugen. Bei Sonnenaufgang wurde der Junker zum Ritter geschlagen.

Nil-Mosaik, *1. Jahr-hundert v. Chr., Teil des Bodenmosaiks aus dem Tempel der Fortuna. Palestrina, Museo Archeologico Prenestino*

Taufe

Der Adam nach seinem Bild erschuf,
Der schritt zur Taufe in das Wasser.

WOLFRAM VON ESCHENBACH, *Parzival*

Die christliche Taufe hat ihre Wurzeln in ägyptischen Ritualen, in der griechischen Katharsis sowie in schintoistischen, konfuzianischen und hinduistischen Bräuchen, etwa dem Baden im Ganges. Da das Wasser eine auffällige Rolle bei Mittsommertagsriten spielte, beschloß die christliche Kirche, dieses heidnische Fest für sich zu vereinnahmen und es Johannes dem Täufer zu weihen. Das Tauchbad, das ein wichtiger Teil des jüdischen Glaubens blieb, wurde zum christlichen Initiationssakrament der Taufe.

Die Christen gelangten zu dem Glauben, daß niemand ohne eine Wassertaufe in das Reich Gottes eintreten könne. Frühe Taufrituale wurden in dem fließenden Wasser — von Quellen und Flüssen — vollzogen, doch schließlich verlegte man die Taufe nach drinnen. Das Taufbecken (der englische Begriff *font*, Taufbecken, leitet sich vom lateinischen *fons* ab, das einen Brunnen oder eine Quelle sowie den Gott der Quellen bezeichnet) ersetzte das fließende Wasser.

Zu Ostern dient die feierliche Segnung des Wassers vor der Taufe dazu, es auf seine große Aufgabe, die Erneuerung der Seelen, vorzubereiten. Ein Höhepunkt wird erreicht, wenn man die Christus symbolisierende Osterkerze in das Wasser taucht und wieder hervorholt. Dieser Akt erinnert an die Grablegung und Auferstehung Christi. Kurz bevor die brennende Kerze in das Wasser getaucht wird, sagt der Zelebrant: »Möge ein himmlischer Sproß, in Heiligkeit empfangen und wiedergeboren für eine neue Schöpfung, aus dem makellosen Schoß dieses göttlichen Taufbeckens entspringen.«

Dieser Brauch ähnelt dem Isis- und Osiris-Ritual mit dem Gefäß und dem Phallus, denn das heilige Taufbecken wird durch die brennende Kerze »befruchtet«. Damit wird das Wasser zum Symbol sowohl des Todes als auch des Lebens: des Todes der Sünde und der seelischen Wiedergeburt. Das Gebet, mit dem der Priester das Taufwasser segnet, bringt die geistliche Bedeutung des Wassers zum Ausdruck:

In der Taufe nutzen wir Dein Geschenk des Wassers,
das Du zu einem reichen Symbol
der Gnade gemacht hast, die Du uns mit diesem Sakrament erteilst.

Schon am Morgen der Schöpfung
hauchte Dein Geist auf die Wasser
und machte sie zum Ursprung aller Heiligkeit.

Die Wasser der Sintflut
machtest Du zu einem Zeichen der Wasser der Taufe,
die der Sünde ein Ende setzen und einen neuen Beginn des Guten ermöglichen.

Durch die Wasser des Roten Meeres
führtest du Israel aus der Knechtschaft,
so daß es sei ein Abbild von Gottes heiligem Volk,
durch die Taufe von den Sünden befreit.

> *In den Wassern des Jordan*
> *wurde Dein Sohn von Johannes getauft*
> *und mit dem Geist gesalbt.*
>
> *Dein Sohn verfügte, daß Wasser und Blut*
> *aus seiner Seite flossen,*
> *während er am Kreuze hing.*
>
> *Nach seiner Auferstehung befahl er seinen Jüngern:*
> *»Gehet hin und lehret alle Völker*
> *und taufet sie im Namen des Vaters*
> *und des Sohnes und des Heiligen Geistes.«*
>
> *Vater, schau nun voll Liebe auf deine Kirche*
> *und enthülle ihr den Brunnen der Taufe.*
>
> *Durch die Kraft des Geistes*
> *gib uns das Wasser dieses Beckens,*
> *die Gnade Deines Sohnes.*
>
> *Du schufst den Menschen nach Deinem Bilde:*
> *Reinige ihn von der Sünde in einer neuen Geburt*
> *der Unschuld durch das Wasser und den Geist.*

Der Priester taucht die Osterkerze entweder ein- oder dreimal ins Wasser und fährt fort:

> *Wir bitten Dich, Herr, mit Deinem Sohn*
> *den Heiligen Geist auf die Wasser dieses Beckens zu schicken.*

Er hält die Kerze ins Wasser.

> *Mögen alle, die mit Christus begraben sind*
> *im Tode der Taufe,*
> *auch mit ihm zu neuem Leben auferstehen.*
> *Darum bitten wir durch Christus, unseren Herrn. Amen.*

Die Kerze wird aus dem Wasser gehoben, während die Gemeinde singt:

> *Quellen des Wassers, segnet den Herrn.*
> *Gebet ihm Ruhm und preiset ihn immerdar.*

Die Täuflinge entsagen dann einzeln des Teufels, werden nach ihrem Glauben befragt und getauft.

Durch die Taufe tritt jeder Mensch in das große Ostermysterium ein. Und durch die Teilnahme an der Taufe eines neuen Gemeindemitglieds erleben die Anwesenden ihre eigene Wiedergeburt.

Eine Ausdrucksform der Transzendenz Christi — seine Fähigkeit, auf dem Wasser zu wandeln — wurzelt in früheren heidnischen Traditionen, wahrscheinlich jenen der keltischen Druiden. Das Vermögen, über Wasser zu schreiten, setzt die Reinheit der Seele voraus. Mit einem modernen Beispiel haben wir es in Jerzy Kosinskis Roman Chance *zu tun, an dessen Ende der Held, Chauncey Gardner, dieses Wunder vollbringt.*

Trägt von neuem, o Schiff, dich in das Meer die Flut?
Oh, was tust du? Mit Macht strebe dem Hafen zu!

HORAZ, *Oden,* 1.14

Seereisen

Die Heldenreise

Die Erfindung des Schiffes ermöglichte eine rasche Fortbewegung durch die Gewässer, wodurch das Bewußtsein der Menschen beträchtlich erweitert wurde. Die Tiefe und Größe der Meere und Flüsse stellten den menschlichen Geist auf die Probe. Die Wasserwege boten nicht nur Gelegenheit zu umfassendem Handel und verstärkter Kommunikation; sie boten den Menschen auch die Möglichkeit, ihre Selbsterkenntnis voranzutreiben und sich ihren Ängsten und Leidenschaften zu stellen. Und wenn es einem Reisenden — wie Odysseus — gelang heimzukehren, mußte er seine Realität vor dem Hintergrund des Erlebten neu definieren.

Die *Odyssee* des Homer beschreibt eine typische Seereise. Der Held wird von einer solchen Tollkühnheit und Arroganz getrieben, daß ihn nichts zurückhalten kann. Im 26. Gesang der *Göttlichen Komödie* vergleicht Dante die Reise des Odysseus mit der Erbsünde. Der Held beschreibt seine Besessenheit folgendermaßen:

> ... *Vaterglück*
> *und Sohnesdankbarkeit und Gattenliebe,*
> *wie sie Penelope um mich verdiente,*
> *ward alles aufgezehrt in meiner Brust*
> *vom heißen Drang, durch alle Länder hin*
> *der Menschen Wert und Narrheit zu erfahren.*

John William Whiteley, Ein Segel (Odysseus und die Sirenen), *1898, Ölgemälde auf Leinwand, 139,7 x 175,3 cm. Privatkollektion*

Die Reise eines Helden durch unbekannte und gefährliche Gewässer ist eine der zentralen Metaphern in Literatur, Kunst, Mythos und Träumen. Sie präsentiert unterschiedliche Aspekte der Konfrontation mit persönlichen Problemen und mit Fragen der Selbstverwirklichung und wird zu einem Modell für die Lebensreise an sich. Die Ruhelosigkeit des Meeres entspricht der Ruhelosigkeit des Helden. Das Meer stellt eine Herausforderung dar, ein notwendiges Übel, das überwunden werden muß; es macht eine Überfahrt erforderlich, welche die Menschen voneinander trennt und entfremdet. Und es kann eine ungeheure Einsamkeit auslösen, wie sie etwa Coleridge in *Der alte Seefahrer* beschreibt:

> *Allein, allein, all, all, allein,*
> *allein auf weit-weiter See!*

Bedrohliche Gewässer

Dem westlichen Denken erschien das Meer abschreckend und bedrohlich. »Das Meer oder die großen Wasser sind das Symbol für das urweltliche, undifferenzierte Fließen, die Substanz, welche die Natur nur dadurch schuf, daß ihr Gestalt aufgezwungen und mit ihr vereint wurde«, schrieb W. H. Auden in *The Enchafèd Flood*. Er fuhr fort: »Das Meer ist der Zustand jener barbarischen Unbestimmtheit und Unordnung, aus dem die Zivilisation entstanden ist und in den sie, wenn sie nicht durch die Bemühungen von Göttern und Menschen gerettet wird, zurückkehren dürfte. Es ist ein so wenig freundliches Symbol, daß der Autor der Offenbarung in seiner Vision des neuen Himmels und der neuen Erde am Ende der Zeilen zuerst anmerkt: ›Das Meer ist nicht mehr.‹«

Der chinesische Philosoph Laotse meint hingegen im achten Kapitel des *Tao-Te-King*:

> *Echtes Leben gleicht dem Wasser:*
> *Still fügt es sich dem Grund, den Menschen verachten,*
> *gütig und selbstlos allem dienend,*
> *dem unergründlichen Urquell gleichend.*

Wasser kann ein Schiff sowohl tragen als auch versenken.

Chinesisches Sprichwort

J. M. W. Turner,
Bergungsarbeiter —
Küste von
Northumberland,
mit einem Dampfer,
der einem Schiff
vor der Küste hilft,
1834, Ölgemälde auf
Leinwand, 90,4 x
120,7 cm. Yale Cen-
ter for British Art,
New Haven, Con-
necticut, Paul Mel-
lon Collection

Erforschung der Tiefen

Die Erforschung der Meerestiefen ist eine Metapher für die Suche nach den inneren Grenzen der Psyche und für das Vordringen in die dunkelsten Bereiche des Unbekannten. Moderne Forscher wie Jacques Cousteau nehmen es auf sich, das Geheimnis jener Tiefen zu untersuchen, und Greenpeace, die radikale Umweltschutzorganisation, kämpft durch ihr heroisches Bemühen, gefährdete Meeressäugetiere zu retten, für moralische Prinzipien.

Die Tiefen des Meeres werden auch als Metapher für die Unabhängigkeit von irdischen Werten empfunden:

> … die vollkommene Ruhe des Meeres, vor der die Macht irdischer Despoten zu einem Nichts wird. Auf Erden, da mögen sie noch immer ihre Gewaltherrschaft ausüben, mögen sich bekämpfen, vernichten, Angst und Schrecken verbreiten. Dreißig Fuß unter dem Meeresspiegel verlöscht ihr Einfluß. Ach, Herr Professor, lernen Sie zu leben! Leben Sie im Schoß des Meeres! Nur hier gibt es noch wahre Unabhängigkeit; nur hier brauche ich mich keinem Oberherrn zu beugen — ja, hier bin ich frei!

Kapitän Nemo in Jules Verne,
20 000 Meilen unter dem Meer

Seeleute hielten es für ein böses Omen, eine Frau an Bord zu haben, weil sie fürchteten, sie könnte das Meer eifersüchtig machen und dadurch Unheil bringen. Frauen tauchten nur unterwegs auf Inseln und Felsen oder in Grotten auf, entweder als todbringende Verlockung in Gestalt von Sirenen oder Meerjungfrauen oder als Zufluchtgewährende in Gestalt einer guten Zauberin wie Kalypso.

Das Meer versinnbildlicht den unbeherrschten Teil der Großen Göttin; dort erscheint sie in ihrer boshaftesten Form als Meereshexe, Sirene oder Meerjungfrau. Dies sind die dunklen Bereiche, deren Erforschung die Männer lockt. Dieser Aspekt der Großen Göttin ist nicht nur in der Mythologie, sondern auch in der Literatur zu finden, etwa als der kastrierende weiße Wal in *Moby Dick* oder als das Leben-im-Tode im *Alten Seefahrer*:

> *Ihr Blick war frei, ihre Locken blond,*
> *Ihre Lippen waren rot;*
> *Ihre Haut war weiß wie weißlicher Grind.*

Die »See« ist zwar in vielen Sprachen weiblichen Geschlechts, aber die Seereise wird fast immer von Männern unternommen. Frauen war das Meer fremd. Zum Beispiel schrieb Marianne Moore über den Ozean: »Es entspricht dem menschlichen Charakter, in der Mitte von etwas zu stehen, aber in der Mitte hiervon zu stehen ist unmöglich.« Die Überquerung der großen Gewässer schien nicht zu den Frauen zu passen. Der amerikanische Autor Robert Johnson meinte, es sei typisch weiblich, einem reißenden, trügerischen Fluß das Lebenselixier tropfenweise zu entnehmen.

Warum ist das Schauspiel des Meeres so unendlich und ewig angenehm? Weil das Meer zugleich die Idee der Unermeßlichkeit und der Bewegung verkörpert ... sechsunddreißig oder zweiundvierzig Meilen Flüssigkeit in Bewegung genügen, um dem Menschen die höchste Schönheit zu vermitteln, der er bei seinem flüchtigen Aufenthalt begegnen kann.

> *Charles Baudelaire,* Mon cœur mis à nu

Die Suche auf dem Fluß

In den meisten Mythologien reisen weibliche Gottheiten auf Flüssen dahin, um jemanden oder einen Teil von sich selbst, den sie verloren haben, zu suchen. Es geht dabei nicht um die Suche nach Selbstverwirklichung, sondern um die Suche nach einem fehlenden Teil. Isis auf der Suche nach Osiris, Psyche nach Eros und Ischtar nach Tammuz symbolisieren eine Reise, auf der die andere Hälfte zur Vervollständigung des platonischen Ideals gefunden werden soll. Es ist ein Streben nach Vollkommenheit, Harmonie und Ganzheit auf Erden.

Henrietta Rae, Psyche vor dem Thron der Venus, 1894, 76 x 120 cm. Arthur Fish, Henrietta Rae, General Research Division, New York Public Library, Astor, Lenox and Tilden Foundations

Im Mythos von Psyche und Eros spielt Wasser eine wichtige Rolle. Psyche hat ihren Geliebten, Eros, als Strafe für ihren Ungehorsam verloren, und Aphrodite, die Mutter des Eros, stellt ihr schwierige Aufgaben, durch deren Lösung sie den Geliebten zurückgewinnen kann. Wir haben bereits erwähnt, wie Psyche, vom Adler des Zeus unterstützt, in der Lage war, Aphrodite die Wasser des Lebens zu bringen. Eine weitere der von Aphrodite gestellten Aufgaben besteht darin, die Wolle einer Herde von Schafen mit goldenem Vlies, die an einem Fluß weiden, einzusammeln. Psyche scheint das unmöglich, und sie stürzt sich in ihrer Verzweiflung in den Fluß. Doch ein singendes Schilfrohr hat Mitleid mit ihr und enthüllt, wie die Wolle zu erlangen ist. Das Schilfrohr symbolisiert das Schicksal mit dessen untrüglichem Zeitgefühl.

Das wichtigste Ergebnis der Seereise war geistiges Wachstum; wenn unterwegs auch ein paar Kontinente entdeckt wurden, so war das eher nebensächlich. Bei der Flußreise dagegen stand der Prozeß des Suchens im Mittelpunkt.

Da war am Weg ein Teich.
Ich trat an seinen Spiegel
und sah hinein.

Und ward mich selbst gewahr
und hielt mir still
in stummer Frage:
was mein Bild mir will.

Das Bild und ich —
wir sahn uns lange an.
Es lächelte.

Ich lächelt' auch.
Und hatten beide stumm
dieselbe Frage.
Keiner, der uns
Antwort sage.

Ich trat vom Teich zurück
und Schritt um Schritt
nahm ich mich selber
und mehr als vorher mit.

HERMANN CLAUDIUS

Fluß- und Flutmythen

Heilige Flüsse

Als Kind sah ich einmal einen Atlas, der eine Karte mit der Überschrift »Die großen Flüsse der Welt« enthielt. Auf der Karte waren seltsame Namen verzeichnet, die wie uralte Beschwörungsformeln aussahen. Sie bildeten eine eigene Sprache, die ich mir unbedingt einprägen mußte: Nil, Mississippi, Missouri, Amazonas, Tigris, Euphrat, Colorado, Kongo, Niger, Wolga, Ganges, Yukon, Dnjepr, Dnjestr, Loire, Saskatchewan, Indus, Hwang Ho, Yangtse, Mekong, Donau, Sambesi und Rio Grande. Ich wußte, daß es noch viel mehr davon gab: gewundene blaue Linien auf einer Karte ohne Grenzen und geologische Merkmale; jede Linie schlängelte sich durch unsichtbare Berge und Täler und strebte dem Meer zu. Wie es in einem afrikanischen Sprichwort heißt: »Wasser kann in tausend Kanälen fließen, aber alles kehrt ins Meer zurück.«

Elliot Daingerfield,
Der Waldteich,
1915, Ölgemälde auf
Leinwand, 61 x
71,1 cm. Privat-
kollektion

Die großen Flüsse der Welt sind Wunder der Evolution. Das Außergewöhnliche an ihnen ist, daß sie von der Zeit gebändigt wurden; die Geschichte ist durch ihr Wasser geflossen. Sie haben eine Vielzahl von Zivilisationen überdauert und sind zu einer Gedächtnissubstanz geworden, die unsere Urgeheimnisse hütet, zu einem Barden, der alte Traditionen weitergibt und auf rituelle, übersinnliche Weise Zugang zur unsichtbaren Welt hat.

»Das Wasser füllt alle leeren Stellen auf der Erde und klammert sich fest an sie«, sagt Laotse. Und wenn die leeren Stellen gefüllt sind, fließt es über, durchnäßt alles, was ihm in den Weg gerät, und füllt neue Hohlräume.

Unsere Evolution wurde unzweifelhaft durch die Notwendigkeit vorangetrieben, auf der Suche nach Wasser von Ort zu Ort zu ziehen. Prähistorische Menschen hielten stets nach einem milden Klima Ausschau, das fruchtbaren Boden und Wasserreichtum hervorbrachte. Die Zahl der Menschen wuchs, und sie zogen immer weiter, um größere Wassermengen zu finden. Dann ließen sie sich schöpferische Methoden einfallen, um sich das Wasser dienstbar zu machen. Nomaden wurden seßhaft, bewässerten Felder, bauten Kanäle und lenkten Flüsse um. Sie schufen fruchtbaren Boden und bestellten ihn.

Aus Schlamm stellten sie Krüge, Urnen und andere Gefäße her; außerdem fertigten sie Ziegel zum Bau von Häusern und Tempeln an. Man formte Feuersteinwaffen zu Schaufeln und Hacken um, denn die Gemeinschaften wurde der unberechenbaren und endlosen Suche nach wilden Tieren und Pflanzen überdrüssig. Sippen wuchsen rasch zu Stämmen, und die Stämme gründeten Dörfer, Kleinstädte, Städte und schließlich Stadtstaaten.

Vor viertausend Jahren verwandelten die Herrscher von Assyrien das unergiebige Tal zwischen Euphrat und Tigris in das fruchtbare Zweistromland, die Wiege der westlichen Zivilisation. Sie ließen ungeheure künstliche Seen für die Speicherung des Flutwassers anlegen und große Kanäle für die Bewässerung und den Verkehr bauen. Zum Beispiel war der Nahrawan-Kanal, der vom

Heiliger Wasserfall auf der Insel Kosamui vor der Küste von Thailand

Tigris gespeist wurde, über 650 Kilometer lang und hundertdreißig Meter breit; seine Tiefe war für die Schiffahrt jener Zeit ausreichend.

Die Herrscher dieser Gemeinschaften waren Meister des Wassers. Die Flüsse erschienen ihnen nicht nur als ein Schatz, sondern auch als Quelle ihrer körperlichen und geistigen Existenz. Deshalb behandelten sie die Flüsse mit großer Achtung und Ehrfurcht, hielten sie sauber und brachten ihnen Opfer, um ihre Dankbarkeit auszudrücken. Sie bauten ihre heiligen Stätten an die Flußufer. So zogen sich die Heiligtümer und Tempel der großen assyrischen Stadt Assur am Tigris hin, während die Ägypter die ihren, wie wir wissen, entlang des Nilufers bauten.

Flußpilgerfahrten

Einige Flüsse sind infolge ihrer Verbindung mit heiligen Menschen oder wegen ihrer Heilkräfte zum Ziel von Pilgerreisen geworden. Christen aus aller Welt unternehmen zum Beispiel Pilgerfahrten an den Jordan, wo Jesus getauft wurde.

Die Hindus glauben, daß die 60000 Söhne des Königs Sagara für ihre Arroganz mit Einäscherung bestraft wurden. Die Göttin Ganga wurde vom Himmel geholt, um ihre Asche zu reinigen. Sie vollführte diesen Ritus am Delta im Golf von Bengalen, und der Fluß wurde nach ihr benannt. Seitdem huldigen die Hindus dem Ganges; sie sind überzeugt, daß jegliche Sünde bei einem rituellen Bad in dem Fluß fortgewaschen wird. Und wer in ihm ertrinkt, wird unter den Göttern wiedergeboren.

Der Nil

Den alten Ägyptern, Griechen und Römern war das Nilwasser heilig, vor allem das Flutwasser, das die Wiedergeburt des Flusses symbolisierte. Die Frühjahrsflut wurde als ein heiliges Geschenk empfunden, denn das Wasser strömte ins Land, regenerierte es und sorgte für Fruchtbarkeit.

»Du bist der Bewässerer der Felder, die Ra geschaffen hat«, besangen die Ägypter ihren Fluß. »Du spendest allen Tieren Leben, du läßt das ganze Land unaufhörlich trinken, da du auf deinem Weg vom Himmel herabsinkst.«

Überschwemmungen wurden als Reinigung des Geistes gefeiert. Der größte Tribut, den man einem Gott zollen konnte, bestand darin, im Fluß zu ertrinken und sich dann mit ihm zu vereinen. Im Ägyptischen bedeutete das Wort »ertrinken« ursprünglich »loben«.

Bereits im Jahre 330 v. Chr., in pharaonischen und ptolemäischen Zeiten, bauten die Ägypter »Nilometer«, enorme Krypten unter den Tempeln; damit wurden die Gezeiten des Flusses gemessen und die Flut symbolisch wiederholt. Die Nilometer dienten in erster Linie dazu, sauberes Nilwasser für die religiösen Zeremonien des Isis-Serapis-Kultes bereitzustellen. Sie dienten außerdem als Aufnahmereservoir für die Überschwemmungen während der Regenzeit.

Tosa Mitsutada,
Liebende *(Seite aus
dem Album* Die Ge-
schichte vom Prin-
zen Genji)*, 1894.
The Metropolitan
Museum of Art,
New York, Geschenk
von Mary L. Cas-
silly, 1894*

Der Niger

Die nigerianischen Nupe erzählen, daß der Niger folgendermaßen entstand:
Der König der Nupe, der nördlichen Nachbarn der Yoruba, befragte das Orakel
Ifa, wie er eine feindliche Invasion verhindern könne. Ifa riet ihm, ein Stück
schwarzen Stoffs von einer Jungfrau zerreißen zu lassen. Der König gab den
Stoff seiner eigenen Tochter Oya, die ihn auseinanderriß und die beiden Stük-
ke auf den Boden warf. Vor aller Augen verwandelte sich der Stoff in schwarzes Wasser, das aus dem Zentrum des Königreichs floß.

Die Ijaw glauben, daß der Niger übersinnliche Informationen vermittele,
ohne diese auf profane Art zu enthüllen. Am Silvesterabend baden die Menschen im unteren Delta und träumen gemeinsam von Wassergeistern und Un-
terwasserreisen. Außerdem glauben sie, daß während der Flut Wassergeister
in ihre Dörfer geschwemmt werden. Wenn die Flut zurückweiche, spüle sie
auch die angehäuften Sünden fort. Früher trug ein menschlicher Sündenbock
diese Sünden in einem kanuförmigen Gefäß auf dem Kopf, bis die reinigende
Flut ihn in den Ozean trieb und davonschwemmte.

> Die in alten japanischen Gräbern entdeckten Boote sollten ursprünglich die
> Seelen der Toten ins Jenseits transportieren.

Arthur Durston,
Die Flut, *1936, Öl-*
gemälde auf Lein-
wand, 76,2 x
91,4 cm. Privat-
kollektion

Mythische Flüsse

Flüsse haben nicht nur Mythen erzeugt, einige existieren sogar nur in ihnen.
Zum Beispiel hatte die Hölle in der griechischen Mythologie fünf Flüsse: Styx,
Acheron, Kokytos, Phlegethon und Lethe. Der Styx, zuweilen Fluß des Hasses
genannt, strömte neunmal um die Höllenregionen, und der Fährmann Charon
brachte Passagiere in den Hades hinüber. Der Kontakt mit den Wassern des

Styx verlieh Sterblichen übermenschliche Kräfte. Thetis, die Mutter des Achilles, tauchte ihn als Kleinkind in den Styx, wodurch er, abgesehen von der Ferse, an der sie ihn festhielt, unverwundbar wurde. Der Fluß Lethe sorgte dafür, daß die toten Seelen ihr früheres Leben vergaßen.

Die Vorstellung, daß der Fluß Leben und Tod verbindet, ist auf der ganzen Welt verbreitet. In Teilen Westafrikas glaubt man, daß die Toten mit einem Kanu über drei Flüsse gebracht werden, welche das Diesseits vom Jenseits trennen. Die Yoruba, ein binnenländisches Volk, begraben ihre Toten manchmal in Kanus, um sie auf die Reise über einen mythischen Fluß vorzubereiten.

Buddha benutzte die Metaphern von der großen und der kleinen Fähre, um seine Jünger über die Reise ins Nirwana zu belehren. Buddhisten wie Taoisten sprechen von der »Überquerung der großen Gewässer«, wobei »niemand denselben Fluß zweimal überqueren kann«.

Die Sintflut

Die Sintflut ist wahrscheinlich die älteste Metapher der Welt; sie symbolisiert die Kraft des Guten und des Bösen sowie die Zerstörung einer alten und die Geburt einer neuen Welt. In der Geschichte von der Sintflut hat die Vernichtung einen reinigenden und erneuernden Effekt; der Tod führt zur Entstehung neuen Lebens.

Die Vorstellung von dieser größten Reinigung der Erde existiert nicht nur in der biblischen Schöpfungsgeschichte und in dem babylonischen Gilgamesch-Epos, sondern auch in den Mythologien Chinas, Indiens, Afrikas, Polynesiens und Amerikas. Alle beschreiben einen unaufhörlichen Regen, gefolgt von Überschwemmung und dem Erscheinen eines mythischen Vogels, der die Vegetation und das Leben wiederherstellt. In mehreren Versionen der nordamerikanischen Indianer ertrinken alle Lebewesen mit Ausnahme von zwei Personen in einer großen Flut, die das Land vernichtet. Die Überlebenden flüchten sich auf ein Floß oder einen Eichenstamm und retten sich auf einen Berggipfel.

All diesen Geschichten über das Böse, das ausgelöscht wird, und über wenige Auserwählte, die auf einem isolierten Berggipfel eine neue Welt des Guten und des Optimismus begründen, ist eine faszinierende Ähnlichkeit eigen: Überall auf der Welt wird die Sintflut mit Wandlung gleichgesetzt.

Noah und die Arche

Noah rettete wie seine Pendants, der chaldäische Tezpi und der indische Utna-pischtim, einen Mikrokosmos der Welt mit Hilfe seiner Arche, während alles andere von einer großen Flut zerstört wird. Sein Name mag sich von Nuah ab-leiten, einer früheren babylonischen Mondgöttin, die eine vernichtende Flut aussandte, ihren erwählten Kindern jedoch Rettung in Gestalt eines sichelför-migen Bootes oder einer Arche bot. Das Wort *Arche* ist mit dem hinduistischen Wort *argha*, Sichel, verwandt; es bezeichnet das Mondboot der Hindus, das die Seelen zu einer neuen Inkarnation befördert. Im Alten Testament wird die Arche *tebah* genannt; das gleiche Wort bezeichnet den Korb, in dem Moses den Nil hinuntertrieb.

In der Elften Schöpfungstafel heißt es, die babylonische Mondgöttin Ischtar habe wie ihre Vorgängerin Nuah eine Überschwemmung prophezeit, welche die Erde vernichten werde. Als sich ihre Prophezeiung erfüllte und sie sah, wie alle Menschen und Tiere umkamen, wurde sie von Kummer überwältigt:

> *Wie ich Böses prophezeite im Angesicht der Götter, wurde mein ganzes Volk dem Bösen geweiht, und dies prophezeite ich.*
>
> *Ich, die Mutter, habe mein Volk geboren, und wie kleine Fische füllen die Men-schen das Meer.*
>
> *Die Götter, welche über die Geister gebieten, weinten mit mir.*
>
> *Die Götter saßen wehklagend da und bedeckten die Lippen vor dem künfti-gen Bösen.*
>
> *Sechs Tage und Nächte vergingen; der Wind, die Flut, der Sturm überwäl-tigten alles. Am siebten Tage dieses Geschehens legten sich der Sturm und die ganze Flut.*

Die Botschaft dieser Ereignisse ist überaus archetypisch und symbolisch, aber der Flutmythos scheint keinen rein psychologischen Vorgang zu beschreiben. Assyrische Tafeln aus der Bibliothek von Aschurbanipal bezeugen die Ankunft von Überlebenden einer großen Flut in einem gewaltigen, von einem Priester-könig gebauten Schiff. Zudem gibt es archäologische Hinweise auf eine wirkli-che Überschwemmung. Ausgrabungen in der chaldäischen Stadt Ur haben die Überreste einer Zivilisation zutage gefördert, die von einer drei Meter tiefen Schlickschicht ohne jegliche Lebensformen bedeckt ist. Sowohl im Persischen Golf wie im Golf von Mexiko müssen von Ölbohrinseln aus dichte, ange-schwemmte Lehmschichten durchdrungen werden, unter denen sich Reste vorsintflutlichen Lebens verbergen. Ähnliche Entdeckungen wurden in Asien gemacht. Zum Beispiel fand man Hinweise auf ein tragisches Ereignis im Jahre 2297 v. Chr., durch das der Fluß Hwang Ho als Chinas Sorge bekannt wurde. Dies alles bestärkt uns in der Vermutung, daß der Flutmythos eine der größten Naturkatastrophen aller Zeiten widerspiegelt.

Stellt euch vor, ihr befindet euch draußen im Lande, in irgendeinem seereichen Hochland. Schlagt einen beliebigen Pfad ein, und — zehn gegen eins gewettet — er führt euch hinunter in ein Tal, um euch bei einer Bucht am Fluß abzusetzen. Darin steckt ein Zauber. Laßt den geistesabwesendsten Menschen in seine tiefsten Träume versunken sein, stellt ihn auf seine Füße und setzt ihn in Bewegung — unfehlbar wird er euch an ein Gewässer führen, wenn sich überhaupt Wasser in dieser Gegend befindet ... Ja, Meditation und Wasser sind, das weiß jedermann, für immer miteinander vermählt.

HERMANN MELVILLE, *Moby Dick*

Heilige Brunnen und Quellen

Jungbrunnen

Der Glaube an die Heiligkeit des lebenspendenden Wassers an seinem Ursprung ist uralt. Einst war mit jedem Brunnen und jeder Quelle eine Erzählung oder Legende verbunden. Man schrieb ihnen magische Eigenschaften zu und sah sie als Wohnort von Wesen, die als Vermittler zwischen Göttern und Sterblichen fungierten. Manchmal verknüpfte man sie mit Heiligen, die ihr Wasser für die Vollbringung von Wundern benutzt hatten, und manchmal mit bösen Geistern oder Ungeheuern, die, falls sie nicht besänftigt werden konnten, das Wohlergehen der Menschen bedrohten.

Der Kontakt mit solchem Wasser war entweder heilsam oder schädlich für die Menschen. Infolgedessen wurden die Brunnen als Orakel und heilige Schreine betrachtet. »Wo eine Quelle entspringt oder ein Wasser fließt«, erklärte der römische Philosoph Seneca, »dort sollten wir Altäre bauen und Opfer darbringen.« Und genau das tat man.

Die Brunnenanbetung wurde in den unterschiedlichsten Weltregionen zu einem Teil der alltäglichen Realität — nicht nur in fernöstlichen Ländern mit trockenem Klima wie Indien, wo Wasser wertvoller als Gold ist, sondern auch in kühlen nördlichen Ländern mit reicher Vegetation. Was als heidnische Tradition begann, wurde später von den Christen übernommen. Noch heute hören wir von »lebendigem Wasser«, das die Kranken heilen, die Alten verjüngen, das Augenlicht wiederherstellen und zerstückelte Körper wieder zusammenfügen soll.

Der Volksglaube jeder Kultur verfügt über einen Quell der Jugend und Un-

Paul Signac, Die Frauen am Brunnen, *1892, Ölgemälde auf Leinwand, 195 x 131 cm. Musee d'Orsay, Paris*

sterblichkeit oder einen Brunnen der Erkenntnis. Zum Beispiel wird das Heilige Grab in der frühchristlichen Liturgie als ein Quell des Lebens und der Auferstehung beschrieben. Das *shiwaja woda* (»lebendiges Wasser«) der slawischen Tradition ist Weihwasser, das Tote zum Leben erwecken kann. Und der Aztekengott Quetzalcoatl trinkt vom Wasser der Unsterblichkeit, als er auf seinem Schlangenfloß zum Land der Sonne segelt.

Im Jahre 1513 trat der spanische Konquistador Ponce de León eine Expedition nach Florida an, wo er den Quell der Jugend zu finden hoffte. Viele der Quellen wirkten verheißungsvoll, aber letztlich gab er seine Bemühungen auf. Die kalifornischen Indianer des Maidu- und des Wintun-Stammes glaubten, daß die Menschen in jener Zeit, bevor der Tod auf Erden Einzug hielt, ihre Jugend zurückgewinnen konnten, indem sie ins Lebenswasser tauchten.

Dieser Glaube an die lebenspendende Kraft des Wassers brachte magische Rituale hervor, welche die verlorene Potenz von Männern wiederherstellen und Tote zum Leben erwecken sollten. Daraus entwickelte sich ein Kult.

Laut dem griechischen Schriftsteller Lukian (2. Jahrhundert) lebten die Angehörigen des mysteriösen Volks der Seres, deren Land irgendwo zwischen Skythien und Indien lag, bis zu dreihundert Jahren. Er schrieb: »Manche machen die Luft, andere den Boden, noch andere die Ernährung für diese Langlebigkeit verantwortlich. Es heißt sogar, daß die ganze Rasse nichts als Wasser trinke.«

Ed. Tapissier, Der Jungbrunnen, *Salon de Paris, 1913*

Das Erstaunen der westlichen Welt über die wassertrinkenden Chinesen wurde höchstens von dem Erstaunen der Chinesen über die weintrinkenden Europäer übertroffen. In frühchinesischen Schriften werden die verjüngenden Kräfte des Wassers ehrfürchtig betont. Wang Chia aus der Chen-Dynastie vermerkte, daß »die sprudelnde Quelle von Pon Lai denen, die davon trinken, tausend Leben verleiht«. Auch die Quellen des Berges Lao Shan standen im Ruf, ein Lebenselixier zu sein, und sogar die Kaiser der Chen- und Han-Dynastie unternahmen Pilgerfahrten zu ihnen.

Viele Legenden rankten sich um Brunnen der Liebe und des Hasses. Beispielsweise standen im Garten der Venus zwei Brunnen: einer mit süßem, der andere mit bitterem Wasser. Als Venus (Aphrodite) eifersüchtig auf Psyches Schönheit wurde, entsandte sie ihren Sohn Amor (Eros), um die Rivalin zu töten. Amor füllte zwei Bernsteingefäße, aus jedem Brunnen eines, und suchte Psyche auf. Er fand sie schlafend vor und ließ einen Tropfen des bitteren Wassers auf ihre Lippen fallen, wie seine Mutter ihm befohlen hatte. Psyche rührte sich, und Amor wurde sich ihrer Schönheit bewußt. Er verliebte sich so heftig in sie, daß er den bitteren Tropfen von ihren Lippen küßte und sie statt dessen mit dem süßen Wasser der Freude übergoß.

Die heilenden Wasser

Der Kult der Brunnen und Quellen war oft mit einer lebenspendenden Göttin verbunden und sollte den Menschen Eingang in eine mystische Realität verschaffen. Die Identifizierung von Strömen mit den Augen, Brüsten und dem Mund der Göttin unterstrich ihre Rolle einer gütigen Spenderin. Sie hatte die Aufgabe, Leben, Gesundheit und Wohlstand durch den göttlichen Lebensquell zu gewährleisten.

Wasser wird oft in einen allegorischen Zusammenhang mit dem Ur-Ei gebracht, einem häufigen Motiv auf dem verzierten Steingut der antiken Welt. Regen und Milch erflehende Motive vermischten sich, und für Rituale wurden anthropomorphe Vasen und Krüge benutzt, welche die Große Göttin darstellten und gemeinhin in ihren Schreinen zu finden waren. Die Göttin, die auch in Gestalt eines Vogels, eines Fisches oder einer Schlange abgebildet wurde, verdeutlicht die lebenspendende Kraft des Wassers. Die Schlange selbst repräsentierte höchstwahrscheinlich das Mäandern des Wassers; sie war ein unverzichtbares und allgegenwärtiges Symbol in prähistorischen Kulturen.

Die Griechen machten ihre heiligen Quellen zu Schreinen, indem sie an deren Ursprungsort Becken errichteten und in der Nähe Abbilder ihrer Gottheiten aufstellten. In römischen, keltischen und baltischen Mythen wimmelt es von Göttinnen und Nymphen, die man mit bestimmten Flüssen, Quellen und Brunnen assoziiert. Andererseits wurden Flüsse oft nach Göttinnen benannt. Zum Beispiel verdanken die irischen Flüsse Boyne und Shannon ihre Namen angeblich den Göttinnen Boan und Sinnan. Der Dee oder Dyfrdwy (»Wasser der Gottheit«) wurde von den Kelten für die Göttin Aerfon gehalten, und der Name der französischen Seine leitet sich von der heilenden Göttin Sequana der Gallier ab. Hunderte von Holzfiguren, die in den sechziger Jahren in einer gallisch-römischen Kultstätte an der Quelle der Seine entdeckt wurden, legen nahe, daß man an die Heilkräfte des Wassers am Ursprungsort des Flusses glaubte.

Wie oben erwähnt, wurde die römische Quelle der Egeria mit einer Wassernymphe in Verbindung gebracht, die sich in Numa Pompilius, den zweiten König von Rom, verliebte. Die beiden trafen sich zu nächtlichen Zusammenkünften in einer heiligen Grotte, bei denen sie sich nicht nur der Liebe hingaben, sondern bei denen Egeria den König auch dazu anregte, seinen Gesetzeskodex zu erlassen. Nach Numas Tod vergoß die Nymphe so reichliche Tränen, daß sie zu einer Quelle wurden. Lord Byron rühmte Egeria im vierten Gesang von *Childe Harolds Pilgerfahrt*:

> *Hier wohntest du in zaubrischen Gehegen,*
> *Egeria! Dein unsterblich Herz, es flog*
> *Dem fernen Schritt des Sterblichen entgegen,*
> *Und über eures Busens Sturmgewog*
> *Purpurne Nacht den Sternenmantel zog.*

Auch andere lebenspendende Göttinnen, etwa die baltische Laima oder die irische Brigit, werden mit Quellen und Brunnen assoziiert. In Faughart in der Grafschaft Louth — einer Gegend, die mit Megalithgräbern übersät ist — gibt es einen noch heute verehrten Schrein der heiligen Brigit, zu dem die Menschen jährlich Pilgerfahrten machen. Am ersten Frühjahrstag suchen die Gläubigen die Brunnen auf und vollführen ihre Riten. Zuerst waschen sie sich Hände und Füße, dann reißen sie einen kleinen Fetzen von ihrer Kleidung ab und stecken ihn an einen Baum, der über den Brunnen ragt. Dieser Fetzen gilt als Symbol der psychischen oder körperlichen Leiden des Bittstellers. Das Stück Stoff dient also nicht nur als Opfergabe, sondern auch als ein Zeichen der Befreiung.

Die russische Heilige Paraskewija war ebenfalls eine Schutzherrin von Heilquellen. Zu ihnen kamen Gelähmte, Blinde und Taube, um Flachs, Wolle und Schafe als Opfergaben darzubieten.

Das französische Lourdes, das von der katholischen Kirche als Stätte von Wundern anerkannt wird, ist ein weiteres Ziel von Pilgerreisen leidender Menschen. Die erste Heilung in Lourdes wurde Mitte des 19. Jahrhunderts von Louis Bouriette vermeldet, einem Steinmetz, der sein Augenlicht verloren hatte. Als Bouriette Schlamm aus der Quelle in der Massabielle-Grotte auf seine Augen legte, wurde seine Sehkraft wiederhergestellt. Ein weiterer Fall betrifft den zweijährigen Justin Bonhourts, der an schweren Krämpfen und Atrophie der unteren Körperhälfte litt. In einem Akt der Verzweiflung eilte seine Mutter mit ihm in die Grotte und tauchte ihn ins Wasser. Zeugen behaupten, daß er unverzüglich geheilt worden sei.

Die Heilungen schienen endlos und waren zumeist unerklärlich. Tumore von der Größe eines Menschenkopfes verschwanden nach stetiger Anwendung des Quellwassers von Lourdes. Lähmungen besserten sich innerhalb von ein paar Tagen erheblich. Etliche Menschen wurden von einem Moment zum

Thermalquelle
Pamukkale, Türkei

Nördlich des Taurus liegt Pamukkale, die alte heilige Stadt bei Hierapolis, eine der bezauberndsten Sehenswürdigkeiten der Türkei. Die blendend weißen, über 130 Meter hohen Klippen erheben sich in einer schneeweißen Kaskade aus Kalkablagerungen und seichten Teichen, wodurch ein unweltliches Schauspiel entsteht. Die heilenden Wasser waren bereits in römischen Zeiten berühmt, und die Menschen kommen noch immer von überall her, um in den warmen, einschläfernden Quellen zu baden und ihre stärkenden Eigenschaften zu nutzen. Auf dem Grund eines alten, heiligen Teiches kann man noch heute klassische Säulen, Kapitelle und andere Fragmente des Altertums betrachten.

anderen geheilt, andere erholten sich langsamer, aber auf genauso rätselhafte Art.

Die Schulmedizin, die die Konkurrenz des Himmels genausowenig zu schätzen wußte wie die von Quacksalbern, untersuchte jeden Fall sehr sorgfältig und legte der Kirche einen Bericht vor. Obwohl der Bischof nur die sofortigen Heilungen für gültig erklärte, begannen Tausende von Menschen, auf der Suche nach Gesundheit und einem neuen Leben Pilgerfahrten nach Lourdes zu machen.

Kaiser Napoleons Sohn, der den Spitznamen Loulou trug, hatte einmal gefährlich hohes Fieber. Seine Mutter, Kaiserin Eugenie, befahl, die Barrikaden niederzureißen, mit denen man die Grotte blockiert hatte, und das Kind wurde mit dem Wasser der Massabielle-Grotte geheilt. Seine Genesung galt nahezu als Wunder, was die Kirche veranlaßte, die Marienerscheinungen und Heilungen in Massabielle endlich ernst zu nehmen.

Als ich als kleines Mädchen in Istanbul lebte, fuhren wir häufig zum Grab des Sufi-Heiligen Kuyu Baba, der dem Vernehmen nach fast jeden Wunsch erfüllen konnte. Wir banden Stoffetzen neben Hunderte von anderen, die um sein Grab — es lag an einer Quelle — im Wind flatterten. Dann wünschten wir uns etwas und versprachen ein Opfer für den Fall, daß sich der Wunsch erfüllte. Einmal mußte ein Hahn sein Leben lassen, weil ich meine Prüfungen bestanden hatte. Danach ging ich nicht mehr zu dem Heiligen.

Im Mittelalter besaß die Marienkirche in Rostock eine wundersame Madonna, die Mengen von Pilgern anzog. Es war eine einfallsreiche Skulptur, deren ausgehöhlter Kopf mit Wasser und kleinen Fischen gefüllt wurde. Die Fische drängten das Wasser beim Schwimmen aus ihren Augen, und die Bittsteller glaubten, sie weine wegen ihrer Sünden.

Nach einer schriftlichen Überlieferung aus der irischen Gemeinde Dungiven zogen die Menschen zu einem großen Flußfelsen, in den Fußabdrücke eingeprägt waren. Sie schritten um den Felsen herum, verbeugten sich und beteten. Wenn sich in den Vertiefungen, den »Miniaturbrunnen« des Felsens, Wasser angesammelt hatte, wurde davon getrunken, denn man glaubte an die Wunderheilkräfte dieses Wassers.

Die Große Göttin und die heiligen Quellen

In der Vorgeschichte und im Volksgedächtnis wurden Brunnen und derartige Vertiefungen austauschbar, denn beide waren Symbole für die in ihrer Mitte anwesende Göttin der Lebenskraft. Frühe Zivilisationen maßen dem Regenwasser, das sich in solchen Aushöhlungen sammelte, Heilkräfte bei. Gelähmte und Menschen mit anderen Gebrechen tranken dieses heilige Wasser, wuschen sich damit und rieben ihre kranken Körperteile mit ihm ein. Ähnliche, überall in Europa gefundene Vertiefungen haben in der bäuerlichen Subkultur noch eine gewisse symbolische Bedeutung.

Bereits im Paläolithikum und im Neolithikum dienten Höhlen als heilige Stätten. Viele enthielten Seen, unterirdische Flüsse oder heiße Quellen. Zum Beispiel entspringt ein Fluß in den Höhlen der Magdalénien-Stätten von Montespan und Tuc d'Auboubert in Südfrankreich.

Ischtar, die babylonische Mondgöttin, war für Quellen und Tau, für die Fruchtbarkeit also, verantwortlich. Ihre Tempel lagen in diesem sonneglühenden Land oft in Grotten, deren Quellen den Ursprung des Lebens symbolisierten, oder in Wüstenoasen. Wie Ischtar waren die Mondgöttinnen anderer Kulturen ebenfalls Hüterinnen von Brunnen, Flüssen und Quellen. Ihre Schreine befanden sich gewöhnlich in Hainen oder in Grotten, wo das Wasser unmittelbar aus einem Felsen tröpfelte. Für diese Göttinnen wurden ständig Zeremonien vollzogen, bei denen man Wasser schöpfte oder ausgoß.

In der keltischen Ära wurde Diana im elsässischen Niederbronn als Göttin der heiligen Brunnen verehrt, die als Stätten der Fruchtbarkeit galten. Noch heute tragen Frauen Wasser von den Mineralquellen zu den nahegelegenen Bergen, wo sie es in kreisförmigen Mustern über die Steine gießen und den Wunsch nach Schwangerschaft äußern. Im Schweizer Kanton Aargau glaubten die Frauen, sie würden schwanger werden, wenn sie in der Quelle der Verena — einer christlichen Heiligen der Alemannen, die Diana ablöste — badeten.

Bei vielen afrikanischen Stämmen war es Brauch, daß Frauen an den Regenzeremonien teilnahmen: Sie säuberten die Quellen, schöpften dann frisches Wasser und schütteten es über ihre nackten Körper, um sich zu reinigen.

Manche Stämme, etwa die Baganda in Zentralafrika, glaubten, daß eine Frau während der Menstruation keinen Kontakt mit den Brunnen haben solle; sie fürchteten, die Brunnen würden sonst versiegen und die Frau würde erkranken und sterben. Auf der griechischen Insel Kalymnos darf eine Frau während der Periode kein Wasser aus einem Brunnen schöpfen, keinen Strom überqueren und nicht im Meer schwimmen. Die Inselbewohner sind auch davon überzeugt, daß die Anwesenheit einer menstruierenden Frau in einem Boot Stürme auslöst. Dies könnte der Ursprung des Glaubens sein, daß eine Frau an Bord eines Schiffes Unglück bringt. Der Grund für die Isolierung von Frauen während der Regel liegt wohl darin, daß die zu solchen Zeiten angeblich von ihnen ausgehenden Gefahren neutralisiert werden sollen.

Prophezeiung

Dort, wohin sonntags ich geh' allein,
Zum uralten Brunnen aus milchweißem Stein,
Dort am Zaune, vergessen im Dickicht,
Entspringt ein Quell in Gras und Klee,
Und wer von ihm trinkt, der verliebt sich — o weh!
Nur mein Herzallerliebster, der trinkt von ihm nicht.

Rumänisches Volkslied

Brunnen und Quellen sind überwiegend Orte des Trostes, bewohnt von sanften Geistern, die mit prophetischen Gaben gesegnet sind. Dadurch wurden sie zum Ziel von Pilgerfahrten und zum Gegenstand der Anbetung: als säkulare

Wenn du das Wesen des Wassers verstehen willst, dann trink es.

Zen-Ausspruch

Tempel, verziert durch heilige Felsen und Heilpflanzen. Selbst nachdem in den jüdischen und in den christlichen Kulturen solche heidnischen Bräuche verboten wurden, setzten die Menschen ihre Pilgerfahrten zu den heiligen Brunnen fort. Um deren Bedeutung herunterzuspielen, begann man, sie als »Wunschbrunnen« zu bezeichnen.

Jeder Wunschbrunnen hatte spezielle Kräfte und Eigenschaften und war von einem Hauch von Melancholie umgeben. Es handelte sich um uralte Ritualstätten, die häufig inmitten eines Schreins oder einer Gemeinde lagen. Daneben kennzeichneten sie die Grenzen von Stammesterritorien.

Wenn man eine Nadel oder eine Münze in einen Wunschbrunnen warf, konnte man Antworten auf quälende Fragen erhalten. Zum Beispiel suchten die Dorfbewohner von Wesleyans in Cornwall an jedem ersten Sonntag im Mai den Brunnen des heiligen Madran auf. Nach einer Predigt warfen sie Nadeln in den Brunnen, um den Brunnengeist zu persönlichen Dingen wie Gesundheit, Geld und Herzensangelegenheiten zu befragen. Die Antworten wurden in einer besonderen Sprache gegeben: Wenn zwei Nadeln gleichzeitig sanken, war dies ein Hinweis auf eine Eheschließung; wenn sie horizontal dahintrieben, wurde eine künftige Krankheit angezeigt.

Doch nicht alle Gottheiten, die Flüsse und Brunnen bewohnten, waren gutartig; manche waren überaus boshaft. Beispielsweise glaubte man von einem Brunnen unweit des Flusses Ribble bei Clitheroe in Nordengland, er werde von Peg O'Nell bewohnt, die seit langem für sämtliche Fehlschläge im Leben der Menschen verantwortlich gemacht wird. Angeblich fordert sie alljährlich ein Opfer, und es wurde Brauch, einen Vogel oder ein anderes Tier zu ertränken, um sie zu besänftigen.

Einige Quellen und Brunnen hatten bestimmten Legenden zufolge die Kraft, nicht nur psychische und körperliche, sondern auch materielle Gebrechen zu heilen. König Midas von Phrygien wünschte sich von Bacchus, dessen Begleiter er tagelang königlich bewirtet hatte, daß alles, was er berührte, zu Gold werde. Er war über die Maßen glücklich, als sich sein Wunsch erfüllte. Doch nur bis zum Essen, denn nun wurde ebenfalls alles, was er berührte, zu Gold. In seiner Verzweiflung wandte er sich erneut an Bacchus, der ihm riet, den Kopf in den Fluß Paktolos zu tauchen. Midas gehorchte, und die »goldene Gabe« entwich aus seinem Körper in den Fluß.

In heidnischen Zeiten waren Brunnen nicht nur der Sitz der Götter, sondern auch das soziale Zentrum der Gemeinschaft. Alle kamen am Brunnen zusammen. Später predigten christliche Missionare an den Brunnen und tauften dort Konvertiten.

Brunnenschmückung

In den englischen Derbyshire Dales gibt es den faszinierenden Brauch der »Brunnenschmückung«. Die Menschen sammeln Tausende von Blütenblättern und pressen diese in eine große Tonform, so daß ein prächtiges heiliges Tableau entsteht, das dann über einen Brunnen gehängt und von Geistlichen gesegnet wird. Dieser mit Blumen ausgedrückte Dank, den man nur in dieser Gegend pflegt, stammt aus vorchristlichen Tagen, in denen lebenspendende Quellen als Götter angebetet wurden; er leitet sich von den alten römischen Fontinalia her, die am 13. Oktober zu Ehren des Fons, des Gottes der Quellen und Brunnen, gefeiert wurden. Während der Fontinalia warf man Girlanden in die Quellen hinein oder drapierte sie um den Rand von Brunnen.

Wünschelrutengang

Die geheimnisvolle Kunst des Wünschelrutengangs ist eine legitime und verbreitete Methode zur Auffindung von Quellen. Ein Wünschelrutengänger ist eine Person, die mit Hilfe eines Pendels oder einer Wünschelrute unterirdische Wasseradern aufspürt und festlegt, an welchen Stellen Brunnen zu bohren sind. Angeblich verspürt sie ein Kribbeln in den Händen, wenn sie sich Wasser nähert; dies läßt an ein Kraftfeld nach Art des elektrischen Stroms denken. Gleichzeitig vibriert die Rute, schlägt zum Boden hin aus und weist auf die Quelle.

Die meisten Wünschelrutengänger können nicht nur Wasser finden, sondern wissen auch, wie tief der Brunnen getrieben werden muß und wieviel Wasser er liefern wird. Unter den Einwohnern von Cornwall ist der Glaube weit verbreitet, daß Wünschelrutengänger eine besondere, fast telepathische Beziehung zu den Geistern unterirdischer Quellen haben.

In mehreren Fällen behaupten Wünschelrutengänger, das unterirdische Wasser gesehen zu haben. In seinem Buch *The Divining Rod* führt Sir William Barrett das Beispiel einer Wünschelrutengängerin namens Miß Miles an, die eine vergessene unterirdische Zisterne ausfindig machte und deren Erscheinung im Detail beschreiben konnte. Manche Wünschelrutengänger können Quellen sogar aus der Ferne finden, indem sie ihre Wünschelrute oder ihr Pendel über das Foto oder die Karte eines bestimmtem Gebiets halten. Es wird auch berichtet, daß sie die Wünschelrute oder das Pendel zuweilen auch nach anderen Problemen befragen und Antworten erhalten.

Wasser scheint von einem sehr starken Elektromagnetfeld umgeben zu sein. Offenbar hat Wasserstrahlung langfristig einen ähnlichen Effekt wie Radioaktivität. Wünschelrutengänger glauben, daß es zu Krankheit und Unbehagen kommt, wenn jemand über einem unterirdischen Strom schläft, und sie raten den Betroffenen, ihren Schlafplatz zu wechseln.

Dem bekannten französischen Wünschelrutengänger Barthélemy Bleton wurde jedesmal übel, wenn er an einer bestimmten Stelle saß. Ausgrabungen enthüllten eine unterirdische Zisterne, deren Wasser so kraftvoll war, daß es ein Mühlrad hätte treiben können. Hauptmann Robert Boothby, ein britischer Wünschelrutengänger, behauptete, daß unterirdische Ströme prähistorische Stätten kreuzten und daß Flüsse unter Grabhügeln verliefen. Reginald Smith vom Britischen Museum weist ebenfalls darauf hin, daß es im Zentrum jeder prähistorischen Stätte einen Ort gebe, an dem mehrere Ströme entspringen. Er nennt diese Orte »blinde Quellen«.

Guy Underwood, der prähistorische Stätten in England mit einer Wünschelrute untersuchte, entdeckte zwei Arten von Magnetfeldern, von denen die eine mindestens zweimal so breit sei wie die andere. Er nannte die stärkeren Kräfte »Aquastate« und die schmaleren »Schienenstränge«, da sie häufig aus zwei Paaren paralleler Linien bestanden, die Eisenbahngleisen glichen. Tiere hielten sich bei ihrer normalen Beutesuche häufig an diese Schienenstränge. Underwood entdeckte auch, daß sich viele alte Straßen an diesen Strängen ausrichteten und nicht gerade verliefen, sondern Schlangenlinien folgten, die der Spur eines Betrunkenen ähnelten. Manchmal bildeten die Schienenstränge Wirbel, was für die Auffindung alter heiliger Stätten besonders signifikant war. Zum Beispiel waren die langen Menhir-Reihen im bretonischen Carnac über parallele Untergrundströme gebaut worden. Aber weshalb wurde die Stätte dadurch zu einem Heiligtum? Und wie nutzten die Ahnen diese Kraft? Wir haben noch keine Antworten darauf.

Holzschnitt mit Darstellung von Wünschelrutengängern aus Agricolas De re metallica

Underwood enthüllte ein der Wissenschaft bisher noch nicht bekanntes Naturprinzip. Er beschrieb es in seinem posthumen Werk *The Pattern of the Past* (1969) folgendermaßen: »Die Philosophen und Priester der alten Religionen scheinen geglaubt zu haben, daß [die Erdkraft] — besonders, wenn sie sich in Spiralformen manifestierte — mit … den generativen Kräften der Natur zu tun hatte, daß sie ein Teil des Mechanismus war, durch den das, was wir Leben nennen, entstand. Sie hielten [die Erdkraft] für den ›Großen Arrangeur‹, jenes Harmonieprinzip, das die gesamte Natur im Gleichgewicht hält und nach dem die Biologen noch forschen. Platon gab dieser Kraft den Namen ›Demiurg‹.«

Es gibt verschiedene Meinungen darüber, weshalb eine Wünschelrute auf verborgene unterirdische Gewässer reagiert. Die verbreitetste besagt, daß Wasser Strahlung abgebe und daß manche Menschen die Fähigkeit hätten, diese zu entdecken. Die Befürworter behaupten, daß unsere Vorfahren diese Fähigkeit benötigten, um Dürren zu überleben, und daß sie in unseren verschiedenen Evolutionsstadien brachgelegen habe. Dadurch wird allerdings nicht erklärt, weshalb manche Menschen die Fähigkeit zum Wünschelrutengang besitzen und andere nicht. Eine zweite Meinung besagt, daß der Wünschelrutengänger eine radarartige Strahlung aussende. Einer dritten Meinung zufolge hängt der Wünschelrutengang vom Unterbewußtsein ab, das im Gegensatz zum Bewußtsein gewisse Fragen beantworten könne. Aber bisher gibt es noch keine wissenschaftliche Erklärung für dieses Phänomen. Wie auch immer, es ist eine häufig erfolgreiche Methode, unterirdische Gewässer ausfindig zu machen, und sogar manche Skeptiker ziehen sie heran, wenn alle anderen Versuche scheitern.

Quell-Legenden

Im Zentrum von Mekka liegt eine Samsam genannte Quelle. Einer moslemischen Legende zufolge gingen Ismail, Abrahams Sohn, und seine Mutter Hagar die Wasservorräte aus, während sie die Wüste durchquerten. Hagar kletterte auf mehrere Berge, während sich Ismail Sand durch die Finger laufen ließ. Plötzlich sprudelte eine Quelle aus dem Sand hervor. Seitdem gehört es zum Ritual der heiligen Pilgerfahrt, daß Moslems aus der Samsamquelle trinken.

Die rötlichen Eisenablagerungen, die man im Wasser einiger Brunnen fand, wurden häufig für Blut gehalten. Eine walisische Legende handelt von einer Jungfrau namens Winifred, die von dem Prinzen Cracodus umworben wurde. Als sie seine Liebe verschmähte, schlug er ihr den Kopf ab. Da öffnete sich der Boden und verschlang Cracodus. Und dort, wohin Winifreds Kopf gefallen war, entsprang eine Quelle, die eine scharlachrote Färbung hatte. Der heilige Bueno hob den Kopf angeblich auf und fügte ihn wieder mit dem Körper zusammen. Später wurde die Quelle dann berühmt für ihre Heilkraft.

König Wachtang von Iberien, einer alten Region südlich des Kaukasus, schoß auf der Jagd ein Reh an. Das verletzte Tier sprang in eine warme Schwefelquelle und rannte danach wie durch Zauberei davon. Der König war so beeindruckt, daß er seine Hauptstadt um die Quellen im georgischen Tiflis (Tbilissi = »warme Quellen«) baute.

Diese Legende ähnelt jener über Blaudad, den Hirtenkönig von Großbritannien: Als er seine Herde mit Lepra ansteckte, sprangen die Tiere in eine nahegelegene heiße Quelle und wurden geheilt. Blaudad folgte ihrem Beispiel —

mit dem gleichen Ergebnis. Besagte Quelle wurde in römischen Zeiten als Aquae Sulis und später als Bath — eines der unglaublichsten Heilbäder der Welt — bekannt.

In der Romantik zogen Brunnen und Quellen eine besondere Aufmerksamkeit auf sich. Manchmal ritzten die Menschen Verse in ihren Stein, wie Sir Walter Scott beschreibt:

> *Wohin soll sie sich wenden? Ihr Zeichen sieh:*
> *Eine kleine Brunnenzelle,*
> *Wo Wasser — klarer sind Brillanten nie —*
> *Fiel in eines Beckens Delle.*
> *Darüber schwache Lettern, fast verwehte:*
> *TRINK, MÜDER PILGER, TRINK UND BETE*
> *FÜR DIE GÜT'GE SEEL' VON SYBIL GREY,*
> *DIE KREUZ UND BRUNNEN BAUT' FÜR ALLE FÄLLE.*
>
> Sir Walter Scott, *Marmion*

Nicht zu leugnen ist, daß die Brunnen auf rätselhafte Weise den für jede Heilung wichtigsten Faktor verstärken: den Glauben. Sie ziehen all jene an, die mit abergläubischen Ausflüchten — seien es Zauberei, Liebestränke oder der böse Blick — der persönlichen Verantwortung zu entkommen suchen. Die Teichanlage Bethesda in Jerusalem, die Mondwaschquelle in Japan und der Große Speichelsee der chinesischen Tang-Dynastie sind legendäre Quellen, denen ungewöhnliche Heilkräfte zugeschrieben werden. In Europa wurden Quellen im Mittelalter als Ursprungsort von Wunderheilungen angebetet. Während der Reformation scheiterten alle Versuche, diesen Brauch abzuschaffen, denn kaum etwas anderes bot den Kranken Hoffnung.

Die Römer verbreiteten bei ihren Eroberungszügen durch Europa nicht nur ihren Götterkult, sondern auch ihre Wasserrituale. Heidnische Brunnen entwickelten sich zu heiligen Brunnen. Danach wurden sie schließlich zu Bädern, das heißt zum Mittelpunkt der gesamten Kultur. Und sie sind seit Jahrhunderten bewährte Gesundheitszentren.

Allegorische Skizze der Geschichte der Thermalquelle Rogaška Slatina, Tschechoslowakei

Roitschocrene, oder Roitsche Sauerbrun
Beschrieben
von Iohan Benedict Gründet Medic. Doctore
inclyt. Ducat Styriæ Physico Naturæ Curioforum
Collega Anno   Dni: 1687.

AUF ZUR KUR

*Dort standen
Arkaden von Steinen.
Heißer Strom sprudelt',
die Wirbel weiteten sich
hin zur Mauer,
die den hellen Teich
umschloß.*

*Dort waren die Bäder,
heiß von innerer Hitze —
eine Gabe der Natur.*

*So ließen sie fließen
in ein Meer von Steinen
die heißen Ströme.*

Aus einem sächsischen Gedicht des 8. Jahrhunderts

Bäder

Ritueller Umgang mit Wasser

Der Kult des Bades spiegelt die Haltung wider, welche die Badenden zu ihrem Körper, zur Sünde, zur Nacktheit, zur Entspannung und zur Religion einnahmen. Die meisten Gesellschaften entwickelten unterschiedliche Wege des physischen Kontaktes mit Wasser — je nach der Philosophie, dem Temperament und der Umwelt des Volkes. Aber sie scheinen stets die gleichen spirituellen, hygienischen, therapeutischen und sozialen Elemente geteilt zu haben. In manchen Gesellschaften galt das Baden jedoch als eine lästige Pflicht — man roch lieber schlecht, als ins Wasser zu tauchen.

Die Menschen lernten von den Tieren, Wunden in Süßwasserströmen zu säubern. In primitiven Kulturen badeten Familien gemeinsam am selben Ort. Da sie noch nicht über die Mittel verfügten, Wasser zu erwärmen, begnügten sie sich mit kalten Bädern.

Jean-Léon Gérôme, Das Bad, ca. 1880 bis 1885, Ölgemälde auf Leinwand, 73,7 x 59,7 cm. The Fine Arts Museum of San Francisco, Mildred Anna Williams Collection

Maibäder

Um den Beginn des Sommers zu kennzeichnen, feierten germanische und keltische Stämme den Beginn des Monats Mai. Dabei handelte es sich weniger um einen Kalendertag als um ein Fest, das sich über Tausende von Jahren herausgebildet hatte, während man die Rückkehr von Blumen und Zugvögeln

und die Geburt von Haustieren beobachtete. Wenn Schnee und Eis zu schmelzen begannen, Flieder aus dem Boden sproß und Bäche wieder sprudelten,
drückten die Menschen ihre Aufregung und ihre Dankbarkeit der Natur gegenüber durch das Maibad aus, was einfach bedeutete, daß man in das Wasser
einer Quelle oder in eine mit Maikräutern gefüllte Wanne eintauchte.

Eine ähnliche Feier, dem Mittsommer- oder Johannistag gewidmet, wurde
im Juni abgehalten. Es war eine Zeit, in der man Kummer und Sorgen fort-
wusch, eine Zeit für neue Anfänge, Hoffnungen und Träume. In Schweden
suchten die Menschen unmittelbar vor dem Johannistag bestimmte heilige
Quellen auf, denen medizinische Wunderkräfte zugeschrieben wurden und
von denen man sich die Heilung verschiedener Gebrechen erhoffte. Ein Bad
am Johannistag entspreche neun Bädern zu anderen Zeiten, verheißt ein
Schild an der Grenze von Baden-Württemberg. Aus diesem Grunde zogen die
Menschen in Scharen in die Wasserstädte, um den Johannistag zu feiern und
sich ihrer Gebrechen vor dem Beginn eines neuen Lebenszyklus zu entledigen.

Die Maifeier und ähnliche Rituale, obwohl von der Kirche verurteilt, setzten sich bis weit ins Mittelalter fort. Die mittelalterliche Kunst zeigt häufig
nackte Männer und Frauen, die gemeinsam baden und sich freudig Essen und
Trinken teilen. Die Kirche hielt diesen Brauch für eine Obsession, für einen
Überrest des heidnischen, von Walpurgisnacht-Ritualen beeinflußten Bewußtseins, doch ihre Bemühungen, die Maifeiern zu unterdrücken, scheiterten kläg-
lich. Im Jahre 1488 verfügte der badische Markgraf Christoph: »Am Vorabend des
Mai sollen alle Personen mit Ausnahme von Kindern in die freien Bäder gehen.«

Der rituellen Bedeutung wegen badeten die Menschen über einen langen
Zeitraum hinweg nur im Frühjahr. Aber als der therapeutische Aspekt des Badens besser durchschaut und die Transportmöglichkeiten des Wassers weiter-
entwickelt wurden, verwandelte sich das Baden in eine ganzjährige Aktivität,
und überall entstanden verschiedene Arten von Badehäusern.

Das Bad, *Miniatur
aus dem* Roman du
bon roi Alexandre

Die wichtigsten Badetraditionen

*Edmond Paulin,
Wiederherstellung
der Diokletian-
therme, ca. 1880,
Gravüre. Biblio-
thèque de l'Ecole
Nationale Supérieure
des Beaux-Arts, Paris*

*Wie das Bad ins Kulturganze eingegliedert wird, verrät, wie eine Periode zur
menschlichen Entspannung sich verhält. Die Stellung, die dem Bad zugebilligt
wird, und die Art, wie es mit dem Leben verflochten wird, geben oft Auskunft
darüber, wie weit das Wohlergehen des Einzelnen als Teil des Gemeinschaftslebens
eingeschätzt wird.*

SIEGFRIED GIEDION, *Die Herrschaft der Mechanisierung*

Die Griechen schätzten Reinlichkeit, und das Baden war für sie kein Luxus. Sie
badeten zu Platons Zeiten nach anstrengender körperlicher Arbeit und vor intellektuellen Diskussionen in den Badehallen der Gymnasien, der Zentren zur
Ertüchtigung des Körpers.

Weder vorher noch nachher nahm das Baden so großartige, rituelle Ausma-
ße an wie im Römischen Reich. Der römische Dichter Juvenal prägte den Ausspruch *mens sana in corpore sano* (ein gesunder Geist in einem gesunden Körper), und die Römer hielten sich begeistert an dieses Prinzip. Für sie war Ausgewogenheit entscheidend für die Gesundheit, und sie schufen die dafür notwendige Umgebung.

In den römischen Bädern verbanden sich körperliche Fitneß, gesellschaftliche Interaktion und Unterhaltung. Es waren Einrichtungen, die einen ganz-
heitlichen Gesundheitsbegriff widerspiegelten. Die ausgeklügelten Badepraktiken führten zur Schaffung architektonischer Meisterwerke wie der Diokletian-
und der Caracallathermen. Ohne die starke Gegenwirkung moralischer Werte
begünstigten die Bäder letzten Endes eine übermäßige Sinnlichkeit. Die öffentliche Badekultur ging mit dem Niedergang des Römischen Reiches unter.

Die Finnen entwickelten eine spirituelle und eine gesellschaftliche Einstellung der Sauna gegenüber. Die Sauna war nicht bloß ein Ort, an dem man schwitzen und ins Wasser tauchen konnte, sondern auch eine Stätte der Heilung. Babies wurden in Saunen geboren, und man bahrte die Toten dort vor der Beerdigung auf. Vom Teufel Besessene wurden in die Sauna gebracht und mit einer *vihta*, einem aus kleinen Birkenzweigen gefertigten Besen, geschlagen, bis die bösen Geister entwichen.

Die Moslems waren davon überzeugt, daß entspannende Bäder mit ihren besinnlichen und gesellschaftlichen Aspekten zu einer höheren Form der Erkenntnis führten. Das Badehaus oder *hamam* wurde zum islamischen Wassertempel, wo die Verjüngung als geistige Frage angesehen wurde — Ruhe und Abgeschiedenheit verbanden sich mit geistiger Kontemplation.

Während seiner goldenen Ära besaß Bagdad 30 000 Badehäuser. Der Reichtum, der diesen Luxus ermöglichte, rührte nicht von Gold, sondern von den schlammigen Flüssen Mesopotamiens her. Bäder spielten eine so wichtige Rolle für die Araber, daß sie nach der Eroberung Alexandrias angeblich 700 000 Bücher in der Bibliothek verbrannten, um die Feuer in den viertausend öffentlichen *hamams* nicht erlöschen zu lassen.

In Japan galt das Baden als Mittel zur Herstellung des Gleichgewichts mit den Kräften der Natur. Man verwandte sehr viel Zeit darauf, in Freiluftbädern über die Harmonie der Gegensätze, das Tao der Natur, zu meditieren.

Griechische Bäder

Die Griechen gehörten zu den ersten, die öffentliche Bäder einrichteten. Delphi, am Fuß des Parnaß, besaß ein großes Badehaus. Nach schweißtreibenden sportlichen Aktivitäten und nach dem Staub und Blut des Schlachtfeldes konnte auf solche Einrichtungen nicht verzichtet werden. Die therapeutische Benutzung von Wasser nahm einen entscheidenden Platz im Zentrum für Kör-

Bäder des alten Rom

perertüchtigung, dem Gymnasium, ein. Die Griechen hielten sich an ein striktes Verfahren: Man badete nach einer anstrengenden Betätigung in der *palaestra* (Ringplatz) und vor einer philosophischen Diskussion in den *exedrae* (Gesellschaftszimmern) in einem kreisförmigen Becken.

Hippokrates, der Begründer der westlichen Medizin, wandte die Hydrotherapie häufig an, um Krankheiten zu heilen. Angesichts der beruhigenden Wirkung warmen Wassers war das Baden auch eine frühe Form der Behandlung für Geistesgestörte. Aber das Hauptziel der Bäder bestand darin, die breite Masse mit Wasser zu versorgen und die allgemeine Sauberkeit zu fördern.

Zunächst hielten die Griechen das Baden in warmem Wasser für zügellos und verweichlicht, aber schon im 5. Jahrhundert v. Chr. bauten sie komfortable Badehäuser für Männer wie Frauen. Bereits lange vorher hatte Homer in seinen Werken, zum Beispiel in der *Ilias,* immer wieder auf die erfrischende Wirkung des Badens angespielt.

Auch Seife, hergestellt aus einer Mischung von Asche und Ziegenfett, wurde weithin benutzt. Zur Belebung des Körpers verwendeten die Griechen außerdem Schwämme, Öle, Spülmittel und ein gebogenes Kratzinstrument, das alle von den Poren ausgeschiedenen Stoffe beseitigen sollte.

Römische Bäder

Es ist das Verdienst der Römer, daß sie die geistigen, sozialen und therapeutischen Werte des Badens miteinander verbanden und es zu einer Kunstform erhoben. Im warmen römischen Klima boten die *thermae* eine willkommene Abwechslung und gesellschaftlichen Zeitvertreib. Die Bäder waren Zentren des Gemeinschaftslebens, in denen man sich entspannen, mit anderen plaudern und zu den Göttern beten konnte.

Historiker erklären die Zunahme der öffentlichen Bäder mit dem wachsenden Wohlstand des Römischen Reiches. Im 3. Jahrhundert v. Chr. hatten vermögende Römer in ihren Stadthäusern und Landsitzen zwar Baderäume, aber das Baden war immer noch ein privater, intimer Akt. Doch allmählich führte der römische Hang nach Reinlichkeit zum Bau öffentlicher Bäder. Im Jahre 33 v. Chr. baute der römische Feldherr und Staatsmann Agrippa den Julia-Aquädukt in Rom und ließ öffentliche Badehäuser mit heißen, lauwarmen und kalten Bädern sowie mit Massageräumen einrichten. Die Badehäuser waren in die *balneae* (gemeinschaftliche Bäder) und das *balneum* (Privatbad) unterteilt.

Die Wasserversorgung Roms war eines der Wunder der Antike. Im Jahre 312 v. Chr. baute Appius Claudius Caecus an der Via Appia das erste Aquädukt; es war achtzehn Kilometer lang und verlief zum Teil unter der Erdoberfläche. Dies löste eine solche Sensation aus, daß sich im Land eine Aquädukt-Manie verbreitete. Die Leitungen, die aus den umliegenden Hügeln Wasser nach Rom brachten, hatten bald eine Gesamtlänge von rund 610 Kilometern. Plötzlich gab es nicht nur für praktische Zwecke, sondern auch für Vergnügungen genug Wasser.

Da Eisenrohre damals unbekannt waren, diente Blei als Hauptmaterial für die Beförderung des unter Druck stehenden Wassers. Unsere heutigen Probleme mit toxischen Stoffen wurden damals auf verblüffende Weise vorweggenommen, denn das Blei führte in der Bevölkerung zu zahlreichen Vergiftungserscheinungen und zu einer wachsenden Sterilität. Erst viel später wurde die Ursache für dieses Phänomen erkannt.

Die Römer hatten noch andere Probleme, die den unseren ebenfalls auf erstaunliche Art gleichen. Zum Beispiel wurde das Wasser über Reservoirs an die Brunnen verteilt. Frontinus, im ersten Jahrhundert unter Kaiser Nerva Wasserkommissar von Rom, hinterließ ein sehr menschliches Dokument, in dem er seine Frustration über die Organisation der Wasserversorgung enthüllte:

Die Ursache ist der Betrug durch die Wasser-Männer, die, wie wir entdeckt haben, Wasser aus den öffentlichen Leitungen für private Zwecke umlenken. Aber auch zahlreiche Landeigentümer, deren Felder an die Aquädukte grenzen, zapfen die Leitungen an. So kommt es, daß die öffentlichen Wasserläufe von Privatbürgern, denen es um nichts anderes als um Wasser für ihre Gärten geht, zum Stillstand gebracht werden.

Frontinus und die Wasserversorgung Roms (100 n. Chr.)

Jeden Tag flossen 705 Millionen Liter Wasser durch dreizehn Aquädukte, wodurch ungeheure Mengen für die 1352 öffentlichen Brunnen, die elf kaiserlichen Bäder und die 926 öffentlichen Badehäuser bereitgestellt wurden. Jeder Bürger verbrauchte über 1100 Liter pro Tag, was dem durchschnittlichen Verbrauch einer vierköpfigen Familie in unserer Zeit entspricht. (Als Kalifornien im Jahre 1991 von einer heftigen Dürre bedroht war, mußten beispielsweise die Bürger von Marin County mit nur 190 Litern pro Tag und Person auskommen.)

Das Bemühen der Herrscher, die Wünsche ihrer Untertanen zu befriedigen, förderte die Entwicklung von Badeeinrichtungen. Cäsaren, die nach Popularität strebten, bauten Bäder für ihr Volk, und bald schloß sich ihnen die gesellschaftliche Elite an, die sich gewissermaßen zu Public-Relations-Zwecken ihre eigenen eleganten Bäder bauen ließ. So verwandelte sich das Badehaus aus einem einfachen, holzumschlossenen, kleinen, einem einzigen Zweck dienenden Gebäude in eine luxuriöse, geräumige, multifunktionale Einrichtung.

Frauen bei körperlicher Übung, ca. 350 n. Chr., Mosaik aus einer römischen Villa, Piazza Armerina, Sizilien

Die Wertschätzung der Römer für das Wasser fand in dem Bau von monumentalen Bädern und skulpturalen Brunnen ihren Ausdruck. Es waren regel-
rechte Kultstätten, in denen körperliche, kulturelle und geistige Interessen einander ergänzten. Der Legende zufolge rief Kaiser Nero beim Anblick der
prächtigen Brunnen von Rom aus: »Sanitas per aquas« (Gesundheit durch Wasser). Das englische Wort *spa* (Badekurort) könnte ein Akronym dieses berühmten Satzes sein.

Einige der römischen Badehäuser waren selbst nach heutigen Maßstäben
spektakulär; sie vereinten viele Elemente, die das Leben angenehm machen.
Die Ruinen der Diokletian- und der Caracallathermen zum Beispiel sind immer noch eindrucksvoll. Das Badehaus des Diokletian bedeckte eine Fläche

Römisches Bad in
Plombiers, *1553,
Holzschnitt*

von dreizehn Hektar und konnte nicht weniger als sechstausend Menschen aufnehmen. Die Böden waren mit Mosaiken geschmückt; ägyptischer Marmor, Stein- und Glasornamente sowie erlesene Fresken bedeckten die Wände. Es enthielt eine Bibliothek, Galerien, Sporthallen und bot vielerlei Unterhaltung an. Sein Stadion lag in einer großen überdachten Halle mit Marmorsitzen für rund 1600 Menschen an beiden Enden. Das gesamte Gebäude grenzte an einen Säulengang, der in die *exedrae* führte, die geräumigen, von Dichtern und Philosophen benutzten Anbauten.

Die Caracallathermen besaßen an jedem Ende einen Tempel; der eine war Apollo, der andere Äskulap geweiht, also den Gottheiten, die für die Pflege des Geistes und des Körpers verantwortlich waren In den Gärten der Philosophen fanden sich Grotten und von Brunnen und Quellen bewässerte, überschattete Gänge, in denen Meisterwerke der Bildhauerkunst standen, sowie baumumsäumte Promenaden für Spaziergänge. Der imposante Gebäudekomplex der Thermen war von einer schattigen, zusätzlich durch das Wasser von Springbrunnen gekühlten Esplanade umgeben.

Die Römer entwickelten eine funktionstüchtige Zentralheizung für die Bäder: das Hypokaustum, einen Raum mit einer Vertiefung unterhalb des Fußbodens, in der heiße Luft zirkulierte. Neben dem Raum war ein mit Holzkohle befeuerter Kamin, über dem sich gewöhnlich ein großer Kupferkessel befand, der die ständige Versorgung mit heißem Wasser sicherstellte. In die Wände des Hypokaustums waren vertikale Kanäle mit Öffnungen zum Dach hin eingelassen. Diese Kanäle schufen einen Zug, der heiße Luft in die Kammer unter dem Boden sog.

Ein Badehaus der einfachsten Art besaß ein *apodyterium* (Umkleideraum), ein *frigidarium* (kaltes Bad), ein *tepidarium* (lauwarmes Bad), ein *caldarium* (heißes Bad) und eventuell eine *palaestra* (Ringplatz). Raffiniertere Einrichtungen, etwa Aurelia Aquensis (Baden-Baden) oder Aquae Sulis (Bath), verfügten auch über ein *laconium* (Raum mit intensiver, trockener Hitze), das einer finnischen Sauna glich.

Das Baden war eine lebhafte Beschäftigung, die als wesentlich für das menschliche Wohlergehen galt. Die Römer hatten über die genüßlichen Aspekte des Badens eine Menge von den Ägyptern gelernt, die gern in Eselsmilch, zerdrückten Erdbeeren oder in aromatischen Gewürzen badeten; die beliebtesten Badegewürze waren Safran und Zimt, für die man erhebliche Summen ausgab.

Die kunstvolle Architektur der Thermen ließ ein kompliziertes Baderitual entstehen. Es war von Badehaus zu Badehaus unterschiedlich, aber man kann den allgemeinen Ablauf recht gut rekonstruieren. Die Bäder wurden um ein Uhr nachmittags geöffnet; zu diesem Zeitpunkt läutete der Badewärter eine Glocke, wodurch angezeigt wurde, daß das Wasser heiß war. Die Badenden absolvierten sportliche Übungen und gingen dann ins *apodyterium*, um sich auszuziehen und ein Badelaken zu erhalten. Danach betraten sie das *tepidarium*, wo sich der Körper an die Hitze gewöhnte, bevor sie ein heißes Bad im *caldarium* nahmen. Nun wechselten sie ins *laconium*, eine extrem heiße Kammer über einem Ofen, in der sie ausgiebig schwitzen konnten. Danach wurden sie eingeölt, massiert und mit einem Schabeisen (*strigilis*) abgeschabt. Die Behandlung endete mit einem raschen Sprung ins *frigidarium*, wodurch die Badenden erfrischt wurden und ihre Poren sich schlossen. Die Alternative war das Schwimmen in einem kalten *natatorium* (Schwimmbecken), was dem gleichen Zweck diente. Entspannt und erfrischt, führten sie nun Gespräche, benutzten die Bibliothek und andere Einrichtungen.

Die Bäder waren soziale Treffpunkte, wo Freunde zusammenkamen, wo man geschäftliche Besprechungen abhielt und wo verschiedene Unterhaltungen stattfanden. Schauspieler, Jongleure, Sklaven und Kosmetiker eilten umher und kümmerten sich um die Bedürfnisse ihrer Herren und ihrer Kundschaft. Wer sich Sklaven leisten konnte, brachte sie mit ins Bad, um sich von ihnen abtrocknen, massieren und einölen zu lassen. Es gibt eine Redensart, die besagt, daß das Römische Reich deshalb zusammengebrochen sei, weil zu viele Menschen zuviel Zeit in den öffentlichen Bädern verbrachten.

In den frühen Tagen der *thermae* benutzten Männer und Frauen getrennte Einrichtungen, aber es dauerte nicht lange, bis sich das gemischte Baden durchsetzte. Wer Abgeschiedenheit wünschte, konnte weiterhin im *balneum* baden, doch die meisten bevorzugten die Freuden der gemischten Gesellschaft. Viele gingen in die Bäder, weil sie dort zum Essen und zum Sex angeregt wurden. Hinter den prächtigen Säulengängen lauerten Verkäufer von Nahrungsmitteln und Getränken sowie für beide Geschlechter zuständige Zuhälter. »Bäder, Wein und Frauen verderben unseren Körper«, sagte einer der Badenden, »aber diese Dinge sind das Leben selbst.« Bald wurden die Badehäuser als *seminaria venetata* (Zentren der Promiskuität) bezeichnet — kurz, man setzte sie mit Bordellen gleich. Schließlich konnten die Behörden die Skandale nicht mehr ignorieren. Zwischen 117 und 138 erließ Hadrian eine Verfügung, durch welche die Geschlechter in den Bädern getrennt wurden.

Hadrian selbst war oft in den öffentlichen Bädern zu finden. Eines Tages sah er einen alten, ihm bekannten Soldaten, der seinen Körper an den warmen Ziegeln rieb. Der Kaiser erkundigte sich nach dem Grund, und der Mann antwortete, daß er dies tue, weil er sich keine Sklaven leisten könne. Sofort schenkte Hadrian ihm Geld und Sklaven. Als der Kaiser am nächsten Tag ins Bad ging, rieben sich all die anderen alten Männer ebenfalls an den Ziegeln.

Die kaiserlichen Bäder waren nicht nur Wasserpaläste, sondern auch Paläste des römischen Volkes. Ungeachtet der sozialen und moralischen Dekadenz leisteten sie einen ungeheuren Beitrag zum römischen Gesellschaftsleben. Sie förderten nicht nur die allgemeine Reinlichkeit, sondern auch Sport und Kultur. Das Vorherrschen nackter Gestalten in der griechischen und römischen Bildhauerei sowie deren Formgebung und Symmetrie lassen auf Menschen schließen, die einen gesunden und schönen Körper nicht weniger schätzten als einen scharfen und wendigen Verstand. Die tägliche Neubelebung des Körpers war eine soziale Pflicht, wobei man die Entspannung und den Genuß betonte.

Bei der Eroberung Europas nahmen die Römer ihre »Wasserfreuden« mit und bauten im ganzen Reich komfortable Badehäuser. Sie nutzten hierfür die Heilwasser der örtlichen Bevölkerung und verwandten sie für die gemeinschaftliche »Verjüngung« und Entspannung. Wenn die römischen Krieger gerade keine Plünderungszüge machten, schwelgten sie in den Bädern.

Die frühen Badehäuser in den Provinzen wurden zumeist von den Soldaten und anderen jungen Leuten aufgesucht, die sich jugendlichen Freuden hingaben und die gesellschaftliche Toleranz harten Zerreißproben aussetzten. Als sich das Reichszentrum im Jahre 330 nach Konstantinopel verlagerte, verfielen die Thermen und Aquädukte in Rom. Im Jahre 527 verbot Justinian I., der Kaiser des Byzantinischen Reiches, das gemischte Baden; nur Ehepaare waren von dem Verbot ausgenommen.

Jüdische Bäder

Die Juden der Antike hielten die körperliche Wiederbelebung ebenfalls für eine wichtige soziale Pflicht, aber sie machten das Baden zu einer fast asketischen Betätigung, die nichts mit Genuß oder Entspannung zu tun hatte. Für sie war Reinlichkeit das einzige Ziel des Badens, wiewohl sich die verschiedenen Praktiken auf religiöse und soziale Werte gründeten. Ausgehend von diesem Begriff der Sauberkeit und einer sittenstrengen Einstellung zur Nacktheit, schrieb man die jüdischen Badepraktiken bald im mosaischen Kodex fest, der im wesentlichen für Nomadenstämme entworfen wurde.

Der Kontakt mit den Babyloniern machte die Juden mit fortgeschritteneren sumerischen Badebräuchen vertraut. Im Jahre 1055 v. Chr., während der Urbanisierung des antiken Judentums, begann König David mit dem Bau großer Wasserwerke und Bäder, die unter Salomon vollendet wurden. Das Baden diente jetzt nicht mehr ausschließlich der Reinlichkeit, sondern auch der spirituellen Säuberung, was mit einem Hinweis im Talmud — »Ein Jude darf nicht in einer Stadt leben, in der es kein öffentliches Bad gibt« — begründet wurde.

Neben Regeln für die tägliche Sauberkeit legte das mosaische Gesetz, unter Bezug auf Bibel und Talmud, die Waschung bestimmter Körperteile zu bestimmten Zeiten fest. Das Baden wurde nach jedem ehelichen Geschlechtsverkehr, nach einer Geburt und nach der Menstruation vorgeschrieben. Ein Jude mußte sich waschen, nachdem er eine Leiche berührt und nachdem er eine Reise unternommen hatte. Das Reinigungsritual wurde auch zum Bestandteil der Vorbereitungen für den heiligsten Tag des jüdischen Kalenders, Jom Kippur.

Das öffentliche Bad der Juden, die *Mikwe,* entstand vielleicht deshalb, weil die Tugend der Reinlichkeit mit geistigen Tugenden verbunden wurde, woraus ein praktischer und ethischer Verhaltenskodex für das jüdische Volk entwickelt wurde. Eine *Mikwe* hatte einen Durchmesser von rund sieben Metern. Sie wurde stets unter Bodenhöhe angelegt, was darauf schließen läßt, daß man Wasser aus Quellen oder Brunnen benutzte. Die *Mikwe* im deutschen Friedberg, eine der ältesten ihrer Art, war über siebenundsiebzig in die Tiefe führende Stufen zu erreichen. Schmucklos, aus grobem Stein und zweckmäßig gebaut, verdeutlichte die *Mikwe* die jüdische Einstellung zum Baden: Das Bad war funktionell, asketisch und rituell.

Bäder und frühes Christentum

Die frühen Christen hielten die öffentlichen Badehäuser, welche die Römer überall in Europa gebaut hatten, für eine Folge unmoralischer und unnötiger Genußsucht — gleichgültig, ob man die Geschlechter in ihnen trennte oder nicht. Sauberkeit wurde mit dem Luxus, dem Materialismus und der übermäßigen Sinnlichkeit der Römer gleichgesetzt. Dadurch wurde Schmutz zu einem Zeichen von Heiligkeit, und der Verzicht auf das Waschen galt als frommer Akt der Selbstentsagung. Viele badeten überhaupt nicht, wodurch sie das Fleisch als Buße für ihre Sünden kasteiten. Andere zogen sich in Privatbäder zurück.

Die Christen lehnten auch die in den römischen Bädern verkauften Parfüms und Kosmetika als moralisch verwerflich ab. Außerdem verdammten sie das

Dan May, Teufel in den Bädern, *1989, Monodruck, 29,7 x 38,1 cm. Sammlung von William und Georgia May*

Nacktbaden, das für die Römer eine Selbstverständlichkeit war. Und ob nackt oder bekleidet — ein guter Christ badete nicht gemeinsam mit einem Juden und höchstens sehr widerwillig mit einer exkommunizierten Person.

Die christliche Kirche schränkte die Reinlichkeit besonders für junge und gesunde Menschen ein. Der heilige Benedikt hielt einen ungewaschenen Körper für einen Tempel der Frömmigkeit. Die heilige Agnes, als Kind zur Märtyrerin geworden, wusch sich nach ihrer Vision angeblich acht Jahre lang nicht das Gesicht. Unsauberkeit wurde bei den asketischen Kulten sowie bei einigen Mönchsorden zu einem Zeichen der Selbstverleugnung und der Demut.

Im fünften Jahrhundert hatte man die Hygienebräuche der Römer und Griechen im größten Teil Europas nahezu vergessen. Die Badehäuser verfielen

Jungbrunnen, Illustration aus einem lombardischen Manuskript des 15. Jahrhunderts

Comment la fauſce vielle traiſt ſa maiſ

ungenutzt. Einigen europäischen Klöstern gelang es jedoch, die Hydrotechnologie und die Reinlichkeitsbräuche des Römischen Reiches zu bewahren. Das Kloster in Canterbury zum Beispiel besaß komplizierte Leitungen zur Reinigung und zum Transport des Wassers in die verschiedenen Gebäudeteile. Mönche, die sich zu weltlichem Verhalten hinreißen ließen, mußten zuweilen ein kaltes Bad nehmen, was sie zur Vernunft bringen sollte. Jährliche heiße Bäder wurden zu einem Ritual, wobei die höchsten Priester den Anfang machten und die Novizen zuletzt an der Reihe waren. Kranken Mönchen wurde das Privileg gewährt, häufiger heiße Bäder zu nehmen.

Bäder im Mittelalter

Im Frühmittelalter wurden die Badehäuser durch runde Holzwannen ersetzt, in denen häufig zwei oder mehr Menschen Platz hatten. Der Hauptgrund lag darin, daß es schwierig war, heißes Wasser zu beschaffen. Der Badende hätte sich hinlegen können, doch dazu kam es nie, weil man anderen Personen Platz machte, solange das Wasser noch heiß war.

Die Aristokratie und die Geistlichkeit machten die Waschung zu einem Ritual für ihre Gäste — ein Brauch, der als *donner à laver* bekannt war. Im allgemeinen wurde vor den Mahlzeiten eine Waschung angeboten. Man brachte eine Schüssel an den Tisch, und die Gäste säuberten sich Gesicht und Hände. Das Wasser war oft parfümiert, oder man streute Blütenblätter von Rosen oder anderen wohlriechenden Blumen in die Schüssel, die mit kostbaren Metallen verziert und kunstvoll bemalt war.

Die heimkehrenden Kreuzfahrer brachten phantastische Geschichten von den Freuden der islamischen *hamams* mit. Ungeachtet der kirchlichen Kritik wurde Europa wieder zu Gemeinschaftsbädern verlockt. Das Wort *hamam* bedeutet im Arabischen »Verbreiter der Wärme«. Der Wunsch nach *hamams* führte zu einer interessanten Kombination: Man benutzte die Abwärme von Brotöfen, um die Bäder zu heizen, wobei es zu einigen Konflikten zwischen der Bäcker- und der Badewärterzunft kam.

Auf den Stätten der alten römischen wurden neue Bäder errichtet und als Heilzentren bekannt. Dort behandelte man alle möglichen Leiden: von Knochenbrüchen und nervöser Erschöpfung bis hin zu Herz-, Lungen- und Hirnkrankheiten. Das Genußprinzip spielte dabei ebenfalls eine wichtige Rolle. Vieles, was angeblich der Sauberkeit diente, war in erster Linie ein Tauchbad in Heilmitteln oder erzeugte sinnliche Freuden.

Erneut badeten Männer und Frauen gemeinsam, was die Anknüpfung gefährlicher Beziehungen erleichterte. Musiker spielten, während die Badenden sangen, tanzten, tranken, von schwimmenden Tabletts aßen und der Liebe frönten. Es war nicht ungewöhnlich, daß jemand nach einer Nacht der Ausschweifung in den Bädern starb. »Ich habe gesehen, daß gewöhnliche Menschen am Johannistag vierundzwanzig Stunden hintereinander im Bad verbrachten«, heißt es in einem Bericht aus dem 11. Jahrhundert. »Sie unterzogen sich nicht nur ihrer Behandlung, sondern sie aßen, tranken und schliefen auch im Bad.« Es war der Beginn einer neuen Zeit der Sittenlosigkeit.

In Augsburg, ebenso wie in vielen anderen Teilen Europas, enthielten die Badehäuser Privatkabinen. Die Folge war eine Unzahl unehelicher Kinder. Dies löste eine solche Empörung aus, daß die Kabinen auf Befehl des Bischofs geschlossen wurden. Die Kirche machte sich nicht viel daraus, ob die Menschen sauber waren oder nicht, aber sie kümmerte sich sehr um die Einhaltung ihrer Gesetze. Nun wurden den Geschlechtern durch Glockenläuten getrennte Badezeiten zugewiesen.

Im Mittelalter war Europa eher in einem Zustand des Verfalls als des Aufbaus. Das Trinken von verseuchtem Wasser verursachte viele Epidemien — etwa Cholera —, die über den Kontinent fegten. Als die Pest im Jahre 1350 ihren Höhepunkt erreichte, wurden die öffentlichen Bäder verdächtigt, Quelle der Infektion zu sein. Die meisten schlossen damals, und die übrigen wurden zu Bordellen. Die Badehäuser in England und Frankreich erhielten die Bezeichnung »Siederei«. Im Jahre 1538 befahl Franz I. von Frankreich, alle »Siedereien« abzureißen, um die sexuelle Promiskuität und die Verbreitung der Syphilis zu unterbinden. Heinrich VIII. von England folgte seinem Beispiel und verbot das gemischte Baden im Jahre 1546.

Hamams

Während die Nachbarländer den Tugenden des Schmutzes und der Askese anhingen, erreichte das Baden in Spanien einen Höhepunkt der Eleganz, des Vergnügens und der Entspannung. Die Mauren bauten, wie ihre römischen Vorgänger, in sämtlichen eroberten Gebieten Badehäuser — allein Córdoba besaß vor der Einnahme durch die Christen im Jahre 1236 dreihundert öffentliche Bäder. Während des 9. Jahrhunderts errichteten sie in Spanien außerdem Aquädukte und reparierten den römischen Aquädukt in Sevilla.

Die prächtige Alhambra, die Jussuf I., der König von Granada (1333—1354), erbaute, ist beispielhaft für den Stil und die Anmut der maurischen Bäder. Ihr Grundriß hat starke Ähnlichkeit mit dem der römischen Thermen. Durch sternförmige Öffnungen in der Decke fiel Licht ein, was dem Baden eine weitere Dimension der Schönheit verlieh. Der obere Teil der Ruhekammer bildete eine

Galerie, die nur zwei bis vier Personen aufnehmen konnte. Dies läßt vermuten, daß die Bäder ausschließlich dem Souverän und seinem Harem dienten.

Der dichterische, geistliche und abgeschiedene Charakter des islamischen
Gartens unterschied sich zwar von den gesellschaftlichen und zeremoniellen
Aspekten der römischen Kultur, doch die Moslems paßten die römischen Thermen ihren Bedürfnissen an. *Hamams* dienten als Orte der Entspannung, an
denen sich körperliche und spirituelle Reinigung verbanden, und wie die Thermen besaßen sie eine Reihe heißer und kalter Räume. »Die Türkei ist ›à la
mode‹, was die Wasserdörfer betrifft«, schrieb Gustave Flaubert in einem
Brief aus Istanbul. »Das Ambiente der Bäder läßt eher an orientalische *hamams*
als an römische Bäder denken.« Viele der *hamams* im Osmanischen Reich
waren byzantinische Gebäude und kurz zuvor noch durch römische Aquädukte mit Wasser versorgt worden.

In der islamischen Kultur war die Neubelebung ein geistiger Prozeß, der
Ruhe und Abgeschiedenheit forderte. Das *hamam* behielt die Abfolge heißer
und kalter Räume bei, aber es verzichtete auf die anderen Elemente (Sport-
einrichtungen, *exedrae* und Bibliothek) der römischen Bäder. Die sportliche Betätigung wurde durch Massagen ersetzt, an die Stelle des intellektuellen Aus-
tausches traten Musik und Meditation. Das *hamam* war ein Ort der Muße und
der Zurückgezogenheit, wo schon die kleinste energische Bewegung die geistige Atmosphäre stören konnte. Es war ein Ort, an dem man den Druck des
Stadtlebens und den Alltag hinter sich ließ. Der Körper, auf wunderbare Art
von Giftstoffen gereinigt, blieb stunden-, manchmal tagelang in einem Zustand erinnerungsloser Desorientierung.

Die Geschlechter wurden im *hamam* stets getrennt. Häufig hatten die beiden nebeneinander liegenden Bäder eine gemeinsame Heizquelle. Die *hamams*
der Männer waren ein von Aggressionen freier Ort maskuliner Eintracht, und

Frauen, die in einem hamam *badeten, verwendeten mehrere Stunden, manch-mal einen ganzen Tag darauf. Dies beschreibt die englische Autorin Julia Pardoe in* Beauties of the Bosphorus *(1830): »Die schweren, undurchdringli-chen, schwefelhaltigen Dämpfe füllten alles aus und erstickten mich fast — die Herrinnen [der Sklavinnen] lachten gedämpft und unterhielten sich flüsternd, während ringsum ein Klangteppich aus steten, monotonen Geräuschen gewo-ben wurde — der Anblick von nahezu dreihundert nur teilweise bekleideten Frauen, deren linnene Hüllen so vollständig mit Dampf gesättigt waren, daß sich die Körper in allen Einzelheiten abzeichneten — die geschäftigen Sklavin-nen, die mit Stapeln fransenbesetzter oder bestickter Tücher auf dem Kopf hin und her eilten und, oberhalb der Taille nackt, ihren Busen mit ihren ver-schränkten Armen bedeckten — Gruppen reizender, lachender und plaudernder Mädchen, die sich mit Konfekt, Sorbets und Limonaden erfrischten — Scharen spielender Kinder, denen der Luftmangel im Gegensatz zu mir gar nichts aus-zumachen schien ... all das schuf ein Bild, das an eine flüchtige Fata Morgana gemahnte und mich beinahe fragen ließ, ob das, was ich betrachtete, wirklich die Realität oder vielleicht nur die Schöpfung meines überhitzten Hirns war.«*

die Stille des Wassers brachte eine leise Brüderlichkeit ohne derbe Scherze und laute Stimmen hervor. Für Frauen war der Gang in das *hamam* bis ins 20. Jahr-hundert hinein die wichtigste gesellschaftliche und religiöse Aktivität. Es war die einzige Zeit, in der sie ihre Heime oder Harems verlassen und sich mit ih-ren Freundinnen treffen konnten. Frauen, die in einem *hamam* badeten, ver-wendeten mehrere Stunden, manchmal einen ganzen Tag darauf. Dies be-

Jean-Léon Gérôme,
Terrasse des Serails,
*1886, Fotogravüre,
17,8 x 25,4 cm.
Sammlung der
Autorin*

schreibt die englische Autorin Julia Pardoe in *Beauties of the Bosphorus* (1830): »Die schweren, undurchdringlichen, schwefelhaltigen Dämpfe füllten alles aus und erstickten mich fast — die Herrinnen (der Sklavinnen) lachten gedämpft und unterhielten sich flüsternd, während ringsum ein Klangteppich aus steten, monotonen Geräuschen gewoben wurde — der Anblick von nahezu dreihundert nur teilweise bekleideten Frauen, deren linnene Hüllen so vollständig mit Dampf gesättigt waren, daß sich die Körper in allen Einzelheiten abzeichneten — die geschäftigen Sklavinnen, die mit Stapeln fransenbesetzter oder bestickter Tücher auf dem Kopf hin und her eilten und, oberhalb der Taille nackt, ihren Busen mit ihren verschränkten Armen bedeckten — Gruppen reizender, lachender und plaudernder Mädchen, die sich mit Konfekt, Sorbets und Limonaden erfrischten — Scharen spielender Kinder, denen der Luftmangel im Gegensatz zu mir gar nichts auszumachen schien ... all das schuf ein Bild, das an eine flüchtige Fata Morgana gemahnte und mich beinahe fragen ließ, ob das, was ich betrachtete, wirklich die Realität oder vielleicht nur die Schöpfung meines überhitzten Hirns war.« Lady Mary Mortley Montagu, die Istanbul Anfang des 18. Jahrhunderts besuchte, nannte die weiblichen *hamams* »Frauenclubs«.

Nach Stunden, in denen sie Dampfbäder nahmen und ihre Haut gereinigt wurde, gelangten die Badenden durch ein Vestibül und eine Reihe von warmen Räumen ins Zentrum, wo man sie massierte und einölte. Dann gingen sie in ein angrenzendes *tepidarium,* einen Ruheraum, in dem die sinnliche Freude des Badens ihren Höhepunkt in genußvoller Erschöpfung und Entspannung fand. Hier wurden sie abgespült, konnten sich auf Matratzen ausruhen, erhielten Kaffee und erfuhren den neuesten Klatsch.

Hamams sind noch immer ein wichtiger Bestandteil des Gesellschaftslebens in der Türkei und in anderen islamischen Ländern. Sogar europäische Großstädte wie Paris und London haben sich die exotische Atmosphäre der *hamams* zu eigen gemacht.

Männer- hamam,
Istanbul

Der Niedergang des Badens

Im 16. Jahrhundert kam es in Europa zu einem »Rückfall in den Schmutz«; die Reinlichkeit erreichte einen nie dagewesenen Tiefpunkt, der erst im 19. Jahrhundert überwunden wurde. Zum Beispiel war Isabella von Kastilien stolz auf die Tatsache, daß sie in ihrem Leben nur zweimal gebadet hatte: nach ihrer Geburt und vor ihrer Hochzeit. Statt Wasser benutzten die Menschen Parfüms und Kosmetika. Die einzigen, die während dieser Zeit sauber blieben, waren die Juden, deren religiöse Vorschriften häufige Bäder verlangten.

Das öffentliche therapeutische Baden wurde im 18. Jahrhundert von John Wesley gefördert, dem Begründer des Methodismus, der den mosaischen Leitsatz »Reinlichkeit kommt gleich nach Gottesfurcht« predigte. Wesley war der Meinung, daß kalte Bäder mehr als fünfzig Krankheiten kurieren könnten. Die Einstellung zum gemeinschaftlichen Baden änderte sich von neuem, als man in den prominenteren Badehäusern zu dem uralten Glauben an die Heilkraft des Wassers zurückkehrte.

Im 17. und 18. Jahrhundert wurden in Frankreich Dampfbäder sehr populär. Man nahm sie in Friseurläden, da Friseure in jenen Tagen als Mediziner galten und häufig hydrotherapeutische Methoden anwendeten. Aber im größten Teil Europas wurde auf das Baden und die entsprechenden Einrichtungen fast ganz verzichtet. Selbst nach dem Beginn der industriellen Revolution kam die neue Technologie dem Baden nicht sofort zugute. Das Fehlen von Wasserleitungen machte jede häusliche Hygiene unmöglich.

In England trug die rasche Urbanisierung, die drangvolle Enge und Slums mit sich brachte, zur Heftigkeit der Choleraepidemie von 1832 und späterer Ausbrüche bei. Rund fünfzigtausend Menschen starben während der Epidemie, was die Briten veranlaßte, zu Pionieren des Installationswesens zu werden. London verwandelte sich schnell aus einer Stadt der Senkgruben in eine Stadt mit einem verzweigten Kanalisationssystem. Überall wurden Reinigungsanlagen gebaut, um der Bevölkerung Bäder und Duschen zur Verfügung zu stellen. Die Verlagerung der Wanne ins Hausinnere an einen festen Standort war einer der wichtigsten sozialen und architektonischen Fortschritte in der Geschichte des Bades.

Das private Badezimmer

Seit das gemeinschaftliche Baden tabu wurde, haben Privatbäder eine eigene Entwicklung eingeschlagen. Die Einstellung der Menschen zu ihrem Körper änderte sich mit der Zeit, weshalb auch die Vorrichtungen zur Säuberung, Heilung und Verschönerung endlose Variationen durchmachten.

Bereits im Jahre 1800 v. Chr. benutzten die Minoer Terrakottawannen, die den modernen Wannen sehr ähnlich waren. Im Palast von König Minos in Knossos gab es heißes und kaltes Wasser, das durch ein System geschickt miteinander verbundener Keramikrohre lief. Die Minoer schätzten ihre Privatbäder sehr und waren gut über die Eigenschaften des Wassers informiert; sie waren das einzige Volk ihrer Zeit, das Tauchbäder bevorzugte. Neben Badewannen verfügten sie auch über Spültoiletten.

Ausgrabungen in Mohenjo-Daro (Pakistan) und Tel el Amarna (Ägypten) haben kunstvolle Badezimmer mit fortschrittlichen Installationen und Duschen zutage gefördert. Solche Neuerungen waren mehr als ein Luxus, denn sie tru-

Pierre Bonnard,
Nackte im Bade,
1937, Ölgemälde auf
Leinwand, 93 x
142 cm. Musee d'Art
Moderne, Paris

gen dazu bei, Krankheiten in überfüllten Städten einzuschränken, und sie wurden auch zu rituellen Zwecken benutzt. Beispielsweise wuschen sich die Priester von Tel el Amarna zweimal täglich von Kopf bis Fuß.

Wohlhabende Ägypter genossen ebenfalls die Annehmlichkeiten von Privatbädern. Sie ließen sich seichte Wannen mit Duschvorrichtungen anfertigen und setzten dem Wasser Öle und Parfüms zu, um das Baden zu einem beruhigenden, belebenden, sinnlichen und befreienden Erlebnis zu machen. Häufig schloß sich eine Massage mit aromatischen Ölen an — man kannte also bereits eine Form der Aromatherapie.

Obwohl die Griechen und Römer gern gemeinschaftlich badeten, besaßen reiche Bürger auch private Badeeinrichtungen. Die Griechen standen aufrecht in der Wanne, während das Wasser aus den Köpfen von Wasserspeiern strömte oder von Dienerinnen über ihre Körper gegossen wurde.

Im 16. Jahrhundert erschienen Duschen auch im europäischen Badewesen. »Es gibt hier Wasser zum Trinken und zum Baden; das überdachte Bad, gewölbt und ziemlich dunkel, ist halb so breit wie mein Speisezimmer in Montaigne«, schrieb Michel de Montaigne im Sommer 1581 während eines Aufenthalts im italienischen La Villa. »Man hat auch einen Tropfapparat, der la *doccia* (Dusche) genannt wird. Er besteht aus Rohren, durch die heißes Wasser auf verschiedene Körperteile, besonders auf den Kopf, geleitet wird; das Wasser ergießt sich in stetigen Strömen auf dich und erwärmt den Körperteil, den es trifft; danach wird das Wasser von einem Holztrog, wie dem einer Wäscherin, aufgenommen und fließt davon. Es gibt ein zweites Bad, genauso gewölbt und dunkel, für die Frauen. Das Wasser stammt aus einer Quelle, aus der man trinken kann.«

Im 18. Jahrhundert, als Eitelkeit eine Tugend war, besaßen viele europäische Adlige ein Privatbad, und die meisten, nicht geplagt von Zurückhaltung, Schuldbewußtsein oder dem Wunsch nach Abgeschiedenheit, hielten sogar in ihnen hof. Oft ließen sie sich im Bad porträtieren oder bestellten sich zu ihrer Unterhaltung Musiker.

Die vorrevolutionären französischen Aristokraten benutzten Parfüm anstelle von Seife; ihre Zähne verfaulten, weil sie nie gesäubert wurden, und ihre Finger rochen nach verdorbenem Essen. Raymond Chandler beschrieb in *Der*

lange Abschied, wie die Adligen gegen die Wände der Marmorkorridore von Versailles urinierten. Sauberkeit war unerwünscht, und natürliche menschliche Gerüche waren en vogue. Nach einem seiner Feldzüge schrieb Napoleon an Josephine: »Bin in drei Wochen zu Hause. Wasch dich nicht.« Dies läßt vermuten, daß er von ihren Pheromonen — Absonderungen, die das andere Geschlecht anziehen — erregt wurde.

Gleichwohl ließen die französischen Könige herrliche Wannen in ihren Palästen installieren. Unter Ludwig XIV. verlegte man in Frankreich Gußeisenrohre, um Versailles mit Wasser zu versorgen. Für den König wurden vergoldete Wannen gebaut; später bevorzugte Marie Antoinette Marmorwannen, die mit Kissen umrandet und mit exotischen Stoffen geschmückt wurden. Wenigstens hundert Badezimmer wurden in Versailles eingerichtet. Casanovas Bad in Paris bot Platz für zwei Personen; es war tragbar und stand neben seinem Bett.

Pariser Wasserverkäufer transportierten Badewannen auf ihren Karren und lieferten sie mit heißem Wasser gefüllt ab. Im 18. Jahrhundert wurden schuhförmige Wannen (*sabotières*) modern; das Design sollte dem Schamgefühl entgegenkommen. Benjamin Franklin importierte diesen Wannentyp in den achtziger Jahren des 18. Jahrhunderts nach Amerika. Die *sabotière* ging in die Geschichte ein, als Jean-Paul Marat in seiner Wanne von Charlotte Corday ermordet wurde.

Die Innenarchitektur des Badezimmers und sein Mobiliar wurden häufig variiert. Zum Beispiel galten Badezimmer in der viktorianischen Periode als ganz normale Räume, in denen man sich weiterbilden konnte. Auf Fotos jener Zeit sieht man nicht selten Frauen, die lesend in einer spitzenverzierten Badewanne sitzen.

In den Vereinigten Staaten wurde der Besitz einer Badewanne Zeichen eines hohen gesellschaftlichen Ranges. Die erste Wanne wurde 1851 im Weißen Haus installiert (wogegen es allerdings eine gewisse Opposition gegeben ha-

LINKS: *W. Heath,* Ein schöner Ort bei heißem Wetter *oder* Sabotière, *Farbgravüre*

RECHTS: *Frau in einer Wanne*

ben soll). Kurz darauf importierte man ein rundes Dutzend Carrara-Wannen aus Italien und brachte sie ins Kapitol. »Die Badezimmer des Kapitols werden häufig benutzt«, schrieb ein Washingtoner Korrespondent vor einem Jahrhundert. »Fünfzig Mitglieder des Repräsentantenhauses baden täglich, wie mir der Badinspektor mitteilt, und fast jeder Kongreßabgeordnete nimmt ab und zu ein Bad auf Uncle Sams Kosten.« Ein Kongreßabgeordneter saß eines Tages in der Wanne, als er erfuhr, daß seine Stimme dringend benötigt wurde. Er schlang sich ein nasses Handtuch um den Körper und rannte in den Plenarsaal, um abzustimmen.

Mitte des 19. Jahrhunderts wurde das »Samstagabendbad« in Amerika populär. Dieses Bad hatte zwar ursprünglich einen religiösen Sinn — man bereitete sich auf den Sabbat vor —, doch nach und nach wurde es als Notwendigkeit angesehen. Man empfahl den Menschen, besonders in den kälteren Klimazonen, beim Baden heißes Wasser zu benutzen. Kalte Bäder wurden von der Zeitschrift *The Delineator* als »schädlich und gefährlich« charakterisiert.

Während sich der Brauch des Badens verbreitete, nahm die Nachfrage nach privaten und besser gestalteten Badezimmern naturgemäß zu. Um die Jahrhundertmitte wurden die ersten Wassererhitzer in Privathäusern installiert, aber ihre Benutzung war so riskant, daß sie mehr Nachteile als Vorteile brachten. Erst gegen Ende des 19. Jahrhunderts wurde die Konstruktion von Heizgeräten und anderen Badeapparaturen vervollkommnet.

Das Bad, 1900

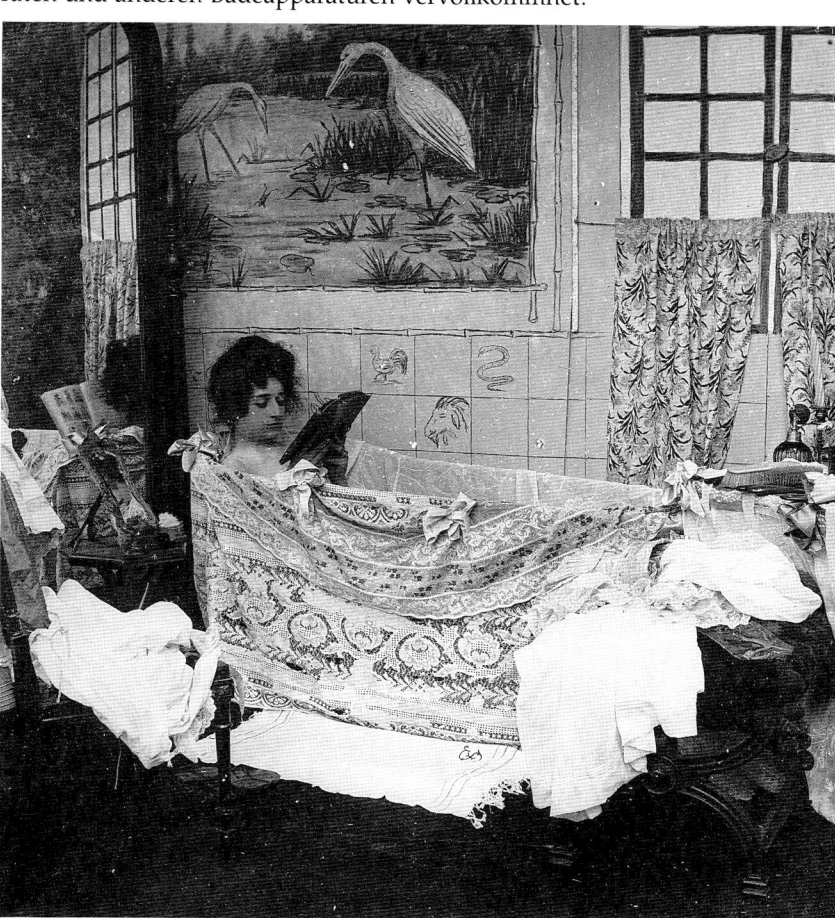

Das Pariser Hotel Ritz revolutionierte den Fremdenverkehr im Jahre 1906, als es jedes Hotelzimmer mit einem Bad ausstattete. Andere Luxushotels folgten diesem Beispiel.

Die Gußeisenwanne wurde um 1880 und Porzellanemail um 1910 eingeführt. Im Jahre 1911 lösten flache Wannen die mit Füßen oder Klauen bewehrten ab. Um 1920 lief die Produktion der gußeisernen Schalenwanne auf Hochtouren.

Zunächst war Weiß die einzige verwendete Farbe, so daß amerikanische Badezimmer sehr aseptisch und klinisch wirkten. Sie dokumentierten, daß es sich um einen nüchternen Ort handelte, der nicht dem Genuß, sondern hygienischen Zwecken diente. Die Zeitschrift *House and Garden* schrieb: »Zwar hören wir von goldenen, kristallenen, an Cellini erinnernden Badezimmern, aber wir meinen, daß Einfachheit nicht nur klüger, sondern auch gesünder ist.« Im modernen Badezimmer wurden Zweckmäßigkeit und Abgeschiedenheit betont, aber man unterschied nicht zwischen den Körperfunktionen. Zum erstenmal fanden die Ausscheidung und das Baden im selben Raum statt.

Private Badezimmer waren in amerikanischen Häusern, abgesehen von größeren Städten, bis nach dem Ersten Weltkrieg jedoch selten. Man badete in öffentlichen Bädern. In der Stadt Aurora, Illinois, wurde verfügt, daß jeder Bürger wenigstens einmal pro Woche baden müsse, wenn er nicht ins Gefängnis wandern wollte (Verhaftungen wurden nicht verzeichnet). In den zwanziger Jahren führte eine Gruppe, die sich Cleanliness Institute (Reinlichkeitsinstitut) nannte, einen »Sauberkeitskreuzzug«. Man verteilte kleine Comics, die ein spezielles Lied enthielten, in den Schulen. Der Text forderte zu gründlichen Waschungen auf:

> *Saubere Hände und Herzen gelangen zur Reife,*
> *Den Weg zum Glück zu finden,*
> *Bedarf es viel Seife.*

Die Firma Procter & Gamble benutzte das Lied, um für Kernseife zu werben. Der Seifenmarkt begann zu florieren. Große Parfümeriehersteller brachten Schaumbäder, Badeöle und -salze sowie Seife auf den Markt.

Um 1927 fing man an, die Badezimmer etwas lebhafter zu gestalten. Lavendelfarbene, grüne und blaue Wannen und Fliesen wurden große Mode. Duschen mit einer einzigen runden Spritzdüse ersetzten die Reihen von Sprühköpfen. Plötzlich war es möglich geworden, in seinem eigenen Badezimmer zu schwelgen. Die Frauen wünschten sich größere Badezimmer, denn die Hygiene wurde nun durch die Schönheitspflege ergänzt.

Seit undenklichen Zeiten waren die Bäder von Königinnen und Göttinnen — der Königin von Saba, der Semiramis, Kleopatra, Psyche, Venus und so weiter — ein faszinierendes Motiv für Künstler gewesen. Der Begriff der begehrenswerten Frau hatte stets deren Hang zum Luxus oder ihre Hingabe an leibliche Genüsse und sinnliche Freuden eingeschlossen. Im 20. Jahrhundert wurde diese Vorstellung in Reklamespots ausgenutzt, in denen sich Filmstars und Schönheitsköniginnen in großen Schaumbädern aalen. In seiner kommerziellsten Form wird das Baden für die Vermarktung von Bade- und Schönheitsprodukten eingesetzt. »Bade heute abend im Dunkeln und laß deine Haut vom Wasser lieben«, heißt es in der Werbung einer Parfümfirma.

Während die Badewanne meist Frauen zugeordnet wird, geht von der Dusche eine männliche Aura aus. Die mit dem Baden verbundenen Adjektive — beruhigend, entspannend, heilend — lassen an einen verlangsamenden Prozeß denken, während die mit der Dusche assoziierten Adjektive — kräftigend, belebend, erfrischend — dynamischer wirken.

Patricia Torres,
Anonym, *1989, Öl-*
gemälde auf Lein-
wand, 95,3 x
120,7 cm. Samm-
lung von Dr. und
Mrs. Seymour Al-
ban, Long Beach,
Kalifornien; mit Ge-
nehmigung der Ro-
bert Dana Gallery,
San Francisco

Als Rundfunk und Fernsehen zu kommerziellen Medien wurden, begannen die Seifenfirmen, »Seifenopern« zu finanzieren, die auf weibliche Zuhörer und Zuschauer abzielten. Männer kauften schließlich nur dreizehn Prozent der Badeprodukte. Heutezutage zeigt die Werbung häufig duschende Männer (sie baden nur dann in einer Wanne, wenn es sich um eine Parodie auf den Wilden Westen handelt), während Frauen in der Wanne oder unter der Dusche erscheinen können. Dabei wird eine klare Trennungslinie zwischen den beiden gezogen: Eine Frau unter der Dusche kennzeichnet das gesunde, athletische Karrieregirl, während eine Frau in einem Schaumbad — mit glänzender Haut und tropfnassem Haar — den verführerischen, exotischen, stets herausfordernden Typ darstellt.

Jacuzzis oder Whirlpools wurden 1968 auf einer ländlichen Messe von Ray Jacuzzi als therapeutische Objekte vorgestellt, die nach dem gleichen Prinzip wie die Hydrotherapie oder die Unterwassermassage funktionierten, doch das Publikum entdeckte bald ihren Freizeitwert. Im Jahre 1978 kam es an der amerikanischen Westküste zu einem »Heißwannen-Boom«, der allmählich auch auf andere Gebiete des Landes übergriff. Teils infolge dieser heißen Bäder errang Marin County in Kalifornien den Ruf einer Brutstätte der Vergnügungssucht, denn seine Bewohner wurden dabei abgebildet, wie sie in ihren Whirlpools herumplanschten, Champagner schlürften und einander mit Pfauenfedern kitzelten. Wieder einmal wurden die Genüsse des Gemeinschaftsbades gepriesen. Die *New York Times* charakterisierte diesen Aspekt der siebziger Jahre folgendermaßen: »Was konnte in einer Periode, da die Egozentrik in den Rang eines nationalen Zeitvertreibs erhoben wurde, angemessener sein als die Verwandlung der täglichen Reinigung in einen Ritus?«

In dieser Zeit kam das Badezimmer uneingeschränkt zur Geltung. Berühmte Designer begannen, elegante Handtücher und Duschvorhänge, Badezimmereinrichtungen, kunstvolle Fliesen, spezielle Duschvorrichtungen, Schiebetüren aus Plexiglas, Badezimmertelefone und eine Riesenkollektion von Badespielsachen zu entwerfen. Man schätzte, daß der Durchschnittsamerikaner mehr als siebenmal pro Woche badete oder duschte.

In der heutigen amerikanischen Kultur ist die Unterdrückung von Körper-

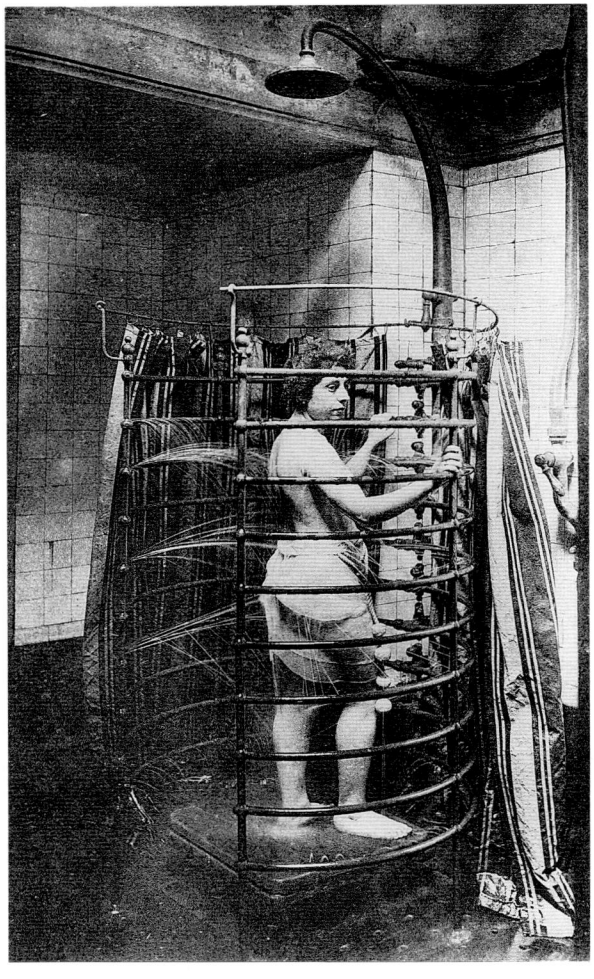

Waschzwang kennzeichnet zuweilen den Psychopathen. Hitler zum Beispiel benötigte täglich eine Haarwäsche, frische Unterwäsche und zwei Bäder. Er litt Höllenqualen, wenn er sich nicht sofort die Hände waschen konnte, nachdem er einen Fremden begrüßt hatte.

*Rundumdusche,
Aix-les-Bains,
Frankreich*

gerüchen zu einer Tugend geworden; neben häufigem Baden sollen Parfüms und Deodorants jede Spur des menschlichen Geruchs überdecken. Im Jahre 1990 gab man in den Vereinigten Staaten 500 Millionen Dollar für Badeprodukte aus.

Im Jahre 1986 veröffentlichte die Zeitschrift *Psychology Today* einen Artikel, der familiären Streß mit dem Mangel an Badezimmern in Verbindung brachte. Das Waschen war zu einem so privaten Ritual geworden, daß sich die Menschen weigerten, ihr Badezimmer selbst mit den nächsten Angehörigen zu teilen. In kurzer Zeit stieg die Zahl der Badezimmer pro Person, so daß sie manchmal die Zahl der Schlafzimmer in einer Behausung übertraf.

In den neunziger Jahren ist das Baden zu einer sehr gemütlichen und geselligen Betätigung geworden. Es ist durchaus möglich, daß wir sogar die Römer in diesem Punkt aus dem Feld schlagen. Dadurch, daß das Baden wieder zu einem Vergnügen gemacht wird, sorgt man zweifellos dafür, daß der Körper von neuem zu seinem Recht kommt.

Badewannen und Badezimmer bestehen heute aus vielen Materialien: von Marmor über Kalkstein bis hin zu Acrylharzen. Badezimmerzubehör — darunter Fernseh- und Videogeräte, Umkleidekabinen und überdimensionale Whirlpools — breitet sich in erstaunlichem Maße aus. Eines der jüngsten Produkte ist ein »Sensorium«: ein Whirlpool-Bad mit Steuerungsvorrichtungen für die Wassertemperatur und die Beleuchtung, die mit Hilfe eines Autotelefons programmiert werden können, so daß alles vorbereitet ist, wenn man zu Hause eintrifft.

Der streßvermindernde Wert des Badens ist seit langem anerkannt. Das heiße Wasser und die Entspannung scheinen die Lösung von Problemen zu begünstigen. Winston Churchill zum Beispiel badete zweimal täglich, um sich zu entspannen und seine Gedanken zu ordnen. Viele Autoren geben zu, daß sie gerne in einer Badewanne schreiben — eine Tradition, die wenigstens bis zu Edmond Rostand und Benjamin Franklin zurückgeht. Rostand flüchtete sich in eine Badewanne und schrieb dort den ganzen Tag lang; das Ergebnis waren klassische Werke wie *Cyrano de Bergerac* (1897). Agatha Christie nahm heiße Bäder und schnupperte an gärenden grünen Äpfeln, um ihre Muse zu beflügeln. Richard Wagner lag jeden Tag stundenlang in parfümiertem Badewasser, während er an *Parsifal* (1882) arbeitete.

Diane Ackerman erläutert in ihrer *Natural History of the Senses,* daß das Schreiben eine geistige Aktivität ist, die den Betreffenden zeitweilig vergessen läßt, daß er einen Körper besitzt. »Es ist die Störung des Gleichgewichts von Körper und Geist, und aus diesem Grunde benötigt man eine Art Sinnesanker in der physischen Welt«, schrieb der englische Dichter Stephen Spender in seinem Essay »Making a Poem«. Wasser verdrängt neunzig Prozent des Körpergewichts und bringt ein Gefühl der Leichtigkeit hervor. Wenn die Temperatur des Wassers und des Körpers zusammenfallen, hat der Geist Bewegungsfreiheit. Kein Wunder, daß Archimedes splitternackt aus der Wanne gesprungen und mit dem Ruf »Heureka, heureka!« (Ich hab's gefunden!) durch die Straßen von Syrakus gelaufen sein soll. In der Wanne liegend hatte er entdeckt, daß ein in Flüssigkeit getauchter Körper das Gewicht der von ihm verdrängten Flüssigkeit verliert. Im Bad kann alles mögliche geschehen.

Japanische Bäder und heiße Quellen

Ein Bad in einer heißen Quelle kann von allem kurieren außer von der Liebe.

Kusatsu-Volkslied

Während die Badegeschichte Europas und des Nahen Ostens geschrieben wurde, entdeckte Japan seine eigenen Möglichkeiten. Die Vulkaninseln Japans besitzen rund zwanzigtausend brodelnde, heiße Quellen; fast überall wabert Dampf und sprühen Wassertropfen. Es ist eine visuelle Pracht: Manche Quellen sind blutrot und riechen nach Hibiskus, während andere milchweiß sind und stinken.

Die Japaner halten ihre Quellen für heilige Gaben der Götter und der Erde, und in ihren Schöpfungsmythen werden die Quellen häufig erwähnt. Rituale wie die Überreichung heißen Wassers an die Tempelgeister an der Nasu-Yomoto-Quelle gründen auf der Ehrfurcht vor diesen besonderen Gewässern.

Es waren Tiere, die maßgeblich dazu beitrugen, daß die Heileigenschaften der japanischen Thermalquellen überhaupt entdeckt wurden. Die Legenden sind voll von Tieren und Vögeln, die sich in schweflichem Schlamm wälzen oder die Dämpfe auf sich einwirken lassen, um Verletzungen zu kurieren. Ob anmutige Reiher oder tollpatschige Bären — sie alle drangen auf mysteriöse Weise zu jenen Gewässern vor, die ihre Krankheiten lindern konnten. Später wurden diese Tiere, als Wassergottheiten verehrt, an den heiligen Stätten etlicher Quellen verewigt.

In Nordjapan sitzen Affen entspannt an dampfenden Teichen, die von schneebedeckten Felsen umgeben sind; kalte Winde pfeifen, und Eis rutscht über den Rand der Teiche und schmilzt im Wasser. Die Tiere haben so eine Methode gefunden, sich im Winter auf genüßliche Art zu wärmen. Im Süden gibt es an den heißen Quellen ebenfalls Affen, die schnatternd die Handtücher von Besuchern stehlen.

Die Japaner hatten ihre Kunst der Reinlichkeit bereits vervollkommnet, als westliche Forschungsreisende die Inseln erreichten. Schon in chinesischen historischen Aufzeichnungen aus dem 3. Jahrhundert sind häufige Hinweise auf die zwanghafte Sauberkeit der Japaner zu finden. Persönliche Hygiene und rituelle Säuberung spielen eine wichtige Rolle in der japanischen Kultur; Reinheit von Körper und Geist ist ein wesentlicher Teil des Schintoismus.

Im Jahre 552 kam der Buddhismus nach Japan, und seine Grundhaltung ließ sich vortrefflich mit der schintoistischen Vorstellung von der spirituellen Reinigung durch Eintauchen des Körpers in Wasser vereinbaren. Wer ein Bad nahm, wusch nicht nur alle Sünden des Körpers fort, sondern hatte auch in jeder anderen Hinsicht siebenmal mehr Glück als zuvor. Die Bäder in Kyoto, Nara und Nakamura wurden mit buddhistischen Zentren verbunden und sollten helfen, Konvertiten zu gewinnen. Gleichzeitig entstanden kommerzielle Bäder.

Buddhistische und schintoistische Priester durchstreiften die Berge, um heilige Orte für ihre Meditationen zu finden. Sie entdeckten neue Quellen, wobei sie häufig von mysteriösen Geistern geleitet wurden, die in ihren Träumen und Meditationen erschienen. Andererseits hatten Samurais, Daimyos (Großgrundbesitzer) und auch Shogune ihre Lieblingsquellen, die sie für sich und ihre Soldaten beanspruchten, ähnlich wie es die Römer bei der Eroberung Europas taten.

Die Verbindung zwischen Bad und Tempel wurde durch sogenannte Wohltätigkeitsbäder verstärkt. Kaiserin Koyo (8. Jahrhundert) wurde oft porträtiert, wie sie sich über einen Greis oder eine Greisin beugt und deren gekrümmten Körper wäscht, wobei ihr üppiges schwarzes Haar auf den Boden fällt. Nach

LINKS: *Katushika Hokusai*, Frauen in einem öffentlichen Bad, *Seite aus Manga,* Bd. 1, *Holzschnitt, frühes 19. Jahrhundert. The Metropolitan Museum of Art, New York, Howard Mansfield Collection. Geschenk von Howard Mansfield, 1936*

RECHTS: *Japanische Frauen in Seilbahnbädern, Thermalquelle Arita, Japan*

LINKS: *Buddhistische
Nonnen beim Baden
in einer heiligen
heißen Quelle im
Terdrom-Kloster,
Tibet*

RECHTS: *Rotemburo-
Bäder, Takaragawa
Gunma, Japan*

ihrem Tode wurde sie zur Heiligen der Wohltätigkeitsbäder erhoben. In jener
Zeit wurde es auch Brauch, daß Gastgeber ihre Gäste badeten, denn die Fortwaschung der körperlichen und seelischen Gebrechen anderer Menschen galt
als ein Akt großer Nächstenliebe.

Um das 7. Jahrhundert wurden Badehäuser zu einem Teil des japanischen
Gesellschaftslebens. Zunächst ähnelten sie finnischen Bädern: Man verbrannte
Holz und goß dann Salzwasser auf die Glut, um Dampf für ein Bad zu erzeugen. In der nächsten Entwicklungsphase wurden Kübel mit Wasser unter eine
auf Stelzen stehende Plattform geschoben und erhitzt. Wenn das Wasser sie-
dete, stieg der Dampf auf, und der Badende, der auf der Plattform saß oder
lag, entspannte sich in dem heißen Dunst.

Die Gemeindebadehäuser wurden zu allgemeinen Treffpunkten. Wie es in
einem japanischen Sprichwort heißt: *Hadaka to hadaka no tsukiai* (Badegenos-
sen sind die besten Freunde). Ein Problem waren allerdings die Klassenunter-
schiede. Um die Vermischung der Klassen zu vermeiden, richteten die Bade-
hausbesitzer separate Eingänge und Bassins ein, aber sie trennten die Geschlechter nicht voneinander. Männer und Frauen warfen einander verstohlene
Blicke zu, doch die japanischen Bäder entwickelten sich offenbar nicht zu Sün-
denpfuhlen wie in Rom oder im mittelalterlichen Europa. Ein Mann konnte
um eine Frau bitten, die ihn badete und ihm sexuelle Dienste leistete, doch
dies geschah stets in einem abgetrennten Teil des Badehauses. Das gemeinsame Baden von Männern und Frauen und von Familien mit deren Kindern
war etwas Natürliches und Alltägliches, und niemand schämte sich seiner
Nacktheit.

Im Jahre 1853 traf dann jedoch die »Scham« in Gestalt von Commodore

Matthew Perry in Japan ein. Der Anblick von nackten, in der Öffentlichkeit badenden Männern und Frauen verletzte ihn, und bereits in den siebziger Jahren des 19. Jahrhunderts wurde das gemischte Baden gesetzlich verboten. In den meisten Badehäusern gab es nun getrennte Einrichtungen, aber manchmal wurden die Geschlechter nur durch einen Balken oder ein Seil separiert, was den Auflagen der Inspekteure Genüge tun sollte.

Um die Mitte des 19. Jahrhunderts gab es mehr als fünfhundert Badehäuser (*yuya*) in Edo (Tokio) und Tausende überall im Land. Um die Jahrhundertwende besaß Tokio dann tausend Badehäuser, die täglich — manchmal zweimal am Tag — von einer halben Million Menschen aufgesucht wurden.

Die japanischen Bäder waren stets sehr heiß, im Idealfall um 44 Grad Celsius — also viel heißer, als man es im Westen gewohnt ist. Die Menschen wuschen und spülten sich ab, bevor sie in die Bassins tauchten, um diese nicht zu verschmutzen. Sie blieben so lange im Wasser, wie sie die Hitze ertragen konnten, und trockneten sich dann mit feuchten Handtüchern ab.

An den heißen Quellen von Kusatsu wird ein »Zeitbad« angeboten. Die Badewärter rühren und schlagen das Wasser rhythmisch mit langen Brettern und singen, bis es bereit ist. Das Wasser ist so heiß, daß die Badenden vor dem Betreten des Bassins ihr Testament machen. Sobald sie eingetaucht sind, dürfen sie schreien und fluchen, um der Hitze standzuhalten. Das Ziel ist, genau drei Minuten lang im Wasser zu bleiben. Die Erfolgreichen sehen aus wie gekochte Hummer, aber sie erholen sich ziemlich schnell und steigen in die kalten Bassins. Diese Praxis des *yudedako* (wörtlich »gekochter Tintenfisch«) soll für eine vollkommene Gesundheit sorgen und ist ein Heilmittel für eine ganze Reihe von körperlichen und emotionalen Problemen. Sie gilt auch als unerläßlich, um eine innere Gelassenheit und Toleranz im Sinne des Schintoismus zu erlangen.

Bei den Römern diente das Bad dazu, den Badenden zu erfrischen und ihn auf eine sich anschließende Tätigkeit vorzubereiten. Bei den Japanern dagegen dient das Bad, das man gewöhnlich abends nimmt, dem Zweck, die während des Tages empfangenen Kränkungen zu lindern und den Badenden vor dem Schlafengehen zu entspannen. Die zentrale Rolle des Badens im japanischen Leben gründet auf einem tiefverwurzelten Bedürfnis der japanischen Psyche.

Im 20. Jahrhundert wuchs die Popularität der *onsen* (Thermalquellen) in Japan, denn die Reisen dorthin wurden durch Expreßzüge und Busse erleichtert. Scharen von Geschäftsleuten erholten sich in rund sechzehnhundert *onsen*-Kurorten. Wie im Europa des 19. Jahrhunderts wurden diese Bäder zu modischen Ferienorten mit Luxushotels und erlesener Unterhaltung. Geishas trippelten umher, zündeten Zigaretten an, sangen, tanzten und schmeichelten den Besuchern.

Manche *onsen* bewahrten ihre traditionellen medizinischen Merkmale und praktizierten weiterhin die ganzheitliche Philosophie des Gleichgewichts von Körper und Geist; aber auch westliche Begriffe von Ruhe, gesunder Ernährung und sportlicher Übung wurden in die Programme aufgenommen. Diese Orte erhielten die Bezeichnung *kuahausu* (abgeleitet von dem deutschen Wort »Kurhaus«).

Die Japaner haben denkbar raffinierte Kurmethoden entwickelt. Zum Beispiel leitete ein Unternehmer in Wakayama auf der Insel Honshu eine heiße Quelle in die Kabinen einer Seilbahn, wodurch es möglich wurde, beim Gleiten über einen Abgrund in der Wanne zu sitzen.

Eines der beliebtesten *onsen* ist Beppu auf der südwestlichen Insel Kyushu. Der Reiz seiner Quellen läßt sich bis zu einem Schinto-Gott namens Sukunahiko zurückverfolgen, der an einer schweren Krankheit litt, bis ein anderer

Gott ihn in die heiße Quelle von Beppu tauchte und dadurch unverzüglich kurierte. So nahmen die Pilgerfahrten ihren Anfang. In einem Dokument des 9. Jahrhunderts werden die Vorzüge von Beppu folgendermaßen beschrieben: »Du tauchst einmal ein, und du siehst besser aus als je zuvor. Du tauchst zweimal ein, und du leidest bis an dein Lebensende nie wieder an Krankheiten.« Beppu zog nicht nur die Japaner, sondern auch eine lange Reihe westlicher Berühmtheiten an, darunter George Bernard Shaw und Charlie Chaplin.

Beppu besitzt die wohl eindrucksvollsten geophysikalischen Bedingungen aller *onsen*-Kurorte. Die *jigoku* (Höllen) genannten kochenden Teiche sind, je nach den Mineralien im Wasser, zinnoberrot, smaragdgrün oder blau. Wunderbare, surrealistische Effekte entstehen, wenn die Farben miteinander verschmelzen und sich wieder trennen. Eine der seltsamsten Anlagen ist eine mit Kaffeesatz gefüllte Grube, in der die Menschen bis zum Hals eingegraben werden (was an Fangobäder erinnert). Die Behandlung gilt als kräftigend.

Die Japaner genießen noch heute die Freuden des gemeinschaftlichen Badens und werden oft als Badefanatiker bezeichnet. Alljährlich begeben sich fast einhundert Millionen Menschen in *ryokans* (Gasthöfe, die in der Nähe einer heißen Quelle liegen). In einem Touristenführer wird erläutert: »Ihre Leidenschaft für heiße Bäder ist sprichwörtlich, und kein anderes Volk der Welt ist so stolz auf seine sanitären Einrichtungen.« Nicht umsonst sagt man: »Amerikaner baden, um sich zu reinigen; Japaner reinigen sich, um zu baden.« Die Japaner sind nicht nur kurzfristig in die heißen Quellen vernarrt, sondern sie halten ihnen lebenslang die Treue.

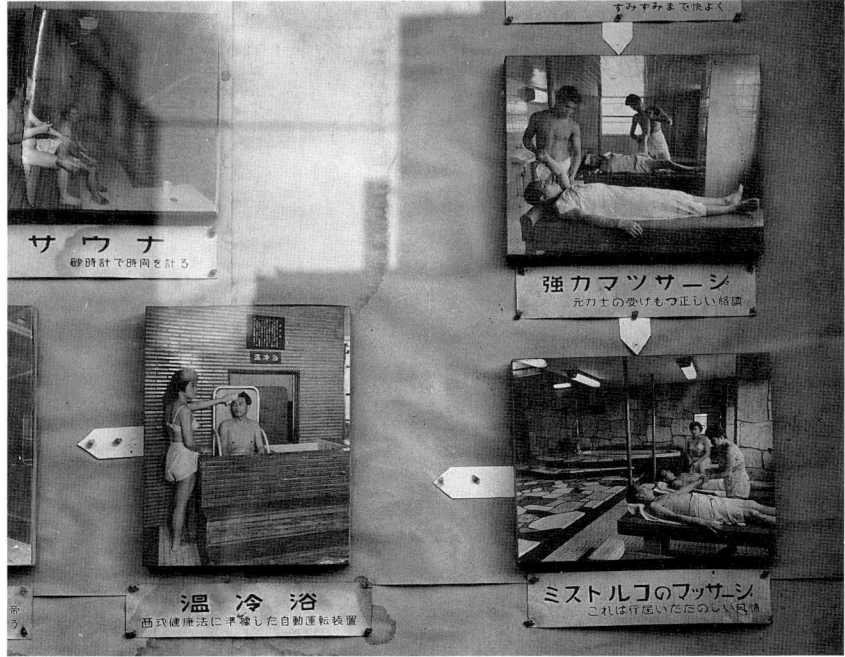

Reklame für ein japanisches Badehaus, Tokio

Europäische Badekurorte

Der Kult des Äskulap

*Kommt, ihr Najaden! Zu den Brunnen führet!
Huldvolle Maiden! Es bleibt uns, eure Gaben
Zu besingen (wie Äskulap, wie der Gesundheit Mächte
Fordern), euer kristall'nes Element zu rühmen.
Oh, behagliche Ströme! Mit eifrigen Lippen
Und bebend' Händen schöpfen Durstgeschwächte
In euch neues Leben; frische Kraft erfüllet ihre Adern.*

JOHN ARMSTRONG, *Art of Preserving Health*

*Gustave Fraipoint,
Enghien-les-Bains,
1900, Poster, 107,5 x
74 cm. Musée de la
Publicite, Union des
Arts Decoratifs,
Paris*

Wasser war nicht nur ein wirksames Mittel gegen physische Leiden, sondern
es spielte auch eine bedeutende Rolle auf dem Gebiet der Psychotherapie. Die
Priester des Äskulap, des Gottes der *nootherapeia* (Geistheilung), setzten Bäder
zur Behandlung von Krankheiten des Körpers und des Geistes ein. Die therapeutischen Äskulap-Zentren, deren Methoden Intellekt, Körper und Geist reinigen und in Einklang bringen sollten, breiteten sich von der Stadt Epidaurus
über die griechische, ägyptische und später römische Welt aus. Hippokrates
und andere frühe Ärzte benutzten Verfahren, die für fast zwei Jahrtausende
aus der Mode kamen, heute jedoch wieder Eingang in die Heilkunst finden.
Zum Beispiel praktizierten sie eine Traumtherapie, die auf den Träumen auf-
baute, welche die Patienten in der ersten Nacht in Epidaurus hatten.

Sir Edward John Poynter, Ein Besuch bei Äskulap, *1880, Ölgemälde auf Leinwand, 151,1 x 228,6 cm. Tate Gallery, London*

Da Wasser ein wesentlicher Teil der äskulapischen Behandlungsmethoden war, baute man die Zentren oft in der Nähe von natürlichen Quellen. Die Priester des Äskulap ließen ihre Patienten in diesen Quellen und manchmal im Meer baden und verschrieben ihnen Kuren mit dem als heilig geltenden Wasser.

Frühe Badekurorte

Am Anfang bestanden Badekurorte nur aus Brunnen, Teichen oder Mineralquellen, denen magische Heilkräfte zugeschrieben wurden; sie boten spirituelle wie körperliche Heilung. Kranke, die keine andere Hoffnung hatten, pilgerten zu diesen Orten. Wie sie geheilt wurden, war ein Rätsel, aber häufig machte man nicht das Wasser selbst, sondern geheimnisvolle Kräfte im Wasser dafür verantwortlich. Damit wurde Wasser zu einem Instrument der göttlichen Heilung. So schrieb etwa John Lydgate im 15. Jahrhundert in *Falls of Princes*:

> *Diese Bäder, die Sehnen zu entspannen,*
> *Haben die Kraft, auch säubern sie die Haut;*
> *Um Leichenblaß und Schwarz zu bannen,*
> *Der matte Körper wird darin erbaut.*
>
> *Aussatz, Grind und alte Wunden,*
> *Krätze, Schorf und Galle mancher Teile —*
> *Die Bäder lassen dies gesunden,*
> *Wenn's Gott beliebt, daß er es heile.*

Zuerst kümmerte es niemanden, ob die Unterkünfte elegant waren, solange das Wasser nur Heilung bewirkte. Allmählich jedoch vergrößerte sich die Zahl der Gäste, und die Badeorte wurden kommerzialisiert: Häufig stellte der Besitzer des Grundstücks, auf dem sich eine Quelle befand, denen, welche die

Wunderkräfte des Wassers nutzen wollten, gegen ein Entgelt Räumlichkeiten zur Verfügung.

Die Badesucht der römischen Invasoren ließ dann manche Quellen zu Heiligtümern werden. Julius Cäsar stillte seinen Durst in Vicus Calidus (heiße Stadt), dem heutigen Vichy, und ließ dort Bäder bauen. Aquae Sulis (Bath) in England besaß einen riesigen, der Minerva geweihten Tempel. In Deutschland wurde die Quelle, welche die Römer Aurelia Aquensis nannten, zu Baden-Baden. Sowohl in Perrier in Südfrankreich als auch in Ferrarelle in Süditalien behauptet man, daß Hannibal und seine Truppen die dortigen sprudelnden Wasser gekostet hätten.

> *Manche trinken es; nach einer Stund'*
> *Sind Magen, Darm und Nieren schon gesund.*
> *Andere drin baden, was, wie man sagt,*
> *Beulen, Jucken, Aussatz gleich verjagt.*
> *Und was bei hohen Herren Gicht man heißt,*
> *Bei Armen Syph, das auch es uns entreißt.*
>
> »To a Friend upon a Journey to Epsom Well«,
> in: *Musarum Deliciae* (1655)

Die erfolgreichsten Badeorte waren kunstvolle Tempel, die man den Göttern des Wassers geweiht und um natürliche Quellen herum gebaut hatte. Sie unterschieden sich je nach der Art des Wassers. Im wesentlichen gibt es drei Sorten: Salzige Wasser enthalten entweder darin gelöste Mineralien wie die Epsomer Bittersalze (diese Bezeichnung leitet sich von den Quellen im englischen Epsom her) oder Magnesiumsulfat, das hauptsächlich Abführzwecken dient. Eisenhaltige Wasser — die man an dem rostfarbenen Eisenoxyd erkennt, das entsteht, wenn Eisenkarbonat der Luft ausgesetzt ist — sind mit verschiedenen Eisensalzen angereichert und haben eine kräftigende Wirkung. Schwefelwasser schließlich enthalten Wasserstoffsulfid — das gleiche Gas, das faule Eier ausströmen; sie werden vor allem zum Baden, Trinken oder zur Hautbehandlung verwendet. Andere variable Faktoren sind die Temperatur und der Grad des natürlichen Schäumens.

Diese Wassercocktails boten den Ärzten unbegrenzte Möglichkeiten, und es war eine Frage der persönlichen Meinung, welche man verschreiben sollte. Experten ließen sich eine Reihe komplexer Wasserkuren innerlicher und äußerlicher Art einfallen, und die Patienten schenkten ihren Vorschlägen Glauben.

Badeprominenz

Historische Persönlichkeiten meinten, durch die Heilkräfte bestimmter Quellen genesen zu sein, und sprachen Empfehlungen für sie aus. Zum Beispiel reiste Michel de Montaigne im Jahre 1580 sowohl zum Vergnügen wie zur Behandlung nach Rom. Er legte einen Zwischenaufenthalt bei den Bädern von La Villa in der Toskana ein. »Ich ging zurück, um das [Wasser] der gewöhnlichen Quelle zu trinken, und nahm fünf Pfund davon zu mir«, schrieb er. »Es brachte mich nicht wie früher ins Schwitzen. Als ich danach zum erstenmal Wasser ließ, sonderte ich ein paar Körnchen ab, bei denen es sich um zerkleinerte Steine zu handeln schien ... Es hatte eine gute Wirkung in beiden Richtungen, und es war ein Glück, daß ich den Ärzten, die mir verordnet hatten, es nicht mehr zu trinken, keinen Glauben geschenkt hatte.«

»Es geht mir viel besser als zuvor«, verzeichnete Michelangelo. »Morgens und abends trinke ich das Wasser aus einer Quelle, etwa sechzig Kilometer von Rom (Fiuggi), das meinen Nierenstein zerstückelt ... Ich habe mir zu Hause einen Vorrat anlegen müssen und kann nichts anderes trinken oder zum Kochen verwenden.«

Elizabeth I. schätzte die Vorzüge des Badens und schickte ihre Höflinge zuweilen in Kurorte. Eine der berühmtesten frühen Besucherinnen von Buxton war Maria Stuart von Schottland; sie weilte zwischen 1573 und 1584, während sie im Gewahrsam des Grafen von Shrewsbury war, häufig dort, um ihren Rheumatismus behandeln zu lassen. Kurz vor ihrem Tod schrieb die unglückliche Königin den folgenden nostalgischen Zweizeiler in lateinischer Sprache:

Buxton, in milchwarmem Wasser deinen Ruhm ich seh',
Wer weiß, ob ich je wieder zu dir komm', adieu.

Im 17. Jahrhundert verspürte Celia Fiennes, eine britische Hofdame und unerschrockene Wassertrinkerin, den nicht zu stillenden Drang, sämtliche Kurorte in England aufzusuchen. Zum Nutzen der Nachwelt hinterließ diese hartnäckige Reisende einen wertvollen Leitfaden, in dem sie die Vor- und Nachteile einer Vielzahl von Badeorten des 17. Jahrhunderts verzeichnete.

Im Jahre 1697 schrieb sie über Buxton: »Das Bier, das bei den Mahlzeiten gestattet wird, ist so abscheulich, daß man nur wenig davon trinken kann ... Die Unterkünfte sind schlecht, zwei, manchmal drei oder vier Betten in einem Zimmer ... und bisweilen sind sie so überfüllt, daß drei in einem Bett liegen müssen ... Wir blieben zwei Nächte, weil einer unserer Gefährten krank war, aber nur sehr widerwillig.«

Über den Kurort Astrop berichtete sie 1694: »Häufig vom Landadel besucht ... Es gab einen Kiespfad zwischen zwei hohen Hecken, und dahinter liegt neben Privatwegen ein Musikzimmer und ein Gesellschaftszimmer.«

In Bristol war das Wasser »überaus klar und warm wie frische Milch und fast genauso süß«. In Low Harrogate dagegen »ist die Bezeichnung Stinkschwefel eher zu schwach, denn der Geruch war so kräftig und abschreckend, daß ich mein Pferd nicht in die Nähe des Brunnens zwingen konnte«.

Auch Daniel Defoe erklärte seine Abneigung den Bädern gegenüber: »Der Dampf und der Schleim der Wasser, die bunte Vielfalt der Menschen im Bad, die nur den Kopf über Wasser hielten, die Höhe der Mauern, die das Bad umgeben, erinnerten mich lebhaft an mehrere Bilder des Fegefeuers, die ich von Fra Angelico in Italien gesehen hatte; Köpfe und Hände waren mitten im Dampf erhoben, genau wie hier.«

Madame de Sévigné hielt die Bäder ebenfalls für abschreckend: »Ich begann heute morgen zu duschen, und es ist eine großartige Probe für das Fegefeuer«, schrieb sie im Jahre 1676 über die Bäder in Vichy. »Man ist völlig nackt an diesem kleinen unterirdischen Ort, und es gibt eine Wanne mit heißem Wasser, das Frauen auf verschiedene Körperteile gießen. Es ist eine sehr erniedrigende Sache.«

Diejenigen, die das Kurleben in der Literatur behandelten, wurden als »Wasserpoeten« bekannt. Die Badeorte waren unzweifelhaft eine Inspiration für Verseschmiede. Einige Werke waren recht albern, andere dagegen prophetisch. In manchen mischten sich Glaube und Pathos mit Humor:

Hier liege ich mit meiner Töchter dreien,
Tranken die Wasser in Cheltenham — zu unserm Reuen.
Epsomer Bittersalz und frische Luft
Hätten uns bewahrt vor dieser kühlen Gruft.

In ihren Eheverträgen verlangten junge Mädchen das Privileg, ohne ihre Männer in die Badeorte reisen zu dürfen, damit sie sich ungehemmt vergnügen konnten. Nonnen legten ihre Tracht ab, wenn sie die Badeorte aufsuchten, und die Kirche war nicht fähig, den Übergang zu »erotischeren Zeiten« zu verhindern. Wer in heißes Wasser geriet, schien zugleich in Schwierigkeiten zu geraten.

Der Einzug der Medizin

Die Reformation brachte einen wichtigen Wandel mit sich. Da man nicht mehr an die mystischen Kräfte von Geistern glaubte, wurden die heiligen Brunnen zu Wunschbrunnen. An die Stelle der Geister traten die Ärzte. Man krempelte die Badeorte wieder einmal um, und die Gäste kehrten auf der Suche nach einem neuen Patentrezept zurück.

Größere Reinlichkeit verbesserte den allgemeinen Gesundheitszustand. Paracelsus und andere Vorläufer der modernen Medizin machten keine übersinnlichen Kräfte für die Heilungen verantwortlich, sondern die konkrete Zusammensetzung der Elemente. Doch auch sie betonten die Heilwirkung mancher Quellen. Nichts konnte die Wasser diskreditieren, die seit prähistorischen Zeiten als heilsam galten.

> *Der kleine Liebesgott schlafverloren,*
> *Zur Seite ihm der Liebesfackel Brand,*
> *Da kamen, die der Keuschheit sich verschworen,*
> *Die Nymphen trippelnd an. Der Schönsten Hand*
> *Ergriff die Fackel, die der Liebe Kummer,*
> *Der Liebe Glut schon tausendmal entfacht;*
> *So ward der Liebeswünsche Herr der Schlummer*
> *Wehrlos durch einer Jungfrau Hand gemacht.*
> *Das Feuer löschte sie in kühler Quelle,*
> *In die nun ewige Wärme niedersank,*
> *Ein heilend Bad ward, wundertätige Welle;*
> *Doch ich, der Liebsten Knecht, blieb liebeskrank.*
> *Denn eher heizt die Liebe eisige Flut,*
> *Als Wasser löschen mag der Liebe Glut.*
> WILLIAM SHAKESPEARE, *Sonett 154*

»Der Morgen, wenn die Sonne seit etwa einer Stunde am Himmel steht, ist die beste Zeit, das Wasser zu trinken«, schrieb Lodwick Rowsee, einer der berühmtesten frühen Ärzte, in seinem Buch *Queenes Welles* (1632). »Denn wenn die Sonne kräftiger wird, zieht sie einige Mineralgeister an, und das Wasser verliert an Wirkung.«

Die Ärzte meinten, daß die Natur für jede Beschwerde ein Heilmittel bereithielt. Die Liste war so lang wie die Litanei der Ärzte in Molières *Der eingebildete Kranke.* Die Medizin war nicht länger eine Mischung aus Alchimie und Magie, sondern eine Wissenschaft, die sich auf bestimmte Kenntnisse und auf Empfehlungen für verschiedene Bäder stützte. Im Grunde wurden die Kurorte nun zu Krankenhäusern.

Man ermunterte die Menschen, Wasser mit hohem Mineralgehalt zu trinken, wodurch alle möglichen Krankheiten — von Nierensteinen bis hin zu Herzbeschwerden — kuriert werden sollten. Es wurden enorme Wassermen-

gen verschrieben —, manchmal mehr als fünf Liter einer übelriechenden Flüssigkeit pro Tag.

Da das Heilungspotential bestimmter Quellen an Ansehen zunahm, stellte sich allmählich auch ein anspruchsvollerer Patientenkreis ein. Die Aristokratie und die Reichen, die ein ausschweifendes Leben führten, waren von den Vorzügen der Quellen überzeugt, aber sie wollten ihren Lebensstil während der Kur nicht aufgeben. Schließlich war es genauso schlimm, an Langeweile wie an Verstopfung zu sterben. Sie verlangten nach luxuriösen Räumlichkeiten, eleganten Kuranlagen und abwechslungsreicher Unterhaltung, und sie waren bereit, den entsprechenden Preis dafür zu zahlen. Geschickte Unternehmer erkannten diese vortreffliche Gelegenheit, die Nachfrage seitens der privilegierten Schichten zu nutzen, und schufen eine traumhafte Umwelt für etliche Quellen. Gegen Mitte des 19. Jahrhunderts waren diese Kurorte zum Gipfel des architektonischen Überschwangs und zu Tummelplätzen der Reichen geworden. Die Kurortgeschichte begann gleichsam von neuem.

Frau, die zum Bad getragen wird, Aix-les-Bains, Frankreich

Die Kurortgesellschaft

Von dem Moment an, als man die alten römischen Bäder wiederbelebte, bis in die dreißiger Jahre des 20. Jahrhunderts hinein wurde Europa in jedem Frühling vom Kurfieber gepackt. Um ihre Sehnsucht nach Wasser zu befriedigen, gingen zahlreiche Menschen auf Reisen. Manche Badeeinrichtungen waren

OBEN: *Frauenbad, Saint-Amand-les-Eaux, Frankreich*

MITTE: *Dusche und Massage, Vichy, Frankreich, ca. 1900*

UNTEN: *Park im Kurort Baignots, Frankreich*

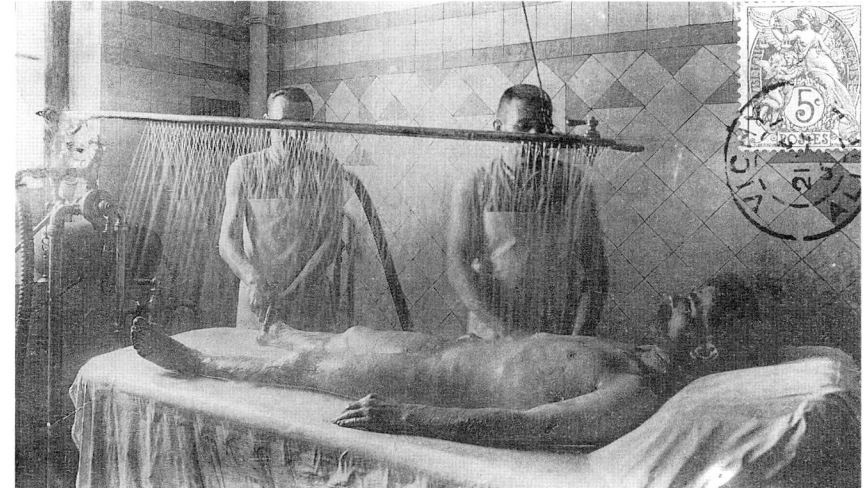

derart überfüllt, daß sie die ganze Nacht hindurch geöffnet bleiben mußten, um den Besucherstrom zu bewältigen.

Die Badeorte wurden zu gesellschaftlichen Treffpunkten für die größten Geister und Schönheiten der Welt. Sie kamen, um sich ihrer Leiden zu entledigen, in den Freuden des Wassers zu schwelgen und um sich durch einen kultivierten Umgang anregen zu lassen. Eine neue Gesellschaft war geboren: die Wassergesellschaft.

Dadurch, daß die Menschen das Erlebnis der Verjüngung, der Transzendenz und der Wiedergeburt miteinander teilten, entstand eine Atmosphäre der besonderen Vertrautheit. Das Wasser verwischte den Unterschied zwischen materiellem und spirituellem Zustand, so daß der Hunger der Seele genauso gestillt wurde wie jener des Fleisches. Durch Badekuren wurde nicht nur der Körper, sondern auch der Geist geheilt. Die Zeit schien in den Kurorten rückwärts zu laufen, was unendliche kreative Möglichkeiten eröffnete. Wunder und Träume wurden greifbar; die Kur diente Malern, Schriftstellern und Komponisten dazu, ihre schöpferischen Kräfte freizusetzen. Es war, als ergössen sich auch Literatur und Musik aus den Brunnen.

Die Dekadenz des Kurortlebens war zugleich ein verbotenes Heilmittel gegen die viktorianische Prüderie. Die Quellen wurden zu Symbolen von Gesundheit, Schönheit und Wohlstand, vor allem aber von Sex.

Unter den Besuchern, deren Reihen weit in die Geschichte zurückreichen, waren so berühmte Persönlichkeiten wie Julius Cäsar, Michelangelo, Montaigne, Casanova, Napoleon und Josephine, Königin Victoria, Hugo, Flaubert, Berlioz, Goethe, Turgenjew, Tolstoi, Dostojewski, Henry James, Agatha Christie und zahllose andere. Napoleon reiste nach Vichy, Georg Friedrich Händel nach Aix-la-Chapelle. Königin Victoria gab Aix-les-Bains den Vorzug. Kaiserin Josephine verbrachte — in der Hoffnung, Napoleon einen Erben zu schenken — Stunde um Stunde im Dampf von Plombiers, dessen Wasser Unfruchtbarkeit heilen sollte. Beethoven und Goethe fuhren nach Karlsbad zur Kur, wo man angeblich mehr Krankheiten, darunter okkulte Beschwerden, behoben hatte als in jedem anderen Badeort Europas. Turgenjew brüskierte Dostojewski in Baden-Baden, und dieser konnte die Demütigung durch den Schriftsteller, den er am meisten bewunderte, nicht verwinden.

Der Wintergarten im ehemaligen Konversationshaus (heute Spielbank), Baden-Baden

Die Eisenbahnen ermöglichten es den Reichen und Berühmten, ihre Lieblingskurorte jederzeit aufzusuchen. Um die anspruchsvolleren Wünsche dieser Prominenten zu befriedigen, baute man Grandhotels mit Kasinos, Theatern und marmornen Trinkhallen, wo die eleganten Gäste Wasser aus Lalique-Gläsern schlürften. Abends kam es bei Kotillons zu Begegnungen, die zu bedeutenden Liebesaffären, Geschäftsabschlüssen oder zu politischen Bündnissen führten. Die Badekurorte verwandelten sich in ein Paradies für Snobs und Glücksritter.

Die Franzosen entdeckten, daß das Glücksspiel vorzüglich zu den Kuraufenthalten paßte, und die Engländer wurden von den Roulettetischen nicht weniger als von den Bädern angezogen. Die Russen hatten ihre eigenen stilvollen Badeorte im Kaukasus, zum Beispiel Pjatigorsk, das der Hautevolee von St. Petersburg als Spielwiese diente, aber der Glanz verblich offenbar gegen Mitte des 19. Jahrhunderts, zumindest in den Augen des abgestumpften Protagonisten von Michail Lermontows Roman *Ein Held unserer Zeit* (1840): »Wir führen ein ziemlich prosaisches Leben ... Die morgens Brunnen trinken, sind energielos wie alle Kranken, die die abends Wein trinken, sind unausstehlich wie alle Gesunden. Es gibt Damengesellschaft, aber sie bietet wenig Zerstreuung — sie spielen Whist, kleiden sich schlecht und sprechen ein abscheuliches Französisch.« Auch die europäischen Badekurorte, vor allem in Deutschland, übten einen großen Reiz auf die russische Aristokratie aus.

In den Kurorten regierte der Überfluß. Manche Angehörige der privilegierten Schicht bauten sich prächtige Villen und wählten ihre Nachbarn persönlich aus. Tagsüber unterzogen sie sich Wasserkuren, die Jugend, Schönheit und die Heilung aller denkbaren Gebrechen verhießen. Die Eigentümer und die Ärzte ersannen neue Apparate und anstrengende Formen der Hydrotherapie: Bäder, bei denen man tropfende Laken um den Körper schlang, Duschbäder, Gurgelbäder, Regenbäder, Sitzbäder, Dampfbäder, Schwefelbäder, Flutbäder und Schlammbäder. Karikaturen des 19. Jahrhunderts zeigen Kurortgäste in einer Vielzahl von Folterkammern. Doch während die eigentliche Kur häufig eine schwere Prüfung war, wurde nach Einbruch der Dunkelheit ein elegantes und kultiviertes Leben geführt. Modische Frauen flanierten am Arm distinguiert wirkender Männer dahin — es war eine Zeit für Diners, Tanz und Glücksspiel.

Die europäischen Monarchen förderten ihre bevorzugten Heilquellen durch die Errichtung monumentaler Gebäude. Kaum ein öffentliches Gebäude der Gegenwart reicht an den Glanz der damaligen Kurortarchitektur heran. In *Villes d'eaux en France* (1985), einem eindrucksvollen Katalog französischer Badeorte, beschreibt John-Michel Belorgey die gesamte Spannweite: »Neoklassisch, Neorenaissance, neopalladianisch, neobyzantinisch, neomaurisch, neobabylonisch, neoägyptisch, neoflämisch, neovenezianisch, exotisch, volkstümlich, neonormannisch«. Mit anderen Worten: unsagbar eklektisch. Er versteht die Kurortarchitektur als »einen lauten Schrei ein wenig korrumpierter Lebensfreude«.

Die Römer hätten schwerlich ahnen können, daß man ihre Bäder Jahrtausende später in prächtige Heilpaläste verwandeln würde, aber viele Kurorte enthielten in ihren Grundmauern römische Ruinen. Die Wasserpaläste des 19. Jahrhunderts besaßen eine heute nicht mehr existierende Herrlichkeit, doch es gibt genug Hinweise auf ihr einstiges Ambiente. Wer diese Orte heutzutage aufsucht, spürt noch deutlich die Geister der Gäste einer vergangenen Ära und wird sich der historischen Elemente bewußt, die in der Architektur aus jener Zeit eingebettet sind.

Die legendären Badekurorte

ENGLAND

Bath

Im Jahre 1727 entdeckten Arbeiter, die in der englischen Stadt Bath einen Kanalisationsgraben aushoben, ein lebensgroßes, vergoldetes Bronzehaupt Minervas, der römischen Göttin der Weisheit. Er gehörte zu der Kultstatue der Göttin, die einst auf einem Sockel in einem Tempel gestanden hatte. Diese Entdeckung war das Vorspiel zu einer erstaunlichen Geschichtsenthüllung, die sich immer noch fortsetzt. Im Laufe der Jahre wurde der Tempel mit den ursprünglichen römischen Bädern ausgegraben, die das Muster einer früheren Lebensweise lieferten.

Die Quellen von Bath wurden zuerst vor siebentausend Jahren von paläolithischen Jägern benutzt. Später wurden sie zu einer wichtigen Stätte für die Kelten, die sie als Heiligtum ihrer Göttin Sulis betrachteten.

Um 800 v. Chr. wurde ein apokrypher Prinz namens Blaudad vom Hofe seines Vaters verbannt, nachdem er an Lepra erkrankt war. Während seiner Wanderjahre wurde Blaudad Schweinehirt und bemerkte zu seinem Kummer, daß die Tiere von seiner Krankheit angesteckt wurden. Eines Tages beobachtete er, wie die Schweine einen Hügel hinunterrannten und sich in heißen Quellen wälzten. Nach kurzer Zeit waren sie wieder gesund. Blaudad erkannte, daß ihre Genesung mit den Quellen zu tun hatte, und tauchte ebenfalls in den dampfenden Sumpf. Die Lepra wurde geheilt, er kehrte an den Hof seines Vaters zurück, um sein Erbrecht zu beanspruchen, und baute die Hauptstadt, Caer Baden, um die Quellen herum. (Außerdem soll er der Vater des sagenumwobenen Königs Lear gewesen sein!)

Die dampfenden Wasser von Caer Baden begeisterten die Römer, die im Jahre 76 n. Chr. dort eintrafen. Neben der Hauptquelle (heute King's Bath genannt) fanden sie eine alte keltische, Sulis geweihte Kultstätte, weshalb sie der Stadt den Namen Aquae Sulis gaben. Die Römer errichteten dort ebenfalls ein Heiligtum, das sie der Sulis Minerva weihten. Der korinthische Gebäudekomplex umfaßte außerdem römische Bäder und ein Theater für religiöse und weltliche Darbietungen. Der Tempel, die Kurstätte und das Theater bildeten den Kern eines großen gesellschaftlichen und religiösen Zentrums, das die Stadt vier Jahrhunderte lang dominierte.

Die Quelle King's Bath im Zentrum der Stadt sprudelt mit einer stetigen Temperatur von 26,5 Grad Celsius und mit einer Menge von fast einer Million Litern täglich aus dem Boden. Bei dem Wasser handelt es sich um Regen, der

Allier — 206 - VICHY, le Gargarisme

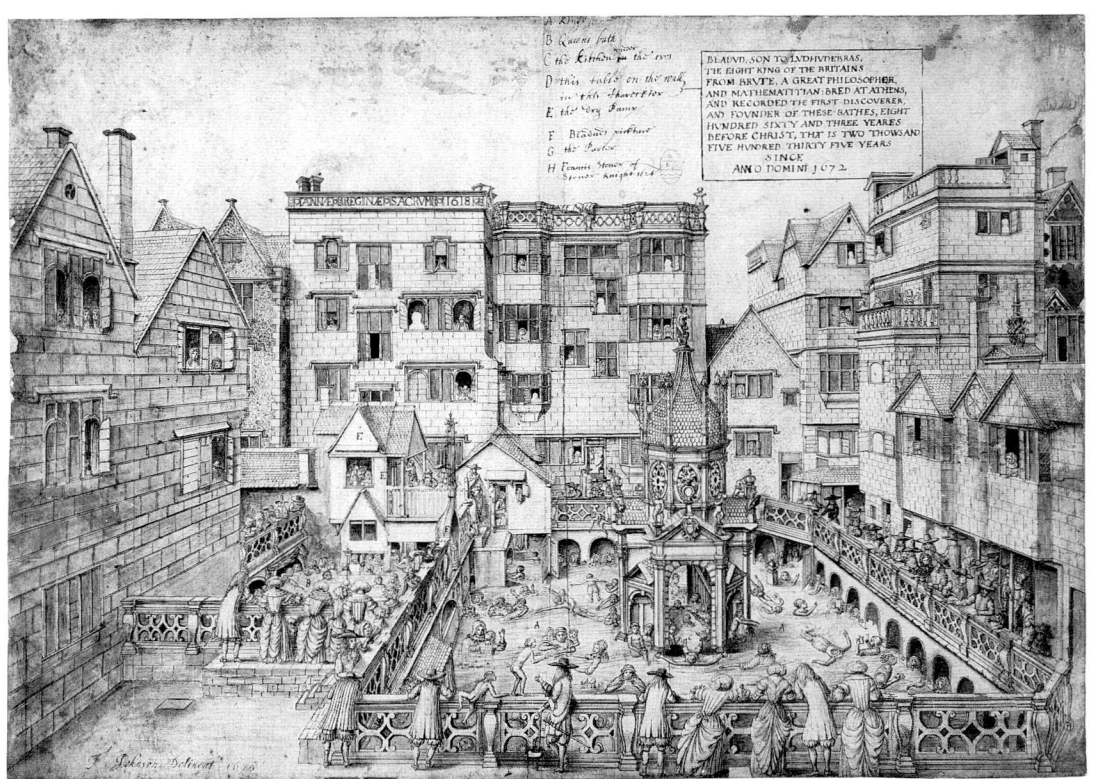

vor ungefähr zehntausend Jahren fiel und tief in die Erde eindrang, wo er von der natürlichen Hitze des Erdkerns erwärmt wurde. Für die Römer war die Quelle nicht nur ein Reservoir heißen Wassers, sondern auch ein heiliger Ort, an dem Sterbliche mit den Göttern der Unterwelt Verbindung aufnehmen konnten — eine Tradition, die ihre Wurzeln in der heidnischen Brunnenanbetung hat. Menschenscharen eilten herbei, um Minervas Hilfe zu erbitten.

Eine wichtige Funktion der heiligen Quelle bestand darin, daß sie Feinden Vergeltung bringen konnte. Wenn sich jemand irgendwie geschädigt fühlte — weil man ihm zum Beispiel seine Schuhe gestohlen hatte —, suchte er den Tempelschreiber auf und verfaßte einen Brief an die Göttin, gewöhnlich in einer weitgehend vorgeprägten juristischen Sprache: »Möge derjenige, der meine Schuhe gestohlen hat, sei er Mann oder Frau, Junge oder Mädchen, Freigelassener oder Sklave, impotent werden und sterben. Es könnte [der Name des Verdächtigen] gewesen sein.«

Nach Abfassung der Botschaft wurde sie auf eine Zinnfolie übertragen und in die Quelle geworfen. Da niemand wollte, daß sein Name in die berüchtigten Zinnstreifen geritzt wurde und er bei Minerva in Ungnade fiel, waren die Menschen gezwungen, höhere moralische Normen einzuhalten.

Die Anzeigen von Bath, die mittlerweile aus der Quelle geborgen wurden, sind außergewöhnliche Dokumente, die nicht nur die kleinen Ärgernisse des Alltagslebens wiedergeben, sondern uns auch einen Blick auf die Hoffnungen, Erwartungen und religiösen Überzeugungen einer Gesellschaft ermöglichen, die vierhundert Jahre römischer Besatzung durchmachte. Zudem erhalten wir Einblick in die religiösen Mittel der Verbrechensbekämpfung.

Thomas Johnson, The King and Queen's Bath, 1672, Feder und Tinte mit grauer Tusche, 33,5 x 47 cm. Mit Genehmigung des Kuratoriums des British Museum

Neben den Verwünschungen entdeckte man eine erstaunliche Zahl von Münzen in der Quelle, was darauf hindeutet, daß Bargeldopfer an die Göttin nach erwiesenen Vergünstigungen unumgänglich waren. Die Sitte, Münzen in einen Brunnen zu werfen und sich etwas zu wünschen, beruht anscheinend auf einem universellen und zeitlosen menschlichen Bedürfnis. Die Archäologen fanden in den Ruinen auch zwei Würfel — sie waren präpariert.

Die Tempelgebäude verfielen, nachdem die Römer im 4. Jahrhundert abgezogen waren, und die Stadt wurde allmählich von Mauern umschlossen. Wir wissen sehr wenig über die Geschehnisse im frühen Mittelalter, doch die Tatsache, daß Bath damals als *akemanceaster* (Krankenstadt) bekannt wurde, läßt vermuten, daß die Menschen weiterhin zur Kur kamen. Gerüchten zufolge planschten Personen mit Lepra, Krätze und offenen Wunden im heißen Wasser, und ab und zu warf man ein paar Hunde und Katzen aus Spaß mit hinein.

Anfang des 12. Jahrhunderts wurde die Quelle von den Mönchen der Stadt wieder zu einem Bad gemacht, das sie nach Heinrich I. King's Bath nannten. Sie meißelten Nischen in die Innenseite der noch bestehenden römischen Mauer, um die Badenden abzuschirmen. Die Gäste genossen das Privileg, daß ihnen persönliche Gebete vom örtlichen Bischof geschrieben wurden, der die Etikette und Moral von King's Bath diktierte. Im Jahre 1559 erließ der Bischof strengere Verhaltensregeln, da die Gerüchte über skandalöse Ereignisse zugenommen hatten. Zum Beispiel ordnete er an, daß jeder, der die Pubertät hinter sich hatte, beim Baden ein Gewand tragen mußte, während die Menschen zu-

John Ronayne, Die heilige Quelle rekonstruiert, *1986, Aquarell, 48,3 x 35,6 cm. Bath Archaeological Trust, England*

vor nackt ins Wasser gegangen waren. Ein anderer Bischof predigte: »Gott muß die Wasser heilen, bevor sie die Kraft haben, euch zu heilen.«

Männer und Frauen teilten die Bäder. Die Frauen hatten voluminöse Kleider an, die sich mit Wasser füllten, und trugen Tabletts mit Schnupftabakdosen, Blumen und aromatischen Riechsalzen bei sich.

Während der Renaissance waren die bekanntesten Bäder das King's Bath, das Cross Bath und das Hot Bath, die alle über heißen Quellen errichtet worden waren. Als Elizabeth I. Bath im Jahre 1574 aufsuchte, waren dies Freiluftgebäude, und der Geruch entsetzte die Königin so sehr, daß sie sich umdrehte und abreiste. Gegen Ende des 16. Jahrhunderts wurde ein neues Badehaus ausschließlich für Frauen gebaut.

Anna von Dänemark, die Gemahlin Johanns I., weilte im frühen 17. Jahrhundert im Frauenbad, um ihre Gicht und Wassersucht zu kurieren. Anscheinend hatte sie nichts gegen den Geruch, sondern begeisterte sich sofort für die Quellen. Ihr Enthusiasmus erregte so viel Aufsehen, daß dieses Bad als Queen's Bath bekannt wurde. Es erhielt sich bis in die viktorianische Ära, als man es abriß, um weitere römische Ruinen auszugraben.

»Es muß unsauber sein, so viele Körper in demselben Wasser zu haben«, kommentierte Samuel Pepys, der in seinem ganzen Leben kein Bad nahm. Im 17. Jahrhundert florierten viele europäische Kurorte, doch Bath war etwas anrüchig geworden, da es hauptsächlich dem gemeinen Volk diente. Deshalb reisten etliche Aristokraten in andere Badeorte.

Trotzdem brachte Karl II. seine Frau, Katharina von Braganza, im Jahre 1663 nach Bath, um ihre Unfruchtbarkeit behandeln zu lassen. Das Wasser zeitigte bei Katharina nicht die gewünschte Wirkung, aber Maria von Modena, die Gattin Johanns II., die 1687 anreiste, hatte mehr Glück. Neun Monate nach ihrem Aufenthalt gebar sie einen Thronfolger.

Bath erreichte den Höhepunkt seines Ruhms im 18. Jahrhundert, und zwar dank Beau Nash, der 1705 als Zeremonienmeister in den Ort kam und das Gesellschaftsleben fünfundfünfzig Jahre lang gestaltete. Während der Amtszeit von Nash wurde Bath als einer der elegantesten Kurorte Europas gepriesen. Der Dichter Christopher Ansley rühmte Nash in *The New Bath Guide*:

> *Den Sterblichen zugetan durch Mitleids Gewalt,*
> *Sandten die Götter, deren Gunst nie erkalt',*
> *Hermes nach Bath als Beau von Gestalt.*

Nash verstand sich darauf, Bettler fernzuhalten, und stellte den Gästen Sänftenträger zur Verfügung. Er ließ Frühstück und Nachmittagstee servieren, sorgte für Musik, ordnete an, stets Quellwasser bereitzustellen, und schaffte es, die Glorie von Bath wiederaufleben zu lassen. Als Mann von gutem Geschmack belebte er das Gesellschaftsleben von Bath mit Vorschriften, die das Fluchen, das Tragen von Schwertern und Langschäftern verboten. Er bestand darauf, daß nur Dienstmägde Schürzen tragen durften, und verschaffte diesem Erlaß Geltung, indem er der Herzogin von Queensberry bei einem Ball die Schürze abriß. Nash wohnte in einer herrlichen Villa und veranlaßte die Stadtplaner, prächtige Hotels, exquisite Terrassenhäuser, halbmondförmige Häuserreihen und runde Plätze zu bauen. Die ganze Stadt wurde in einem anmutig klassizistischen Stil von dem Architekten Joseph Wood und seinem Sohn umgebaut, und Bath verwandelte sich in eine architektonische Kostbarkeit.

Um 1708 hatte Nash ein umfassendes Fitneßprogramm ausgearbeitet, das mehr Gäste als je in den Ort zog. Der Tag begann zwischen 6 und 9 Uhr morgens mit einem Bad in den heißen Quellen, gefolgt von einem Wassertrunk unter Musikbegleitung in der Trinkhalle. Dann wurde das Frühstück serviert, und am frühen Nachmittag konnten die Gäste einen Gottesdienst in der Abtei besuchen. Danach konnte jeder tun, was er wollte — ein Schläfchen machen, einkaufen, Briefe schreiben —, bis das Mittagessen um 15 Uhr aufgetragen wurde. Ein Verdauungsspaziergang endete mit der Rückkehr in die Trinkhalle. Abends schloß sich irgendeine Unterhaltung, oft Glücksspiel, an das Essen an. »Das Spielen ist eines untergehenden Imperiums würdig«, schrieb Horace Walpole im Jahre 1770. Faustkampf und Glücksspiel waren zwei Aktivitäten, die den Männern des 18. Jahrhunderts sehr zusagten. Sie wetteten auf alles mögliche: auf Pferde, Hähne, Hunde, sogar auf die Lebenserwartung bestimmter Personen. Ein Mann schloß eine Wette darüber ab, wie lange ein Mensch unter Wasser bleiben konnte, mietete sich einen Vagabunden, tauchte ihn unter und ertränkte ihn; dann mietete er sich einen weiteren und versuchte es noch einmal.

Im Jahre 1714 schrieb Alexander Pope, der im allgemeinen schwer zufriedenzustellen war, in einem Brief: »Schlitterte, ich weiß nicht wie, in alle Amüsements dieses Ortes hinein: Mein ganzer Tag wird von dem gemeinsamen Wassertrinken, den Spaziergängen, den Schokoladenhäusern, den Tombolaläden, den Theaterstücken, den Potpourris etc. in Anspruch genommen.«

Über dem Bädereingang hing ein Schild mit der Aufschrift WATER IS BEST. Charles Dickens war anderer Meinung; ihm zufolgte schmeckte das Wasser wie »warmes Eisen«. Deshalb reiste er mit seiner Frau zu einer Kaltwasserkur in Malvern und fand daran »eine Menge Gutes ... Meine Erfahrung läßt mich annehmen, daß die Behandlung wunderbar nützlich ist, wenn man eine kräftige Konstitution hat. Ist dies nicht der Fall, könnte die Behandlung ein wenig fragwürdig sein«.

Die Stadt zog Hasardspieler jeder Art an. Der Romanschriftsteller Tobias Smollet bemerkte im Jahre 1771: »Angestellte und Verwalter aus dem Osten ... Pflanzer, Sklaventreiber und Halsabschneider von amerikanischen Plantagen ... Wucherer, Makler und Räuber jeden Schlages; Männer von niedriger Geburt und ohne Erziehung ... ohne Geschmack oder Manieren ... sie alle eilen nach Bath, weil sie sich hier ohne viel Aufhebens unter Fürsten und Adlige mischen können.«

Selten verging ein Tag, an dem es nicht zu einem Skandal kam. Die Ober- und Unterschichten gingen ungehindert miteinander um, was Jane Austen in ihrem Roman *Kloster Northanger* (1789) darstellte. Die Bäder wurden zu Orten, an denen sich die Geschlechter verführerisch und ungehemmt zur Schau stellten. In *Lettres d'un Français* beschreibt der Abbé Le Blanc die Verwandlung, die junge Frauen in Bath durchmachten: »Sie wurden zu neuen Geschöpfen, welche die Zwänge und die Schwermut abwarfen, die während des restlichen Jahres durch die Gewohnheiten in der Hauptstadt auf ihnen lasteten. Einen herrlichen und keineswegs tugendhaften Monat lang erfreuten sie sich an einer Wasserkur, die tatsächlich und dem ersten Anschein nach primitiv war, doch durch geschickten Betrug als etwas Zivilisiertes hingestellt wurde.«

Charles Dickens, William Makepeace Thackeray, Fanny Burney und Jane Austen ließen sich in Bath inspirieren. Sir Thomas Gainsborough unterhielt dort für vierzehn Jahre ein Atelier und malte zahlreiche Bilder. Emma Hamilton arbeitete als Dienstmädchen in Bath, und Lord Nelson kam zwischen seinen Seefahrten häufig zur Kur.

Nach der viktorianischen Ära verlor Bath seine elegante, unbekümmerte Atmosphäre und wurde zu einem achtbaren Kurort mit solide wirkenden Hotels, Badehäusern und Reihen großer schwarzer Rollstühle. Die Besucherzahl ging jedoch nicht zurück, denn nach dem Zweiten Weltkrieg wurde der Ort durch das kostenlose Gesundheitswesen der britischen Regierung subventio-

niert. Im Jahre 1976 wurden der Öffentlichkeit die Türen verschlossen, was
sich als ein Segen erwies, denn kurz darauf entdeckten Archäologen, daß die
Quelle mit Amöbenmeningitis verseucht war; man mußte sie reinigen und
sämtliche Rohre ersetzen. Es war eine schwierige, doch notwendige Aufgabe,
und die Bäder blieben mehr als ein Jahrzehnt lang geschlossen. Inzwischen
sind sie wieder geöffnet.

FRANKREICH

In Frankreich und in den meisten anderen europäischen Ländern wird *thermalisme* (Thermalheilung) so ernst genommen, daß dieses Fach zum Medizinstudium gehört. Die französische Regierung läßt etwa einer Million Menschen pro Jahr Kuraufenthalte zukommen. Die Patienten werden jeweils in die Orte geschickt, welche die für sie erforderliche Kur anzubieten haben. Eine der hervorragendsten von den Franzosen entwickelten Wasserkuren ist die Thalassotherapie, bei der man Meerwasser benutzt. Küstenbäder wie Deauville, Le Baule, Quiberon und Biarritz spezialisierten sich auf diese stärkende Behandlung.

Evian-les-Bains

Ich hatte eines meiner denkwürdigsten Erlebnisse, als ich auf den Dorfplatz von Evian, einem kleinen Ort am Südufer des Genfer Sees, ging und drei Flaschen direkt aus der Quelle mit Evian-Wasser füllte. Dadurch verspürte ich ein Gefühl der Zeitlosigkeit und der Identifikation mit den Menschen, die sich von alters her auf Dorfplätzen versammeln, um ihre Flaschen an Brunnen zu füllen und miteinander zu plaudern. Es war ein seltsamer Gedanke, daß ich überall auf der Welt in einem Restaurant sitzen und das gleiche Wasser — aus ebendieser Quelle — trinken konnte.

In Evian ist allenthalben Wasser zu finden: in dem friedlichen See, in den sprudelnden Gebirgsbächen und Wasserfällen und natürlich in der Quelle selbst. Das Leben dort wird vom Rhythmus und der Musik des Wassers bestimmt. Man scheint es ebenso oft zu trinken, wie man atmet; man wird damit abgespritzt, darunter massiert und von ihm mit Dampf eingehüllt — alles um der Gesundheit willen.

Die Entdeckung von Evian geht bis in alte Zeiten zurück. Wir wissen, daß der römische Kaiser Flavius Claudius Jovianus die Gegend im Jahre 363 auf seinem Weg nach Deutschland durchquerte. Und wir wissen auch, daß die Menschen im Mittelalter von weither zu der Quelle anreisten. Aber die eigentliche Geschichte beginnt im Jahre 1789, als Frankreich von den Wirren der Revolution gepackt war. Der Marquis de Lessert, der an Nierensteinen litt, reiste zur Kur nach Amphion, unweit von Evian. Als er eines Tages in der Umgebung spazierenging, kostete er das Wasser aus einer Quelle im Garten eines gewissen Monsieur Cachat. Es war leicht und erfrischend, und der Marquis kehrte häufig zurück, um davon zu trinken. Nach einer Weile verschwanden seine Nierensteine.

Dieser Vorfall bewog offizielle Experten, die Quelle zu prüfen und die Heilkraft des Wassers zu bescheinigen. Man gelangte zu der Auffassung, daß Evian-Wasser Nierenleiden lindere, indem es den Nierengrieß auflöse. Da es einen sehr niedrigen und konstanten Mineralgehalt hatte — vor allem die Natriummenge war gering —, half es auch Patienten, die an hohem Blutdruck litten. Menschenmengen sammelten sich, um das Wasser zu probieren, und Monsieur Cachat zäunte seine Quelle ein und verkaufte sein Wasser.

Der Kurort wurde bereits im Jahre 1815 gegründet, doch sein Goldenes Zeitalter begann erst um die Jahrhundertwende, als man die prachtvollen Hotels Royal und Splendide mit Ausblick auf den Genfer See baute. Das berühmte Kasino, inspiriert von der Hagia Sophia in Istanbul, wurde 1912 von dem Architekten Jean-Albert Hébrard gebaut. Evian entwickelte sich zu einem Aus-

Oben: *Thermal-
anlage, Evian-les-
Bains, Frankreich*

Rechts: *Anna de
Noailles*

stellungsort spektakulärer Architektur, und da es einem internationalen Besu-
cherkreis genügen mußte, bezog es seine Anregungen aus allen Teilen der
Welt. Zahlreiche Stile — byzantinische und türkische Kuppeln, griechisch-rö-
mische Säulen, neoklassische Fresken und neogotische Türme — existierten
nebeneinander und wurden untermalt von furiosen Art-nouveau-Mustern.

In Evian wurde eine Form der Hydrotherapie gepflegt, die andere Lebens-
freuden nicht ausschloß. Schließlich mußte der Kurort gleichzeitig zweckbetont
und luxuriös sein, um der Qualität und dem Prestige seines Wassers gerecht
zu werden. »Für mich ist die kleine Stadt Evian in Savoyen voll von Erinnerungen. Dort besaß ich in meiner frühen Kindheit alles, und dort hegte ich

Hôtel Royal,
Evian-les-Bains,
Frankreich

in meiner Jugend die größten Hoffnungen«, schrieb die Dichterin Anna de
Noailles. Sie liebte den See, das Familienhaus in Amphion und die Künstler,
die sie besuchten, wenn die Familie zur Kur in Evian weilte. Marcel Proust war
ein häufiger Gast in ihrem Haus. Bei seinem ersten Aufenthalt in Evian im
August 1899 wohnte er im Splendide, und er kehrte immer wieder zurück. Seine Zufriedenheit mit dem Hotel geht aus einem Brief hervor, den er seiner
Mutter am 20. September 1899 schrieb:

> *Meine liebste Mama,*
> *... In letzter Zeit habe ich weniger Freude an meiner Gesundheit, aber es scheint,*
> *daß die plötzlichen Änderungen des Windes und des Wetters häufig genug sind,*
> *um einen Hang zu Atembeschwerden am Morgen und gewisse Schlafstörungen zu*
> *erklären. Ich bin sehr froh, im Splendide zu sein, denn Monsieur Oulif sagte mir,*
> *das Asthma des jungen Weisweiller sei in einem der Hotels weiter unten sehr*
> *schlimm gewesen, aber wie durch Zauberei verschwunden, als er ins Splendide*
> *kam ... Tausend zärtliche Küsse.*
> *Marcel*

Das Royal wurde im Jahre 1907 für Eduard VII. gebaut, der zu einer Feier nach
Evian kam und sich ein Hotel »wie kein anderes« wünschte. Der König erlebte
die Vollendung des Royal nicht mehr, das zu einem der großen Treffpunkte der
internationalen Gesellschaft wurde. Sergej Diaghilew, Waslaw Nijinski, Igor
Strawinski, Pierre Cartier, die Guggenheims, Isadora Duncan, die Herzogin

von Marlborough, Greta Garbo und zahllose andere stellten sich im Royal ein, um auf den Belle-Époque-Balkons am See zu sitzen und das Wasser zu trinken. Es war die Zeit der Rolls-Royce, Hispano Suizas und Bugattis. Regierende Fürsten und entthronte Fürsten, Fürsten der Kunst und der Literatur, Fürsten der Geschäftswelt und der Nacht begegneten einander hier in einem faszinierenden Wirbel bei Champagner und Kaviar. Aber erst als die Königinmutter von England im Jahre 1983 anreiste, hatte das Royal seinen Namen wirklich verdient. Die Geschäftsführung ging so weit, ein vergoldetes Bett für die königliche Suite zu mieten.

Das Royal ist ein wunderschönes Hotel und gleicht einem Luxusdampfer, der auf einem Meer von Hügeln schwimmt. Es ist von einem gepflegten Wald umgeben, in dem Rotwild furchtlos herumtollt. Das Foyer, überdacht von einer Kuppel, die in verhaltenen Grau- und Ockertönen bemalt und mit den Tierkreiszeichen sowie einer königlichen Krone und königlichen Insignien verziert ist, führt in eine Reihe von riesigen Salons mit mannigfaltigen Kolonnaden, gewölbten Decken, Kuppeln und einer Rotunde. Blumenfresken von Gustave Jaulmes schmücken die Wände des Restaurants, des Café Royal. Ein Kristall-

Napoleon III. ließ die Stadt Vichy niederreißen und einen prächtigen Kurort bauen, der seinem kaiserlichen Image entsprach. Paradoxerweise erstand die Stadt allmählich von neuem und verdrängte den Kurort, bis nur noch die mit ihm verbundene Legende überlebte. Um die Jahrhundertwende erbaute man die Stadt im Neo-Louis-XV.-Stil neu. Während des Zweiten Weltkriegs wurde Vichy zum Sitz der Regierung Petain, und man vernachlässigte die Kuranlagen.

Die Chomel-Quellen, Vichy, Frankreich

kronleuchter hängt im Zentrum und beleuchtet die größten Arrangements von Trockenblumen, die ich je gesehen habe. »Es ist ein herrliches Schmuckkästchen, das der Juwelen, die es enthält, würdig sein muß«, erläuterte Gilles Janin, der Geschäftsführer des Hotels.

Als ich im Royal wohnte, hatte mein Zimmer einen Balkon mit Blick auf den Genfer See, und ich verbrachte bei Tag und bei Nacht endlose Stunden damit, den samtglatten See und das Leben in dem Wäldchen zu beobachten. Rotwild (ich fürchte, es war die gleiche Art, die ich mir später im Quellenhof in Bad Ragaz auftischen ließ) weideten auf der grünen Parkfläche. Die Böcke kratzten sich gern den Rücken mit ihrem Geweih, dessen Form an Elchgeweihe erinnerte. Eine Fähre, die einem glänzenden Juwel glich, kreuzte abends häufig vom Nord- zum Südufer des Sees. Die meisten Tage in jenem Herbst waren dunstig, und ein Schleier lag über den Bergen, die sich majestätisch über den See erhoben; am gegenüberliegenden Ufer prunkten üppige Weinberge. Eines Abends saß ich zusammen mit ein paar anderen Gästen in einem wunderbaren Belle-Époque-Salon. Von Fresken umgeben, lauschten wir zwei Musikern, die Stücke von Boccherini und Spohr spielten, und tranken dabei Evian-Wasser. Und natürlich trugen wir — zivilisiert, höchst zivilisiert — Abendgarderobe.

Tagsüber wurde ich in einem eleganten Fitneß- und Schönheitszentrum, dem Institut für »besseres Leben«, mit Wasser bespritzt. Nachdem man mein Gesicht eine Stunde lang pausenlos besprüht hatte, wurde ich in eine Algenpackung gewickelt; dann machte ich Wassergymnastik, wurde unter einer Dusche massiert und erhielt eine Hydrotherapie in einer riesigen Badewanne — dies alles mit Evian-Mineralwasser. Dann machte ich ein Nickerchen in einem Atrium, trank viereinhalb Liter Evian-Wasser und schlenderte hinunter zu Tony's Bar, um einen Cocktail aus roten Früchten zu genießen. Es war eine unvergeßliche, von keinem äußeren Einfluß getrübte Erfahrung.

»Wenn ich ins Royal von Evian eintrete, habe ich immer das Gefühl, eine Kreuzfahrt zu beginnen — bewegungslos, reich an Entdeckungen, die ein Empfinden von Wärme mit sich bringen«, schrieb Jacques Chancel in *Le guetteur de rives*. »Wind, Musik, das gewisse Etwas der dich umgebenden Personen, der Himmel, der nicht wahrhaft blau ist — alles verbindet sich, um den Geist zu besänftigen.«

DEUTSCHLAND

Baden-Baden

Die Römer nannten es Aquae Aureliae; heute kennen wir es als Baden-Baden. Bereits im Jahre 117 nutzten die Römer die radioaktiven, heißen Mineralquellen, die sie für ein Elixier zur Heilung von Fettsucht, Rheumatismus, Arthritis, Herz- und Kreislaufproblemen, Stoffwechsel-, gynäkologischen und Atembeschwerden sowie von ungezählten anderen Krankheiten hielten. Sie bauten Bäder mit unterirdischen Heißluftsystemen, die noch existieren, um die Quellen herum. Im Jahre 213 befahl Kaiser Caracalla, ein großer Befürworter von Kurorten, die einfache Steinmetzarbeit der Thermen mit Marmor und Granit zu verzieren.

Im 19. Jahrhundert wurde Baden-Baden zum glanzvollsten Wasserkurort auf dem Kontinent, und viele bezeichneten es als die Sommerhauptstadt Europas. Es war *der* Ort, den man sehen und an dem man gesehen werden mußte, und auf den Straßen drängten sich Titelträger neben Reichen und Berühmten. Könige und Dichter, Philosophen, Architekten und Künstler formten das Erscheinungsbild der Stadt.

In den zwanziger Jahren des 19. Jahrhunderts richtete man eine Spielbank für die vermögenden Gäste des Kasinos ein, das der Architekt Friedrich Weinbrenner im rechten Flügel des von ihm entworfenen Kurhauses baute. 1854 stattete Jacques Benazet das prächtige Gebäude in verschwenderischem neobarockem Stil aus: mit vergoldeten Spiegeln und Samtvorhängen, Goldsimsen und -türen, üppigen Seidengobelins und riesigen Ming-Vasen. Erhabene Kristallkronleuchter funkelten über den vier Spielsälen, in denen modisch gekleidete Gäste ihr Glück bei Roulette, Bakkarat, Chemin de fer und Siebzehnundvier versuchten und wo bis vor kurzem nur goldene Spielmarken benutzt wurden. Marlene Dietrich nannte es das schönste Kasino der Welt.

Die Elite promenierte zwischen Weinbrenners weißen Säulen, und teure Seidenkleider raschelten, während die Hofdamen von St. Petersburg über die Pariser Halbwelt klatschten. Diese Szenen schilderte Tolstoi in *Anna Karenina*.

Das Kasino wurde für seine lockere Moral bekannt; man konnte Damen beim Glücksspiel beobachten, und vornehme Herren stellten ihre Geliebten in der Öffentlichkeit zur Schau. Im Jahre 1872 wurde das Glücksspiel in Deutschland verboten, was die Kurortgäste um ihren beliebtesten Zeitvertreib brachte, doch Benazet hatte die kluge Idee, das Kasino in einen privaten Spielclub zu verwandeln, und der Spaß ging weiter.

Um 1830 war man in Baden-Baden stolz darauf, daß sich etwa 15000 Gäste pro Jahr einstellten. Königin Viktoria kam häufig, weil sie die Luft »so bekömmlich« fand, doch später zeigte sie sich enttäuscht über die Stadt und schloß sich der Meinung Kaiserin Augustas von Preußen an, die Baden-Badener Gesellschaft sei so anrüchig, daß »niemand sich ohne den Verlust seines guten Rufes unter sie mischen kann«. Napoleon III. und später Eduard VII. beehrten Baden-Baden weiterhin mit ihrer Anwesenheit, ebenso wie Kaiser Wilhelm I., der allsommerlich mit zwölf Pferden und zwölf Kutschern eintraf.

Baden-Baden wurde auch zu einer Zuflucht für Maler, Musiker und Schriftsteller. Brahms, der zunächst nur anreiste, um Konzerte zu geben, war so beeindruckt, daß er sich in der Stadt eine Villa baute. Er nannte sie seine »Komponierhöhle« und verbrachte dort fünfzehn Jahre lang jeden Frühling und Herbst. Von noch größerer Anziehungskraft war für ihn allerdings die Konzertpianistin Clara Schumann, die in Baden-Baden wohnte.

Chopin war ebenfalls oft in Baden-Baden zu sehen, und Berlioz kam im Jahre 1853, um ein großes Musikfest zu dirigieren. Er kehrte in den nächsten zehn Jahren regelmäßig zurück und komponierte hier seinen Schwanengesang, die Oper *Beatrice und Benedikt*. Auch Delacroix erschien im Sommer zur Kur und skizzierte den Talkessel der Oos, in den sich Baden-Baden schmiegt. Turgenew schrieb im Frieden des Tales, genau wie Dumas der Jüngere, Stendhal, Balzac und Georges Sand. Fjodor Dostojewski hielt sich vier Jahre lang mit seiner Frau Anna in Baden-Baden und anderen europäischen Kurorten auf, um seinen Glücksspieltrieb zu befriedigen.

Im Zweiten Weltkrieg blieb Baden-Baden von Bomben verschont und wurde exklusiver als je zuvor. Hitler, der auf Devisen angewiesen war, förderte den Kasinobetrieb, erschien allerdings nie persönlich in der Stadt. Als die Einwohner erfuhren, daß die einmarschierenden Franzosen planten, den Ort anzugreifen, baten sie diese, ihn friedlich zu besetzen. Nach dem Krieg wurde Baden-Baden zu einem Rekonvaleszenzzentrum für verletzte deutsche Offiziere.

Baden-Baden floriert weiterhin als eleganter Kurort, vielleicht als der ele-

ganteste von Europa. Ich hatte das Glück, die Stadt ein paarmal zu besuchen — wahrhaftig ein Genuß — und im Brenner's Park-Hotel zu wohnen, das 1832 gebaut wurde. Es ist ein aufwendiger Palast unweit des Schwarzwaldes — geschmackvoll, kultiviert und vom Geist der Vergangenheit erfüllt. Man kann sich leicht vorstellen, in einer früheren Zeit zu leben, wenn man durch die nahegelegene Lichtentaler Allee spaziert; sie liegt in einem sattgrünen Park, in dessen Mitte ein Bach plätschert. Oder wenn man durch den Regen geht, geschützt von enormen Magnolien, Katalpen, Linden, Gingkos und Silberahornen — manche sind mehr als ein Jahrhundert alt —, die ihre Wurzeln wie Fangarme in die Erde graben.

An der Straßenfront stehen jahrhundertealte Villen mit prachtvollen Gärten und Rasen; hier blüht eine Vielfalt von Rhododendren und Azaleen. Ein Rosengarten enthält etwa dreihundertfünfzig klassische Arten, die man ihrer Schönheit und ihres Duftes wegen angepflanzt hat. Die von ihnen ausgehende berauschende Wirkung erhöht das Wohlbefinden noch mehr. Ich ging von einer Rose zur anderen, roch an jeder und las die Namen der Menschen, die sie gepflanzt hatten — es war der Inbegriff von Muße. Ich stellte mir vor, wie russische Prinzen mit Schimmeltroikas durch die Alleen fuhren, und erahnte den Geist Eduards VII., der hinter den Tennisplätzen zwischen den Rosenhecken dahinschlenderte (tatsächlich war Eduard, für ein Bühnenstück als Geist verkleidet, hier einst spazierengegangen). Dann malte ich mir sogar aus, daß ein Verbrecher hinter den dichten Linden darauf lauerte, einen König zu ermorden. Ich fühlte mich in das Zeitalter versetzt, in dem die gekrönten Häupter der Alten Welt hierherkamen, um sich während der Kur genauso verwöhnen zu lassen wie ich mich heute.

Einer der größten Schätze Baden-Badens ist unzweifelhaft das Friedrichsbad, ein herrliches römisch-irisches Badehaus, das zwischen 1869 und 1877 auf den Ruinen der ursprünglichen römischen Anlangen gebaut wurde. Hier setzt man die vor zweitausend Jahren begonnene Tradition fort.

Die Erfahrung im Friedrichsbad ähnelt einer einzigartigen Schatzsuche, die wenigstens zwei Stunden dauert und durch ein Labyrinth von Räumen führt, die verschwenderisch mit Marmorfußböden, bemalten Fliesen, Kuppeln, Kolonnaden und Wandfresken ausgestattet sind. Das *tepidarium*, das *caldarium* und das *frigidarium* der alten römischen Bäder sind in dem Gebäude noch zu finden. Man hält sich an eine Abfolge, die in jedem Raum an der Wand nachzulesen ist und welche die dort zu verbringende Zeit festlegt.

Es beginnt mit einer gemächlichen Dusche, gefolgt von einem Warmluftbad und einem Heißluftbad, das den Schweiß in gesunden Strömen fließen läßt und Giftstoffe aus dem Körper spült. Nachdem man sich mit einer weiteren Dusche abgekühlt hat, erhält man eine kräftige Seifen-und-Bürsten-Massage, an die sich eine Ruheperiode auf den Terrakottasitzen eines Dampfbades anschließt. Darauf steigt man in eine Reihe von Thermalbecken unterschiedlicher Temperatur, wo man sich entweder im Wasser ausruhen oder langsam schwimmen und die Einsamkeit genießen kann, die nur durch das Echo von Schritten und ein gelegentliches Flüstern gestört wird.

Dann der Schatz: ein rundes, lauwarmes Bassin unter einer riesigen Kuppel. Der Raum ist von Licht überflutet und mit dem erlesensten Marmor und verschiedenen Statuen geschmückt. Dies ist ein Ort wie im Märchen. Hier baden außerdem Männer und Frauen gemeinsam. (Das Friedrichsbad hat zwei identische Badeanlagen, die nach Geschlechtern getrennt benutzt werden. Aber an bestimmten Tagen ist das gemischte Baden in diesem zentralen Bassin erlaubt, und zwar, wie es in den meisten Teilen Mittel- und Nordeuropas üblich ist: *au naturel*.)

Wenn man sich von diesem wunderbaren Schwimmbecken losreißen kann, folgen ein heißes Bad unter sprudelnden Düsen und ein rascher Sprung in ein erschreckend kaltes Becken mit achtzehn Grad Celsius. Danach betritt man eine friedliche Rundhalle mit schmalen Betten — hier sind die Geschlechter stets getrennt —, wo man sanft in warme Decken gehüllt wird und ein Nickerchen machen kann.

Nachdem ich zwei Stunden im Friedrichsbad verbracht hatte, fühlte ich mich köstlich entspannt und gekräftigt und schlenderte durch den makellos gestalteten Kurpark zur Trinkhalle, um die verschiedenen Mineralwasser zu probieren. Sie enthalten Mangan, Selen, Lithium, Eisen und — was wegen der offensichtlichen Gefahr und der Verheißung, die Verdauung zu verbessern, am faszinierendsten ist — Arsen. Ich hatte damals zufällig Verdauungsprobleme, und als ich dieses Wasser trank, schwanden sie bald.

Am nächsten Tag probierte ich das Lithiumwasser, wonach mir sehr froh und taumelig zumute war. Wer weiß, weshalb? Lag es an dem Zaubertrank oder an der hier herrschenden heiteren Ruhe?

Neben dem Friedrichsbad liegt das an Caracalla erinnernde Bad, ein 1985 fertiggestelltes, supermodernes Badehaus. Sein hell erleuchtetes Foyer aus blauem und weißem Marmor wird durch eine Nachbildung der Aphrodite von

*Der bayrische Geistliche Sebastian Kneipp war ein Verfechter der Hydrothera-
pie. Seine Behandlung basierte auf der abwechselnden Anwendung von kaltem
und warmem Wasser und schloß Kräuterbäder, Kompressen, barfüßige Spaziergänge in taufrischem Gras und in Schnee, körperliche Betätigung und eine
überwiegend vegetarische Ernährung ein. Pfarrer Kneipp gilt auch als Erfinder
der Kräuterpackung, bei welcher der Körper in heißen, mit Kräutern durch-
tränkten Handtüchern eingewickelt wird. Bad Wörishofen ist heute das Zentrum der Kneippkuren, doch diese Art der Behandlung hat sich auch auf andere
Teile der Welt ausgebreitet. In Drogerien und Kosmetikgeschäften werden
pflanzliche Produkte verkauft, die sich vorzüglich zur Verwendung im häuslichen Bad eignen und beispielsweise nach Hopfen, Rosmarin, Tanne, Fichte,
Kamille, Linden- oder Orangenblüten duften.*

Knidos verschönert, der ersten bekannten, 340 v. Chr. von Praxiteles geschaffe-
nen Skulptur einer Badenden.

Dieses Badehaus verfügt über Geschäfte, Restaurants und zahlreiche Be-
handlungszentren. Sein Ambiente ist eher für die Unterhaltung als für die ru-
hige Entspannung gedacht; allerdings ist es manchmal schwierig, diese beiden
Dinge auseinanderzuhalten. Täglich sprudeln fast zwei Millionen Liter Thermalwasser aus den Tiefen und erreichen die sieben therapeutischen Bassins;
zwei davon sind runde, mit einem überschäumenden, pilzförmigen Springbrunnen verzierte Freiluftbecken. Im Sommer kann man sich dort massieren
lassen und sich Kaskaden heißen, über Felsen strömenden Wassers aussetzen.
Auch die Bassins im Inneren haben vielerlei Attraktionen anzubieten: Düsen,
welche die Wirkung eines riesigen Whirlpools erzeugen, eine kühle Grotte, ein
großes, versenktes Bad, einen Kanal mit fließendem Wasser, Halsduschen,
Heißwasserdüsen, Solarien und ein Inhalatorium. Hier wird die Lust am Baden gefördert — eine der wertvollsten Formen der Medizin.

Die Wonnen von Baden-Baden wären unvollständig ohne das Brenner's
Park-Hotel in seiner üppigen und stillen natürlichen Umgebung. Diese *grande
dame*, die für ihre ausgezeichnete Haute Cuisine, ihren tadellosen Service und
ihre diskrete Eleganz berühmt ist, bietet die Pracht der alten Tradition.

Ich traf nach einer langen Fahrt am Nachmittag im Brenner's ein und wurde in einen luxuriösen Salon geführt, in dem man den Nachmittagstee unter
musikalischer Begleitung servierte. Durch ein Panoramafenster waren Menschen zu sehen, die im Nebel im Park spazierengingen. Ich verlor jegliches
Zeitgefühl.

Meine Suite ließ an das Innere eines Palastes denken. Der Balkon lag zur
Lichtentaler Allee und zu dem plätschernden Bach hinaus, dessen Geräusch
mich nachts einschläferte. Die Badezimmer mit ihrer eduardischen Chromaus-
stattung waren überaus einladend, italienische Marmorfußböden wurden ther-
mostatisch von unten beheizt und Handtücher auf einem besonderen Halter
angewärmt, so daß man nach dem Bad angenehm empfangen wird.

Das Brenner's ist eine Welt für sich. Es hat eine eigene Mineralquelle mit
einem spektakulären Swimmingpool, der von Wandfresken, Säulen und
Wandgemälden im pompejanischen Stil umgeben ist. Ein gewaltiges Panoramafenster hinter dem Bassin zeigt auf die anmutige Lichtentaler Allee hinaus.

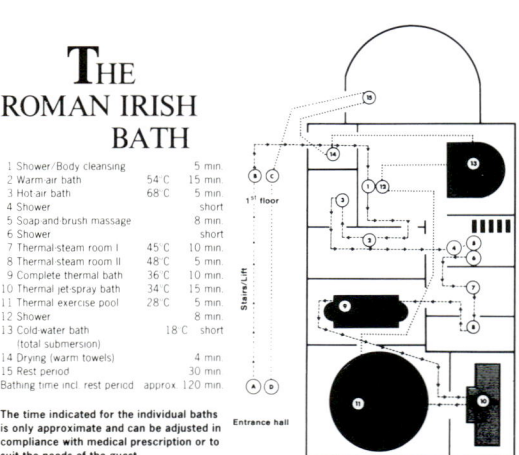

THE
ROMAN IRISH
BATH

1 Shower/Body cleansing		5 min.
2 Warm-air bath	54°C	15 min.
3 Hot-air bath	68°C	5 min.
4 Shower		short
5 Soap-and-brush massage		8 min.
6 Shower		short
7 Thermal-steam room I	45°C	10 min.
8 Thermal-steam room II	48°C	5 min.
9 Complete thermal bath	36°C	10 min.
10 Thermal jet-spray bath	34°C	15 min.
11 Thermal exercise pool	28°C	5 min.
12 Shower		8 min.
13 Cold-water bath	18°C	short
(total submersion)		
14 Drying (warm towels)		4 min.
15 Rest period		30 min.
Bathing time incl. rest period	approx. 120 min.	

The time indicated for the individual baths
is only approximate and can be adjusted in
compliance with medical prescription or to
suit the needs of the guest.

Das Bad enthält eine Schönheitsfarm, in der Kosmetika und Hautpflege — zum Beispiel Gesichtsbehandlungen, Massagen, Lymphdränagen und Body Peeling — angeboten werden.

Baden-Baden ist einer der romantischsten Orte Europas. Es eignet sich hervorragend als Ausgangspunkt für Urlaubsreisen. Nach zwei Tagen des Verwöhntwerdens im Brenner's und einem langen Tag im Friedrichsbad ist der Körper völlig ausgeruht, der Kopf ist frei und der Geist gekräftigt.

LINKS: *Römisch-irisches Bad, Friedrichsbad, Baden-Baden*

RECHTS: *Plan des römisch-irischen Bades, der Gästen zur Verfügung gestellt wird*

Wiesbaden

Jacob Grimm, einer der beiden berühmten Märchensammler, beschrieb seine Heimatstadt Wiesbaden als einzigartigen Ort des Friedens und der Lebenslust, den man nicht zu verlassen brauche, um das erste Grün des Frühlings und die erste Baumblüte zu sehen.

Wiesbaden, die Hauptstadt des Landes Hessen, liegt zwischen den Weinbergen des Rheingaus, das vorzügliche Rieslinge und Schaumweine hervorbringt, und den Wäldern des Taunus. Der Legende zufolge entstand das Tal, als ein Riese mit unbeholfenen, donnernden Schritten zu Boden fiel. Da er ein übellauniger Riese war, nahm er seinen Speer und stach ihn zornig in den Boden. Die Erde fand keinen Gefallen daran und bestrafte den Riesen, indem sie ihm heißes Wasser ins Gesicht spritzte. Der Riese wurde noch wütender und stach weitere sechsundzwanzigmal in die Erde, wodurch die berühmten heißen Quellen von Wiesbaden geschaffen wurden.

Über mehr als zwei Jahrtausende hinweg zogen diese Wasser die Menschen auf der Suche nach Gesundheit an. Noch bevor die römischen Legionen im Jahre 12 v. Chr. hier ein befestigtes Lager einrichteten, brachte der Stamm der Mattiaker dem Gott der Quellen Opfer dar. Im Jahre 55 v. Chr. empfahl Plinius der Ältere allen römischen Touristen die Wasser von Aquae Mattiacae, und Wiesbaden wurde sehr schnell zu einem prosperierenden Kurort.

Im Mittelalter benutzten übermütige Besucher (wie in vielen anderen Orten auch) die Bäder als Vorwand, jede Schicklichkeit fallenzulassen und sich in anzüglicher Weise dem anderen Geschlecht zu nähern. Im Jahre 1370 besuchte ein Professor von der Sorbonne einen engen Freund, den Abt von Eberbach. Er zeigte sich bestürzt über ein Wandgemälde in der Residenz des Abtes, das »die Lüsternheit, den Mangel an Hemmungen und die ausgelassene Schwelgerei sowohl von geistlichen wie von weltlichen Männern und Frauen« darstellte.

Ein bemerkenswerter Vorfall in der Geschichte Wiesbadens ereignete sich während der Biedermeierzeit, als Dr. Peez, ein örtlicher Arzt, Wasserkuren für Tiere einführte und ein Thermalbad für Pferde einrichtete. Die Pferde reicher Besucher kurten gemeinsam mit ihren Besitzern, doch anscheinend war ihre Zahl zu gering, und das Bad wurde nach kurzer Zeit wieder geschlossen.

Ein englischer Reisender veröffentlichte 1834 unter dem Pseudonym »ein alter Mann« einen heiter-ironischen Bericht mit dem Titel »Blasen aus den Brunnen von Nassau«:

Während ich durch den langen Korridor meines Hotels [Nassauer Hof] schlich, sah ich einen schläfrigen Deutschen nach dem anderen, deren Nachtmützen, Nachthemden und Pantoffeln deutlich zeigten, daß sie unterwegs zum Baderaum waren. Kurz darauf sah ich eine Dame nach der anderen, die ähnlich gekleidet waren und genau dieselbe Richtung eingeschlagen hatten. Friedlichkeit, Würde und Diskretion waren ihnen ins Gesicht geschrieben, und obwohl ich mich vor diesen kaum bekleideten Personen auf die übliche Weise verbeugte, während sie vorbeigingen, verlangt die Etikette, daß man in solchen Fällen auf das freundliche Lächeln verzichtet, das dieses Zeichen der Ehrerbietung sonst begleitet; statt dessen setzte ich einen Ausdruck auf, der weder zu ernst noch zu feierlich war.

Er beschloß, diesen Leuten ins Bad zu folgen:

Eine dicke, weiße, fettige Schaumschicht, genau wie man sie normalerweise in einem Topf Suppe sieht, bedeckte die Oberfläche des Bades, und ein paar Sekunden später lag ich wie mein Nachbar horizontal darin und ließ mich vom Wasser

Kaiser-Friedrich-Bad im Kurhaus, Wiesbaden

durchtränken. Gelegentlich hörte ich einen alten Mann husten oder eine junge Frau niesen, und in der Zelle neben meiner vernahm ich plötzlich ein lautes Plätschern von den Beinen einer deutschen Frau ... Jedes Seufzen war hörbar, und immer wenn ein Patient sich aus der Suppe befreite, konnte man das Schnaufen und Reiben so deutlich vernehmen, als stehe man neben der betreffenden Person.

Um die Jahrhundertwende erklärten die Hohenzollern Wiesbaden zu ihrer Sommerresidenz, und Angehörige der russischen Zarenfamilie ließen ihre Wehwehchen in den Thermalquellen behandeln. Die Romanows hinterließen überall in Wiesbaden ihre Spuren: von den Zwiebeltürmen der Villen bis hin zu der anmutigen russisch-orthodoxen Kirche auf dem Neroberg, wo Fürstin Elisaweta Michajlowna, die Gattin Adolfs, des letzten Herzogs von Nassau, und eine Nichte von Zar Nikolaus, begraben ist.

Ich nahm die kleine Nerobergbahn, die ausschließlich auf Wasser fährt, zum Neroberg hinauf, von wo man einen Blick über das atemberaubende Panorama von ganz Wiesbaden hat. Es war ein klarer Tag, und ich hatte eine herrliche Aussicht auf das Rheingau mit seinen ausladenden Weinbergen. Ich war von Buchenwäldern umgeben, die im Wind rauschten. Aber es dürfte mehr als das Rauschen von Bäumen nötig gewesen sein, um die europäische Aristokratie nach Wiesbaden zu locken — nämlich das Rauschen und Rascheln von exquisiten Seidenkleidern auf glanzvollen Festen und an prächtigen Spieltischen.

Das Wiesbadener Kasino ist eines der ältesten der Welt, denn es erhielt seine Spiellizenz bereits im Jahre 1771. Als man im Jahre 1810 einen Spielsaal im Kurhaus einrichtete, wurden die Roulettetische plötzlich zu einem kulturellen Zentrum. Roulette war das Zauberwort: Im Weißen Saal spielte man um Gold, im Roten Saal um Taler, und kleinere Einsätze wurden an dem sogenannten Gemeinschaftstisch getätigt. Fjodor Dostojewski verlor hier im Jahre 1871 in kurzer Zeit dreitausend Rubel und reiste auf Nimmerwiedersehen ab. Er ließ eine unbezahlte Hotelrechnung und ein Exemplar seines Romans *Der Spieler* zurück, den er fünf Jahre zuvor in Wiesbaden — in dem Buch nannte er es »Roulettenburg« — geschrieben hatte.

Diese unbezahlte Rechnung ist die historische Attraktion des Hotels Nassauer Hof. Das Grandhotel, unter dem eine Thermalquelle sprudelt, gilt als Juwel Wiesbadens. Als die Quelle im Jahre 83 von den Römern entdeckt wurde, befahl ihr autokratischer Kaiser Domitian, am heutigen Standpunkt des Hotels eine Steinfestung zu bauen. Dieser Militärstützpunkt wurde im Jahre 122 unter Hadrian aufgelöst, und man machte die Festung zu einem Thermalbad. Jahrhunderte später ist in der ersten dokumentierten Erwähnung Wisibadas (das im Laufe der Zeit zu Wiesbaden wurde) von einem hier gelegenen Gasthof die Rede, wo die königlichen Boten auf dem Weg nach Frankreich die Pferde wechselten. Das Gebäude wurde im 16. und 17. Jahrhundert durch Feuer beschädigt, und man errichtete einen neuen Gasthof und Bäder an dieser Stelle.

Im Jahre 1903 wurde der Nassauer Hof für ein glanzvolles Publikum, das gekommen war, um das Treffen zwischen Kaiser Wilhelm II. und Zar Nikolaus II. zu beobachten, zur Galerie Europas. Das Gespräch der führenden Höflinge der beiden Kaiser, die in dem Hotel wohnten und dinierten, konzentrierte sich auf die Frage, ob eine deutsche Unterstützung in dem bevorstehenden Russisch-Japanischen Krieg wünschenswert sei.

Als Europa in den Ersten Weltkrieg hineingerissen wurde, verwandelte man den Nassauer Hof in ein Militärlazarett; der Geschäftsführer und das Personal dienten als Hilfskräfte. In der Nazizeit weilte Hitler häufig in Wiesbaden, und Heinrich Himmler wohnte im Nassauer Hof, wo er zwei weiblichen jüdischen Gästen sogar Blumen schickte. In den nächtlichen Luftangriffen von

Februar und März 1945 wurde der Nassauer Hof von neuem niedergebrannt und verlor viele seiner wertvollen Dokumente. Im Jahre 1968 investierte der Stinnes-Konzern 20 Millionen D-Mark, um das Hotel in seiner früheren Pracht wieder auferstehen zu lassen.

Es ist ein elegantes Hotel, das sofort ein Gefühl der Ruhe und Vertrautheit aufkommen läßt. Im oberen, vierten Stockwerk befindet sich ein gepflegtes, rundum verglastes Bad, dessen Fenster einen herrlichen Blick auf Wiesbaden bieten. Das großartige Thermalschwimmbad wird direkt aus der Kochbrunnenquelle unter dem Gebäude gespeist; das Wasser hat eine Temperatur von 67 Grad Celsius und fließt mit einer Geschwindigkeit von vierzig Litern pro Minute. Da diese Temperatur zum Baden zu heiß ist, kühlt man das Wasser zuvor auf behagliche 32 Grad ab.

In dem Bad gibt es eine Schönheitsfarm — wie in anderen imposanten Hotels, etwa dem Brenner's in Baden-Baden oder dem Kempinski in Frankfurt. Der Komplex umfaßt auch zwei finnische Saunen mit Tauchbecken und einen japanischen Garten mit Felsen, Bambus und japanischem Ahorn, was einmal mehr daran erinnert, daß wir in vielen Welten leben.

Wiesbaden ist eine einzigartige Stadt, die es versteht, ihrer Lebensfreude Ausdruck zu geben und dabei ihren idyllischen Charakter zu bewahren. Sie lebt, wie Hans Grimm schrieb, »im pulsierenden Herzen der Welt«.

BELGIEN

Spa

Das Wort *spa* könnte sich von dem wallonischen Wort *espa* (Brunnen) oder von dem lateinischen Wort *spargere* (streuen, sprengen, spritzen) ableiten, oder vielleicht ist es ein Akronym der lateinischen Wendung *sanitas per aquas* (Gesundheit durch Wasser). Der berühmte Kurort dieses Namens wurde 1326 in den bewaldeten Hügeln der belgischen Ardennen, unweit von Liège (Lüttich), gegründet.

Im Zentrum von Spa steht der Pouhon Pierre-le-Grand. Das wallonische Wort *pouhon* (Quelle) kommt vom altfranzösischen *puison* (Stelle, an der Wasser geschöpft wird) oder von *poison,* das seinerseits auf das lateinische *potio* (Trank) zurückgeht.

In der Nähe des Pouhon Pierre-le-Grand wurden Münzen mit dem Bildnis Kaiser Nervas (der von 96 bis 98 herrschte) ausgegraben, was darauf hindeutet, daß Spa bereits den Römern als Siedlung diente. Es heißt, daß Plinius der Ältere — der berühmte römische Naturforscher, der im 1. Jahrhundert n. Chr. lebte — auf Spa angespielt habe, als er einen geheimnisvollen, hell sprudelnden Brunnen beschrieb.

Im frühen Mittelalter werden die Quellen von Spa im Zusammenhang mit einem Kult um den heiligen Remaclus, der Bischof und Missionar in den wilden Ardennen war, erwähnt. Remaclus, ein energischer Erbauer von Klöstern und ein Zerstörer von Götzenbildern, besaß angeblich die Kraft, das Wasser zu säubern und Quellen entstehen zu lassen. Ungeachtet der damaligen Beschwerlichkeit von Reisen kamen die Menschen von weit her, um das Quellwasser zu trinken und ihre Krankheiten zu lindern. Oft ließen die Heilungen an Wunder denken. Zum Beispiel ist in der frühen Handschrift *Miraculi S. Remacli* (851—61) die Rede von einer blinden Frau, welche die Augen im Wasser von Spa badete und sofort wieder sehen konnte.

Die Legende vom heiligen Remaclus lebte im Volksbewußtsein weiter. Gegen Ende des Mittelalters brachten junge Ehemänner ihre Bräute nach Spa, wo diese das Wasser der Sauvenière-Quelle tranken, das für Fruchtbarkeit sorgen sollte. Der heilige Remaclus hatte dem Vernehmen nach einen Fußabdruck auf einem Stein hinterlassen, und wenn eine junge Frau den Fuß in diesen Abdruck stellte und etwas von dem Zauberwasser trank, war, wie man meinte, ihre Nachkommenschaft gesichert. Bei einer kürzlich vorgenommenen Ausgrabung wurde dieser legendäre Fußabdruck wiederentdeckt.

Bereits im Mittelalter begann man, die ökonomischen Möglichkeiten der Wunderwasser von Spa zu nutzen. Um 1351 war der Ort so sehr von Gästen überlaufen, daß man eine Kurtaxe einführen mußte. Aber der eigentliche Zustrom von ausländischen Besuchern begann im 16. Jahrhundert; unter ihnen waren so illustre Persönlichkeiten wie Margarete von Navarra, Heinrich III. von Frankreich und Montaigne. Der Hofarzt Heinrichs VIII. soll der erste gewesen sein, der das Wasser von Spa zur Behandlung von Rheumatismus ver-

Poster für die Sport-
ausstellung, Spa,
Belgien, 1904

wendete. Weitere Monarchen und Staatsmänner erhöhten den Glanz von Spa im Laufe der Jahre: Königin Christine von Schweden, Peter der Große von Rußland, der auf der Flucht befindliche Karl II. von England, Disraeli und der österreichische Kaiser Joseph II., der Spa als Café Europas bezeichnete. Mark Twain, Freud, Gogol und Nietzsche veredelten ihren Skeptizismus unter dem Einfluß der funkelnden Thermalwasser von Spa. Casanova, der seiner Lüsternheit in den Badeorten Europas frönte, wurde von Spa besonders stark angezogen. In seinen Tagebüchern notierte er, daß er einmal großes Glück gehabt und das letzte freie Zimmer in der Stadt gefunden habe: ein vollgestopftes, fensterloses Kabuff, das er mit anderen teilen mußte.

Im Saal des Pouhon Pierre-le-Grand findet man ein Wandgemälde von Antoine Fontaine, das eine Reihe eindrucksvoller Gäste zeigt: von Plinius dem Älteren und dem heiligen Remaclus bis hin zu Victor Hugo, Adelina Patti, Margarete von Valois und Cosimo de' Medici. Man erfährt, daß Dumas der Jüngere im Hôtel les Bains wohnte und der Komponist Spontini in einem Haus an der Rue du Marche. Der Komponist Meyerbeer ritt auf einem Esel durch die Hauptstraße, und die Herzogin von Orleans ließ sich von einem Kamel durch den Ort befördern. Die Tische, an denen sich die Menschen bei Pharo-, Würfel- oder Trente-et-quarante-Spielen vergnügten, sind geschichtsumwittert.

Die einflußreichen Gäste sorgten dafür, daß das Wasser von Spa als »Königin der Wasser« gerühmt wurde. Seine Heilqualitäten veranlaßten Kaiser Wilhelm II., 1918 sein Hauptquartier in Spa einzurichten. Er wohnte im Schloß Neubois, wo Besucher noch immer den Zementbunker bestaunen können, der zu seiner Sicherheit gebaut wurde.

Heutzutage ist Spa ein kleiner belgischer Ort, der sich an die von Kiefern bedeckten Ardennen schmiegt. Die meisten der eleganten alten Hotels sind in gesichtslose moderne Sanatorien verwandelt worden, aber wenn wir genau hinschauen, können wir die im Wasser von Spa reflektierte Vergangenheit erkennen.

ITALIEN

Die Italiener halten Mineralwasser für eine tägliche Notwendigkeit; bei Mahlzeiten werden stets eine Flasche Mineralwasser und eine Flasche Wein auf den Tisch gestellt. Man serviert diese beiden Getränke nie getrennt voneinander. In römischen Zeiten wurden Sklaven dazu ausgebildet, Wein genau im richtigen Maße mit Wasser zu verdünnen.

Die Italiener nehmen die Heilkräfte des Wassers sehr ernst; sie halten es angesichts seiner historisch belegten Bedeutung für mindestens ebenso wirksam wie jedes pharmazeutische Medikament. Heiße Quellen haben einen so hohen Wert für die Italiener, daß sie sich im Besitz des Staates befinden und man den Abfüllfirmen nur Lizenzen gewährt. Und die Thermalkurorte werden als so grundlegend für das menschliche Wohlbefinden betrachtet, daß das staatliche Gesundheitswesen für die Kosten von Kuren aufkommt. Dies ist besonders für ältere Menschen eine angenehme Möglichkeit, gratis Urlaub zu machen.

Montecatini Terme

Wer den von Nikita Michalkow inszenierten Film *Schwarze Augen* gesehen hat, wird die Szene nicht vergessen, in welcher der liebeskranke Mastroianni wie ein lächerliches Urgeschöpf durch einen Fangoteich watet. (Fango ist ein Schlamm aus schwarzer Lava und gelbem Schwefel.) *Schwarze Augen* ist nicht Mastroiannis erster Film, der in dem stilvollen toskanischen Kurort Montecatini Terme spielt. Dort hatte er bereits in Fellinis epischer Farce *8¹/₂* mitgewirkt, dessen berühmte Ankunftszene an dem aus Marmor und Bronze erbauten Bahnhof am Stadtrand gedreht wurde.

Montecatini hat eine Eleganz zu bieten, die es zu einem idealen Drehort für Filmemacher werden ließ. Bei meinem Eintreffen hatte ich gerade Faye Dunaway und Klaus Maria Brandauer verpaßt, die dort Stefan Zweigs *Brennendes Geheimnis* verfilmten (allerdings spielt die Handlung des Films in dem österreichischen Badeort Semmering). Eine schöne Frau begleitet ihren zarten, halbwüchsigen Sohn zur Kur. Sie fällt einem dekadenten österreichischen Baron zum Opfer, der den Jungen umwirbt, um dessen Mutter zu verführen — eine typische Kurort-Liebesgeschichte.

Auch Montecatini wurde zu Zeiten der Römer entdeckt. Seitdem haben sich viele Mitglieder der Königsfamilien und etliche der größten Künstler Europas den Fangobädern unterzogen und Liter um Liter des salzhaltigen Wassers getrunken, um den Folgen übermäßiger Genüsse entgegenzuwirken.

Die anmutige Architektur, die Gärten und Statuen sind typisch für die Belle Époque. Seit Ende des 19. Jahrhunderts gilt Montecatini als der erlesenste Badeort Italiens. Das Wasser seiner fünf Quellen — Tamerici, Torretta, Regina, Tettuccio und Rinfresco — trägt angeblich dazu bei, Leberbeschwerden, Verdauungsstörungen, Tropenkrankheiten, gynäkologische Probleme und Fettsucht zu heilen.

Im Keller einiger Gebäude produzieren spezielle Maschinen, die Zementmixern ähneln, ständig das als Fango bekannte Gemisch aus dunklem Vulkanschlamm und Mineralwasser. Wie ich erfuhr, muß die Substanz wenigstens sechs Monate lang gemischt werden, um die richtige Beschaffenheit zu erreichen. Die Gäste tauchen in verschiedenen Wannen und Bassins in den Fango, der Giftstoffe aus den Poren treiben und arthritische Schmerzen heilen soll. Es ist wunderbar, von dem Schlamm bedeckt zu werden oder das Gesicht darunter zu verbergen — eine besondere Art, sich zu verstecken.

Ich wohnte im Grand Hotel & La Pace, der Kulisse für den Film *Schwarze Augen*. Hier waren Mary Pickford und Douglas Fairbanks sen., Clark Gable, Grace Kelly, Katharine Hepburn, Toscanini, von Karajan, die Kennedys sowie der Herzog und die Herzogin von Windsor zu Gast. Das Grand Hotel wurde im Jahre 1870 erbaut und später mit dem Hotel La Pace zusammengelegt. Es hat auch zahlreiche große Komponisten und Sänger beherbergt, darunter Puccini, Richard Strauss, Caruso und Leoncavallo. Letzterer starb im August 1919 in Montecatini. Auch Christian Dior starb hier, während er versuchte abzunehmen. Das Hotel ist ein Neorenaissance-Palazzo, der milanogelb (wie die meisten Villen) gestrichen ist und in einem Park in der Ortsmitte liegt.

Wer in Montecatini eintrifft, wird von einem Arzt untersucht, der die jeweils angemessene Behandlung verordnet und die Gäste einer der Wassereinrichtungen von Montecatini zuweist. Tettuccio, das zur Trinkhalle für sämtliche Montecatini-Wasser geworden ist, bleibt von Mai bis Oktober geöffnet; in diesem Zeitraum kommen 300 000 Kurgäste. Die anderen Einrichtungen, darunter Leopoldine, Tamerici und Excelsior, bieten verschiedene Arten der Hydrotherapie an.

Bei Tettuccio geht es immer sehr lebhaft zu. Jeden Morgen schreiten rund 13 000 Menschen durch ein dreizehnhundert Jahre altes Tor, das zu dem Säulengang des Gebäudes führt; hier kann man das Wasser aus einer der fünf Quellen probieren. Danach kann man einen Spaziergang durch den Park machen, denn dies ist ein Teil der Kur.

Tettuccio wurde im 17. Jahrhundert gegründet. Im Jahre 1925 wurde es zu einem Neorenaissance-Tempel mit faszinierenden Kuppeln, Bögen, Brunnen und bemalten Keramikfliesen ausgebaut, auf denen die unterschiedlichen Stadien im Leben eines Menschen dargestellt sind: L'Infanzia, L'Adolescenza, La Bellezza, La Forza, La Maturità, La Vecchiaia und so weiter. Der Reiher und der Frosch, die Symbole von Montecatini, erscheinen überall — sogar die örtliche politische Partei trägt den Namen Reiher — und fanden als künstlerische Details Eingang in Brunnenornamente, Reliefs und Wandverzierungen. Sala Portoghesi, von dem Architekten Paolo Portoghesi errichtet, ist der jüngste Anbau von Tettuccio. Es handelt sich um eine moderne Umsetzung gotischer Formen; die Holzsäulen erinnern an einen komplizierten Wald und weisen die vollkommene Symmetrie einer Kathedrale auf.

Da die Wasser von Montecatini bei Magen- und Darmbeschwerden Abhilfe schaffen und eine abführende Wirkung haben, hat man Tettuccio mit dreitausend sorgfältig gepflegten Toiletten ausgestattet, die dauernd benutzt werden. Die Gäste machen Spaziergänge, wobei sie spezielle Trinkgläser mit der Eingravierung »Montecatini Terme« in der Hand halten. Ein Orchester spielt im Hintergrund, und eine herrliche Stimme singt dazu Arien. Die Musik unterstreicht die stilvolle, surreale Atmosphäre der Architektur.

Keines der Quellwasser von Montecatini ist Tafelwasser, aber man glaubt hier, daß der Heilprozeß durch den Konsum dieser wenig appetitlichen Getränke beschleunigt wird. Auch ich trug mein Glas, das eine Skala wie ein Meßbecher hatte, mit mir herum und trank das Tettuccio-Wasser, das dampfend heiß, beißend, äußerst salzig und ätzend war. Dabei war mir mitgeteilt worden, daß Tettuccio die mildeste der Quellen von Montecatini sei und man sich langsam an die anderen »heranarbeiten« müsse. Ich erinnerte mich an ein paar Eintragungen aus Montaignes Tagebuch, das er im Sommer 1581 führte, während er durch die italienischen Thermalstädte der Gegend reiste: »… das Wasser von Tettuccio, das ich probierte, ist salzig. Ich habe den Verdacht, daß die Apotheker, statt es aus der Nähe von Pistoia, woher es stammen soll, besorgen zu lassen, einfach natürliches Wasser anreichern. Denn der Geschmack, von der Salzigkeit abgesehen, kam mir merkwürdig vor … Sie halten es für fast tödlich, wenn man nach dem Trinken des Wassers schwitzt oder schläft.« Es ist faszinierend zu beobachten, wie wenig sich die Kurbräuche im Laufe der Jahrhunderte geändert haben. Noch heute laufen die Menschen nach der Einnahme des Wassers durch den Park, um wach zu bleiben.

Am zweiten Tag meines Aufenthaltes wagte ich, das Tamerici-Wasser zu probieren, und fand die Mineralien unerträglich. Es war Zeit aufzuhören.

In Tettuccio werden die Kosmetika der Fürstin Marcella Borghese verkauft; ihre Werbung zielt darauf ab, die Legende dieses romantischen Kurorts auf die Kosmetika zu übertragen. Lange bevor ich nach Montecatini reiste, hatte ich eine Tube des für den Ort typischen Fangos gekauft, jedoch zu meinem Erstaunen festgestellt, daß die Kosmetika nicht in Montecatini Terme, sondern in den Vereinigten Staaten produziert wurden.

Wie der größte Teil des modernen Italien besteht Montecatini aus einer Mischung aus Eleganz und Schäbigkeit. Aber das Stadtzentrum hat den moder-

OBEN LINKS:
Sala Portoghesi,
Montecatini Terme,
Italien

OBEN RECHTS:
Quelle Torretta im
Tettuccio-Gebäude,
Montecatini Terme

LINKS: *Eingang des*
Tettuccio-Gebäudes

nen Fährnissen standgehalten, und es ist ein hinreißendes Erlebnis, durch die
Viale Verdi mit ihren wunderschönen Steinstufen und Kolonnaden auf die
Kurgebäude zuzugehen, während die Musik von Verdi oder Puccini in der
Luft liegt.

Salsomaggiore Terme

Salsomaggiore Terme ist ein Thermalbad in der nördlichen Emilia-Romagna, wo die Vorhügel der Apenninen auf die Lombardische Ebene stoßen. Die Römer schätzten es hauptsächlich wegen der Heilkräfte seines jodhaltigen Quellwassers, das auch reichlich Kochsalz lieferte. Die Vorzüge der Quelle wurden im Jahre 1839 wiederentdeckt, als ein Arzt namens Lorenzo Berzieri ein an Knochenentzündung leidendes Mädchen mit Jodwasser behandelte und kurierte.

Das Berzieri-Badehaus in Salsomaggiore weist in seiner bombastischen Architektur die bei weitem üppigste Ornamentierung auf, die ich je in einem Kurort gesehen habe. Seine Errichtung begann bereits vor dem Ersten Weltkrieg, aber es wurde erst 1923 eröffnet und erwarb den Ruf, das schönste Bad der Welt zu sein.

An der Fassade des Gebäudes, eingerahmt von zwei bösartig aussehenden Chimären in heraldischer Pose, steht die Inschrift: »Ein Tempel der Gesundheit, nicht der mit der Heilung verbundenen Muße, sondern der Heilung selbst geweiht« — ein Motto, das dem Luxus dieses Prachtbaus zu widersprechen scheint. In einem ausschweifenden Art-déco-Stil mit orientalischen Anspielungen gebaut — chinesisch anmutende Tiergestalten, an einen Orientteppich erinnernde Fliesen und mesopotamische Architekturelemente —, könnte das Bad als Kulisse für Verdis *Aida* dienen. Ein Journalist, den ich kenne, nennt sie »eine Übertreibung in parmesisch-babylonischem Stil«. Das verführerische Milieu des Ortes scheint eher darauf angelegt zu sein, fleischliche Gelüste anzuregen, als darauf, die Heilung von Geist und Körper zu fördern.

Hier zeichnen sich bereits die Wandlungen ab, die den Stil der Kurorte künftig bestimmen sollten.

Salsomaggiore ist der bevorzugte Zufluchtsort der gehobenen Mailänder Gesellschaft, die zwangsläufig in dem exklusiven Hotel Milanese wohnt. Im Laufe der Jahre hat das Bad Berühmtheiten wie Verdi, Marie Louise von Österreich (die zweite Frau Napoleons) und Sophia Loren angezogen, aber seine Atmosphäre bleibt dennoch ein wenig hinter der von Montecatini zurück.

San Pellegrino Terme

San Pellegrino liegt an der Brambana in einem grünen Tal der Lombardei, in dem das ganze Jahr hindurch reiche Niederschläge fallen. An den kleinen Straßen, die sich durch die umgebenden Hügel winden, liegen zahlreiche schöne Villen inmitten üppiger Vegetation. Die Quellen von San Pellegrino waren bereits zu römischen Zeiten bekannt und wurden im 12. Jahrhundert wiederentdeckt. Leonardo da Vinci gehörte zu den berühmten Pilgern (*pellegrino* heißt »Pilger«), die zur Kur hierherkamen.

Die Badeeinrichtungen von San Pellegrino entstanden im Jahre 1848, und das Abfüllgeschäft begann 1899. In seinem natürlichen Zustand enthält das Wasser keine Kohlensäure und hat einen leichten Mineralgeschmack.

Das Kurzentrum hat noch die meisten der ursprünglichen Wannen und die schottischen Rundumduschen, die Anfang dieses Jahrhunderts populär waren. Im Keller wird unaufhörlich Fango produziert. Die Trinkhalle am Hang darüber ist mit Marmor gepflastert und mit klassizistischen Wandgemälden geschmückt.

In der Nähe liegt das Kasino, ein Phantasiegebäude im Art-Nouveau-Stil, das um die Jahrhundertwende von dem Architekten Romolo Squadrelli errichtet wurde. Seine beeindruckende, elegante Fassade ist reich an Stuckarbeiten, Basreliefs und Trompe-l'oeil-Gemälden, die verschiedene Marmor- und Granitsorten nachbilden. Ein helles Foyer, gestützt von acht Säulen aus Verona-Marmor, führt zu einer imposanten Treppe, die von einem Buntglasoberlicht mit den zwölf Zeichen des Tierkreises überdacht wird. Die Wände des Treppenaufgangs sind mit farbenprächtigen Fresken verziert, die allegorische Figuren darstellen. Die Tugenden, die sie repräsentieren, etwa Wahrheit und Solidarität, sind in lateinischer Sprache bezeichnet. Außerdem stehen Büsten der Komponisten Wagner, Beethoven und Donizetti auf Sockeln und verleihen dem Ganzen ein opernhaftes Ambiente.

Der *salone della festa,* der Speisesaal, ist der feierlichste Teil des Kasinos, ganz im Gegensatz zu jenen in Baden-Baden und Evian. Man war hier anscheinend der Meinung, daß Geld nicht in einer flatterhaften, verwirrenden Atmosphäre eingesetzt werden sollte. Allerdings ist das Glücksspiel seit 1946 verboten, und das Gebäude gehört nun der Stadtverwaltung, die es für Hochzeiten und Modenschauen vermietet. Im Parlament wird zwar darüber gesprochen, es wieder als Kasino zu eröffnen, aber die Italiener bezweifeln, daß es je dazu kommen wird.

Es ist das Kasino, das Fellini als Kulisse für seinen Film *Julia und die Geister* benutzte. Darin kommt — wie in *8½*, *Das süße Leben, Die Nächte der Cabiria, La Strada* und *Satyricon* — seine immer wiederkehrende Passion für das Wasser zum Ausdruck.

Dem Kasino gegenüber, am anderen Flußufer, steht ein mächtiges Gebäude mit dem einladenden Schild »Grand Hotel«. Es wurde im Jahre 1904 ebenfalls von Squadrelli gebaut. Heute ist es völlig mit Brettern zugenagelt und wird von wuchernder Vegetation erstickt. Vor ein paar Jahren schätzte man, daß allein die Restaurierung des Gebäudes, von der Inneneinrichtung ganz zu schweigen, ungefähr 35 Millionen D-Mark kosten würde. Nun steht es verlassen im Stadtkern und erweckt den Wunsch, daß es irgendwie wieder zu Leben erwachen und die vergangene Ära romantischer Kurorte und Grand Hotels wiederkehren lassen möge.

Saturnia

Kilometer um Kilometer von Thermalströmen, Wasserfällen und in Kalkstein eingelassenen Teichen ziehen sich durch die Toskana. Einer ihrer einzigartigen Kurorte ist Saturnia, dessen Schwefelwasser von einem Vulkan erwärmt wird. Überall sieht man Menschen, die ins Wasser tauchen oder sich der Kraft der Wasserfälle entgegenstemmen. Ich hörte, daß manche nachts zurückkehren und nackt in den vom Mond erleuchteten Teichen baden; Dampf steigt von ihren Körpern auf, und das Geräusch der sanft donnernden Wasserfälle erfüllt ihre Träume.

In der Nähe liegt Terme di Saturnia, eine kultivierte Anlage mit einem Hotel und einem Swimmingpool, wo verschiedene Formen der Hydrotherapie angeboten werden. Das Wasser mag das gleiche sein, doch das Ambiente ist ein ganz anderes: Hier haben die Besucher Zugang zu den Annehmlichkeiten der Zivilisation und sind weiter von der Natur entfernt.

Bei der Fahrt durch die fruchtbaren Hügel der Toskana sah ich ferne Dampfwolken, die sich über den Weizenfeldern, Weinbergen und Wäldern erhoben. Ich hielt an und fragte ein paar Bauern, was das für ein Rauch sei. Die Antwort lautete natürlich: »Der Dampf von Thermalquellen«. Dies müssen die Menschen im Mittelalter gemeint haben, wenn sie von den im Winter rauchenden Bergen sprachen.

SCHWEIZ

Bad Ragaz

Der Legende zufolge wurden die heilenden Wasser von Bad Ragaz im 13. Jahrhundert von einem Ritter auf der Jagd entdeckt. Bad Ragaz, in der östlichen Schweiz, in den Hügeln des Alpenvorlandes bei Liechtenstein gelegen, wird von drei Thermalquellen gespeist, die in der fünf Kilometer entfernten Tamina-Schlucht entspringen. Die Schlucht ist ein geologisches Wunder: Das Wasser sprudelt im Inneren einer Höhle, die einer Kathedrale gleicht und einen Riß in der Decke hat, durch den diffuses Licht einfällt. Das gespenstische Licht, das Grollen der Ströme und der vom Thermalwasser aufsteigende Dunst rufen das überirdische Gefühl hervor, während eines Erdbebens in einer tropischen Kathedrale zu stehen.

Pfäffers, das alte Bad am Grund der Schlucht, wird von Augustin Stöcklin in *Historia de Fabariensibus Thermis naturaliter caldis* (1630) als »eine schreckliche Stätte der tiefsten Einsamkeit, ähnlich den Sümpfen des Acheron oder des Styx«, beschrieben. Im Mittelalter war der Zugang zum Bad tatsächlich ab-

OBEN: *Thermal-
wasserfall, Saturnia,
Italien, 1990*

LINKS: *Brunnen in
San Pellegrino,
Italien*

schreckend: Die Besucher konnten nur mit Hilfe von Strickleitern oder Seilen
in die Schlucht gelangen, und das Bad war so überfüllt, daß man sich nicht zu
bewegen vermochte. »Dort saßen sie im Dunkeln wie Seelen im Fegefeuer des
heiligen Patrick«, schrieb Sebastian Münster in *Cosmographia* (1540). Gleichwohl wurde der Ort zu einem Treffpunkt der Humanisten, und Paracelsus, der
berühmte Naturforscher, Arzt und Philosoph, wohnte hier im Jahre 1535. Um
1839 wurde das Quellwasser von Pfäffers durch Holzrohre ins Tal von Ragaz
geleitet, so daß es leicht zugänglich war.

Bad Ragaz gehört zu den Kurorten, die im 19. Jahrhundert in Mode kamen und immer noch eine eindrucksvolle Gästeschar anziehen. Zum Beispiel konnte der in Ungarn geborene Dirigent George Szell nicht arbeiten, ohne seine Kräfte hier zu regenerieren. Das Grandhotel Quellenhof, 1869 von dem Architekten Bernhard Simon gebaut, wurde während des Zweiten Weltkriegs geschlossen, jedoch 1957 nach einer Totalrenovierung wiedereröffnet. Es ist ein märchenhaftes Hotel, das in einem gepflegten Park liegt und eine atemberaubende Aussicht auf die Alpen bietet. Zudem hat es ein eigenes Thermalbecken und eigene Badeanlagen.

Ich traf eines Abends mitten im Herbst im Quellenhof ein und saß bald in einem behaglich erleuchteten Gebirgsrestaurant. Ein loderndes Feuer wärmte mich, und ich hatte das Gefühl, der Natur ganz nahe zu sein. Die Jäger hatten ihre Beute abgeliefert, und man servierte eine aus sieben Gängen bestehende Mahlzeit mit einer Vielfalt an Wildbret: Hasenpastete, Wildschwein, einen prächtigen Rehbraten und Geflügel, dessen Namen ich nicht kannte. Trotz meiner vegetarischen Neigungen schien es mir richtig, das Fleisch von Tieren zu essen, mit denen die örtliche Bevölkerung in ökologischer Harmonie gelebt hatte.

Wie sich herausstellte, wurde an diesem Abend der Beginn einer neuen Jagdsaison gefeiert — eine Tradition, die bis in heidnische Tage zurückgeht. Später berichtete mir unser Gastgeber, daß jeder Jäger über fünfzig Jahre alt sein müsse, nur ein Stück Rotwild pro Saison schießen dürfe und im Winter in die Berge hinaufsteigen und ein Tier füttern müsse.

Baden

Baden — oder Aquae Helveticae — ist ein malerischer, mittelalterlicher Kurort an der Limmat unweit von Zürich. Der Legende nach wurde es im Jahre 58 v. Chr. von einem jungen Mann namens Sigawyn entdeckt, der seine entlaufene Ziege auf einem Felsen fand, aus dem heißes Wasser sprudelte. Der Ruf Badens ist jedenfalls mehr als zweitausend Jahre alt; damals setzten die

Hotel Quellenhof,
*Bad Ragaz, Schweiz,
1880, Lithographie*

Künstler unbekannt,
Thermalquelle von
Pfäfers im 14. Jahr-
hundert, *1750, Öl-*
gemälde auf Lein-
wand, 55 x 40 cm.
Thermalbäder und
Grandhotels

Poster, Baden,
Schweiz

Baden, Schweiz

Thermalbecken,
Hotel Verenahof,
Baden, Schweiz

Römer, diese nimmermüden Erbauer von Bädern, ihre Fertigkeiten ein, um das mineralreiche Wasser für ihre Badefreuden zu nutzen. Zunächst diente die Stätte der heißen Quellen als großes Militärlager. Im Mittelalter machten die Habsburger Baden zu ihrem Sitz, und vermögende Gäste aßen und tranken hier von schwimmenden Tabletts.

Nachdem Mitte des 19. Jahrhunderts die erste Eisenbahnlinie zwischen Baden und Zürich gebaut worden war, konnte der Ort von einer größeren Gästezahl erreicht werden. Die Besucher trafen mit ihren Dienern, Möbeln und vielen anderen Habseligkeiten ein und blieben wochen-, manchmal monatelang. Junge Ehefrauen kamen allein und setzten sich so lange in das heiße Wasser, bis sie einen damals sehr modischen »Badeausschlag« hatten. Unter den berühmten Badener Gästen waren der Schweizer Maler Arnold Böcklin, Oskar Kokoschka, Richard Strauss und Graf Zeppelin. Hermann Hesse erschien im Laufe von zwanzig Jahren immer wieder und schrieb hier viele seiner Bücher. Seine Erzählung *Kurgast* ist voll von Anekdoten über den Ort.

Das mineralreiche Thermalwasser von Baden kommt aus einer Tiefe von ungefähr anderthalb Kilometern, wo es zwanzig- bis dreißigtausend Jahre lang verborgen war, bevor es aus neunzehn Quellen hervorsprudelte, die täglich fast eine Million Liter Wasser ausspeien.

Der für die Gäste vorgesehene Teil Badens besteht aus einer Gruppe farbenprächtiger alter Hotels, die den Kurplatz umgeben. Die Szenerie ähnelt einer Hollywood-Kulisse, die jederzeit einstürzen und nichts als Fassaden hinterlassen könnte. Aber in Wirklichkeit gibt es hier sehr viel mehr als bloße Fassaden. Die Hotels sind zwar wesentlich kleiner als die in den anderen von mir geschilderten Badeorten, aber jedes besitzt eigene Anlagen, die jeweils eine Reihe spezieller Wasserkuren und andere Behandlungen anbieten.

Hier wird es den Menschen, wie in Frankreich und Italien, durch das staatliche Gesundheitswesen ermöglicht, auf Terrassen an der in hypnotisierender Ruhe vorbeifließenden Limmat zu sitzen und sich verwöhnen zu lassen. Imposante Brunnen am Kurplatz laden dazu ein, das Wasser zu probieren, das heiß und sehr schwefelhaltig ist. Ein kurzer Spaziergang führt zu einem Kasino, das einst ein herrliches Belle-Époque-Gebäude war, vor kurzem jedoch durch einen modernen, unpersönlich wirkenden Bau ersetzt wurde.

Vor dem Hotel Limmathof, in der Nähe des Flusses, befindet sich ein riesiges Freiluft-Thermalbecken. Wenn man darin badet, steigt Dampf um den ganzen Körper herum auf, und man sieht die Welt wie durch einen Seidenstrumpf hindurch. Sogar an schneeigen Wintertagen waten Menschen in dem Becken von einem Wasserstrahl zum anderen; jeder Strahl ist so ausgerichtet, daß er einen bestimmten Teil des Körpers stimuliert. Baden ist immer noch ein solider Kurort, in dem das Wasser ernst genommen wird.

TSCHECHOSLOWAKEI

Marienbad

40000 Menschen suchen in der Tschechoslowakei alljährlich Badeorte auf. Zwar ähneln die meisten tschechischen und anderen osteuropäischen Bäder dem in Milan Kunderas *Abschiedswalzer* geschilderten Ort, doch dieser kommunistischen Askese ist es nicht gelungen, die Sehnsucht nach dem alten Luxus von Marienbad (Mariánské Lázně) in Böhmen zu unterdrücken. Hier spazierten die Menschen einst wassertrinkend durch die mit Skulpturen geschmückten, schmiedeeisernen Kolonnaden. Alain Resnais' avantgardistischer Film *Letztes Jahr in Marienbad* wurde ungeachtet des Titels nicht in Marienbad, sondern im bayerischen Nymphenburg gedreht. Das endlose Labyrinth von Korridoren und gepflegten Gärten in Resnais' Film ist vom wirklichen Marienbad himmelweit entfernt, das von einem Neobarockstil geprägt ist und dessen früher glanzvolle Villen und Hotels mit Stuckskulpturen bedeckt sind. Überall, besonders an der Fassade des alten Kasinos, findet man Karyatiden und Engel.

Marienbad gehörte im 19. Jahrhundert zu den beliebtesten und elegantesten Kurorten und wurde wie die meisten anderen modischen Bäder jener Zeit

Letztes Jahr in
Marienbad, *1962.*
Copyright New
Yorker Films

Werner Weiskönig,
Marienbad, *1937,*
Farblithographie,
127 x 90 cm. Poster-
Sammlung, Museum
für Gestaltung,
Zürich

zum Schauplatz außerehelicher Affären. Viele der achtbaren Damen, die Marienbad und Karlsbad mit ihrem Besuch beehrten, hatten berühmte Bewunderer als »Kurschatten«. Goethe war vierundsiebzig Jahre alt, als er in Marienbad weilte, und die wirkliche Kur bestand für ihn wahrscheinlich darin, daß er ein neunzehnjähriges Mädchen umwarb. Ebenfalls in Marienbad ergab sich Wagner den Wassernymphen, die ihn zur Komposition der Oper *Lohengrin* inspirierten.

Als der Kurort der kommunistischen Regierung in die Hände fiel, wurde er zu einer Art Sanatorium mit steril wirkenden Zimmern und Linoleumfußböden. Aber seit dem Sturz des Kommunismus in der Tschechoslowakei gibt man sich alle Mühe, den früheren Glanz von Marienbad wiederherzustellen.

Kolonnade, Marienbad (Mariánské Lázně), Tschechoslowakei

Die Wiedergeburt der Badekur

Zwischen den beiden Weltkriegen ließ die Anziehungskraft der Badekurorte nach. Das Lebenstempo hatte sich erhöht, der Überlebenskampf war härter und die Arbeitsmoral größer geworden. Die Oberschicht war keine »Mußeschicht« mehr, und die nun zu Wohlstand Gekommenen bevorzugten Reisen in Seebäder. Außerdem bevorzugten sie die Abgeschiedenheit und Sicherheit von Erholungsorten mit Toren und Wächtern. Die Tage, in denen man das Risiko einging, sich in den Kurorten Liaisons zu leisten, waren vorbei.

Aber seit den achtziger Jahren hat die Bäderkultur einen neuen Auftrieb erfahren. Clevere Unternehmer nutzen das erneute Interesse der Kurgäste und verbinden das Kurangebot mit dem jeweils letzten Schrei der Fitneß-Mode — von Aerobic bis hin zu Frischzellentherapie. Das glanzvolle Gesellschaftsleben der Kurorte des 19. Jahrhunderts mag nie wiederkehren, aber es ist erfolgreich durch einen luxuriösen Hedonismus ersetzt worden. Damit schließt sich der Kreis seit der Errichtung der *thermae* durch die Römer.

Manche führen den erfolgreichen Beginn von Michail Gorbatschows politischer Karriere auf seine einstige Position als Parteiführer von Stawropol im Kaukasus zurück, in einer Region also, die für ihre Badeorte berühmt ist. Die Gegend erhielt nicht nur die Mittel, ihre Bäder zu modernisieren, sondern sie wurde auch häufig von hochrangigen Parteifunktionären, etwa von Juri Andropow oder Alexej Kossygin, besucht, die hier zur Kur weilten und sich von Gorbatschows Charisma gefangennehmen ließen. Zu Beginn seiner Präsidentschaft ermunterte Gorbatschow die Sowjetbürger, ihren Wodkaverbrauch einzuschränken und ihren Mineralwasserkonsum zu erhöhen.

In den ursprünglichen Bädern bemühte man sich darum, durch den intensiven Einsatz von Wasser ein Gleichgewicht zwischen Geist und Körper herzustellen, doch heutzutage wird bereits ein Ort als Bad bezeichnet, der zufällig in der Nähe heißer Quellen liegt oder ein paar Fiberglas-Whirlpools, einige Schönheitssalons, ein Fitneß-Zentrum oder eine Sauna besitzt.

In den neunziger Jahren wird im Bädergeschäft eine Neuheit von der anderen abgelöst. Zum Beispiel bietet das norwegische Kreuzfahrtschiff *Norway* nun während seiner Karibikfahrt das »antike Rom« als Zusatzprogramm an. Dabei handelt es sich um ein riesiges, mit allen Bequemlichkeiten und allem Service ausgestattetes Bad, das an Luxus keinem Bad auf dem Land nachstehen soll. Man verspricht ein umfassendes Therapieprogramm mit Wasser-, Mineral- und Kräuterbehandlung. In der Werbung heißt es: »Sie machen nicht nur einen Badeurlaub, sondern haben auch ein unvergleichliches Kreuzfahrterlebnis.« Wie könnte man das noch übertreffen?

Ich bin fest davon überzeugt, daß Thermalquellen mehr als Hitze zu bieten haben und daß warmes Wasser nicht nur das Pflanzenwachstum fördert. Es ist ideal für die menschliche Entwicklung, für das, was Teilhard de Chardin »die Metamorphose des Menschen« nannte. Interessanterweise liegen einige der bedeutendsten amerikanischen Zentren zur Bewußtseinserweiterung an heißen Quellen. Es könnte durchaus sein, daß Wasser eine subtile Energie aus der Tiefe der Erde herauszieht und sie den Wahrheitssuchern übermittelt. Oder vielleicht bringt die Entspannung des Körpers, der in besänftigendes warmes Wasser getaucht ist, eine neue und aufgeklärte Ökologie des Geistes hervor, die Quantensprünge des Verstandes ermöglicht.

BILL KEYSING, *Great Hot Springs of the West* (1984)

Amerikanische Badekurorte

Schon viele Jahre vor der Ankunft der Puritaner setzten die amerikanischen Ureinwohner vom Atlantik bis zum Pazifik ihren Glauben in die verjüngenden Kräfte des Wassers. Sie hielten heiße Quellen für gesundheitsfördernd und machten sie zu Stätten für Stammesversammlungen und die Durchführung heiliger Riten sowie zu Heilzentren. Das alte Heilgelände der Pajute-Indianer, das um die heißen Quellen von Pah Tempe im südwestlichen Utah angelegt worden war, ist kürzlich von einem örtlichen Medizinmann neu geweiht worden.

Manche Stämme empfahlen Badekuren für den ganzen Körper, andere hielten es für ratsamer, große Mengen des Wassers zu trinken. Zwischen den Stämmen soll es ein Abkommen gegeben haben, das Kämpfe an einer heißen Quelle untersagte. Da sich kriegführende Stämme an diese Orte begaben, um die Wunden ihrer Männer zu waschen, wurden die heißen Quellen zu friedlichen Zufluchtsstätten.

Frühe europäische Siedler der Neuen Welt, die sich an die Badefreuden in der Heimat erinnerten, brauchten den Ozean nicht von neuem zu überqueren, um sich zur Kur zu begeben. Bald fanden sie durch Beobachtung der Indianer heraus, daß Amerika zahlreiche heiße Quellen und besondere Heilverfahren zu bieten hatte.

Die Assiniboin-Indianer des westlichen Kanada glaubten an die verjüngenden Kräfte der Quellen im Bow Valley. Mit der Zeit reisten auch vermögende Weiße dorthin, weil sie hofften, ihre Jugend wiederzugewinnen. Die Seneca-Indianer im westlichen New York benutzten das Öl, das sich auf der Oberflä-

Edward Curtis, Bevor der weiße Mann kam, 1924, Fotografie

che ihrer Quellen absetzte, zur Behandlung von Rheumatismus. Als General Benjamin Lincoln seine Revolutionstruppen durch West-Pennsylvania führte, erlaubte er den Soldaten, an einer von Öl überzogenen Quelle haltzumachen. Nachdem sie ihre schmerzenden Gelenke darin gebadet hatten, verflogen sämtliche Beschwerden. Außerdem tranken sie das Quellwasser, das als sanftes Abführmittel wirkte. In späteren Jahren wurde French Lick Springs in Indiana zu einem Wallfahrtsort für Menschen, die an Übergewicht und Verstopfung litten; das dortige sogenannte Pluto-Wasser war ein kräftiges Laxativ. Auf einem Werbeplakat für Poland Spring in Maine hieß es über das Wasser: »Heilt Verdauungsstörungen! Heilt langjährige Leberbeschwerden! Befreit von Harngries! Vertreibt alle Tumore und reinigt das Blut.« Auch das Wasser von Hot Springs, Arkansas, sollte alle möglichen Krankheiten, von Syphilis bis Schwermut, kurieren.

Der sich in Amerika rasch verbreitende Tourismus führte dazu, daß Kranke Hunderte von Meilen mit der Postkutsche fuhren, um sich in der heißen Quelle ihrer Wahl zu erholen. Wie in Europa wurden einige dieser Kurorte zu Treffpunkten der oberen Zehntausend. Saratoga Springs in New York, Poland Spring in Maine, Hot Springs in Arkansas, Boyes Hot Springs in Kalifornien und viele andere entwickelten sich zu eleganten Bädern. Ursprünglich baute man mehrere getrennte Badehäuser, damit die sittenstrengeren Gäste abgeschirmt und ganz für sich baden konnten. Doch gegen Ende des 19. Jahrhunderts hatten diese Orte ihr keusches Image abgelegt, den Prunk und Luxus der spätviktorianischen Gesellschaft übernommen und waren so freizügig wie ihre europäischen Vorgänger geworden.

»Die schönen Damen und alle, die schön werden möchten, kommen zu den Wassern von Hot Springs«, hieß es in den achtziger Jahren des 19. Jahrhunderts in einem Reiseführer. »Wer seinen Teint durch den übermäßigen Gebrauch von Kosmetika verdorben hat, kann seine Schönheit und Jugend zurückgewinnen und wieder einen weichen, sauberen und klaren Teint erwerben. Wer die schwere Hand der Zeit auf sich spürt und wessen Spiegel Falten und Leberflecke offenbart, der kann durch das Baden in diesen Wassern und durch ihren Genuß seinen Teint so sehr verbessern, daß er mehrere Jahre jünger wirkt.«

Die Menschen reisten in die Badeorte, um Körper und Seele zu entspannen, und für die meisten erfüllte sich dieser Wunsch. Es kam nicht darauf an, ob die Bäder tatsächlich für den Heilprozeß verantwortlich waren, denn jeder, der sich vom Streß des Alltagslebens entfernte, machte bereits dadurch den ersten Schritt zur Genesung.

Die Badeorte hielten sich etwas darauf zugute, gesundes Essen anzubieten. Mark Twain sagte einmal: »Man kann nur dann gesund bleiben, wenn man ißt, was man nicht will, trinkt, was man nicht mag, und tut, was man lieber nicht täte.« Allerdings unterschied sich die Küche, die damals als gesund galt, stark von unseren heutigen Vorstellungen. Sie enthielt Gerichte, die reich an Kalorien, Fett und Cholesterin waren: von Hummer und gepökelter Lammzunge bis hin zu Butterkuchen und Windbeuteln. Gut zu essen bedeutete, viel zu essen, und eine gewisse Rundlichkeit wurde für gesund gehalten.

Die meisten Heißwasserkurorte lagen auf dem Lande, und die Stadtbewohner zogen sich unter dem Vorwand, eine Kur zu machen, nur zu gern dorthin zurück. Aber um die Jahrhundertwende änderte sich die Mode: Man gab plötzlich der Stadt den Vorzug, und die Landgebiete verloren ihren Reiz. Die Badeorte erlitten schwere finanzielle Verluste und verfielen langsam.

In den zwanziger und dreißiger Jahren versuchten sie, mit einem besonderen Unterhaltungsangebot neue Gäste anzuziehen. In vielen Kurorten wurden Lokale mit illegalem Alkoholausschank und Tanzsäle gebaut. Doch in den vier-

ziger und fünfziger Jahren erreichte die Popularität der Bäder einen nie dagewesenen Tiefpunkt. Der Krieg war eine der Ursachen, doch zugleich lockten andere Feriengebiete — zum Beispiel an Seen oder am Meer gelegene Orte — die
Gäste von den Kurbädern fort. Auch wurde die therapeutische Wirkung des Mi-
neralwassers durch die Massenproduktion von künstlichen Heilmitteln herab-
gesetzt. Folglich verfielen die Tanzsäle, Badehäuser und Grandhotels der Kurorte, und viele heiße Quellen gerieten in Vergessenheit (wenn auch nicht bei der
örtlichen Bevölkerung). Und sie blieben zumeist bis in die sechziger Jahre vergessen, als Gesundheitsfanatiker, Ökologen und religiöse Propheten wieder
einmal den Zauber der heißen Quellen entdeckten und ihre Qualitäten priesen.

Überall auf der Welt leben die Badekurorte nun wieder auf, und Amerika
bildet die Spitze dieser Bewegung. Doch im Unterschied zu ihren europäischen Pendants konzentrieren sich die neuen amerikanischen Badeorte nicht
ausschließlich auf das Wasser, wiewohl es weiterhin für verschiedene Thera-
pien verwendet wird. Zum Beispiel gestaltet man das Wasser landschaftsarchi-
tektonisch als Teiche, Wasserfälle und Brunnen, welche den Sinnen zusagen
und der Seele Harmonie bringen sollen. Hydrotherapie, ebenso wie Algen-
und Fangotherapie, ist weiterhin verbreitet, und einige Orte experimentieren
mit der Thalassotherapie, bei der man Meerwasser anstelle von Quellwasser
benutzt. In allen Kurorten werden die Besucher ermuntert, große Mengen Mineralwasser aus anderen berühmten Quellen zu trinken. Beispielsweise erhält
man in Kalifornien im Golden Door Evian- und im Cal-a-Vie Vittel-Wasser.
Wir brauchen nicht mehr zu den Quellen dieser Wasser zu reisen, sondern sie
kommen in Flaschen zu uns.

Ich halte nach heißen Quellen Ausschau, wo immer ich bin. Dabei habe ich
zahllose Bäder entdeckt: von Zen-Klöstern wie Tassajara und Aufklärungszen-
tren wie Esalen bis hin zu brodelnden Schlammlöchern in Calistoga (alle in Kalifornien) und zu legendären Fünf-Sterne-Hotels wie Greenbrier in West Virginia. Ganz unabhängig von der Umgebung fühle ich mich von einem geheimnisvollen Frieden ergriffen, wenn ich den Fuß in die magischen Wasser setze.

Traditionelle Badekurorte

H. B. Settle, Zur Kur an der Congress-Quelle im Congress Park, Saratoga Springs, New York, *1915. The George S. Bolster Collection of the Historical Society of Saratoga Springs, New York*

Saratoga Springs

Saratoga Springs in New York, Hot Springs in Arkansas, Safety Harbor in Florida und White Sulphur Springs in West Virginia gehören zu den wenigen heißen Quellen in Amerika, die den Stürmen der Zeit standgehalten haben. Saratoga repräsentiert vielleicht den glanzvollen Höhepunkt der amerikanischen Badeortkultur.

Die unterirdische Quelle von Saratoga, die ein Brunnen der Urzeit gewesen sein soll, wurde vor Jahrhunderten von den Irokesen entdeckt. Die Irokesen glaubten an die Heilkräfte der Quelle und hielten den Ort bis 1767 geheim. Nachdem das Geheimnis jedoch aufgedeckt war, zog die Quelle so bemerkenswerte Gäste wie George Washington und Alexander Hamilton an, und Abfüllfirmen stritten sich um die Wasserrechte, bis sie der Oberhoheit des Staates unterstellt wurden. Saratoga hat zwei Wasserarten: ein leicht salzhaltiges Wasser, das als Abführmittel wirkt, und ein alkalihaltiges, das die Verdauung fördert.

Das 1826 gegründete Dorf Saratoga Springs, eine Stadt seit 1915, kam den europäischen Bädern wahrscheinlich näher als jeder andere amerikanische Ort, doch es besaß ein eigenes Flair. Der vorherrschende architektonische Stil der Villen, die immer noch die Union Avenue umsäumen, ist nicht Belle Époque, sondern viktorianisch, und sie wurden aus Holz, nicht aus Marmor gebaut. In den »Fröhlichen Neunzigern« schöpften Jungen Wasser für Gäste wie Lillian Russell und ihren Liebhaber Diamond Jim Brady in Tassen, die deren Monogramm trugen. Präsidenten, berühmte Sportler, Gangster und Showgirls kamen, um sich in diesem stilvollen Badeort zu vergnügen.

Im 19. Jahrhundert blühten Glücksspiel und Pferderennen in Saratoga. Das Kasino ist mittlerweile zu einem Museum geworden, doch Pferderennen sind ein wichtiger Teil des dortigen Gesellschaftslebens geblieben. In den dreißiger Jahren kamen jährlich mehr als 150000 Menschen nach Satatoga, um auf die Pferde zu wetten, das milde Klima zu genießen, das Wasser zu trinken und darin zu baden. Im großen Speisesaal des Grand Union Hotels wurden oft tausend Gäste gleichzeitig bedient. Im Jahre 1935 eröffnete man einen neuen Bäderkomplex, ermöglicht durch einen von Franklin D. Roosevelt genehmigten Bundeszuschuß in Höhe von 8,5 Millionen Dollar. Roosevelt förderte auch die Schaffung eines zweitausend Morgen großen Staatsparks, der die Quellen und das neokolonialistische Gideon Putman Hotel umschließt. Es sind Projekte, welche die Dimensionen des damaligen Bauprogramms widerspiegeln.

Es wurde sehr viel Mühe aufgewandt, den alten Glanz von Saratoga Springs wiederherzustellen. Das Grand Union und das Grand Central Hotel sind niedergebrannt, doch das Adelphi Hotel ist restauriert worden. Das erste Roosevelt-Badehaus wird zur Zeit neu ausgestattet, und man prüft Pläne, das zweite in ein Bad europäischen Stils zu verwandeln.

In den fünfziger Jahren benutzte man das Wasser von Saratoga, um verschiedene Leiden zu behandeln, darunter Herzkrankheiten, Asthma und Rheumatismus, doch inzwischen ist seine medizinische Wirksamkeit in einer Reihe von Kunstfehlerprozessen diskreditiert worden. Man verzichtet heute auf Behauptungen über die Heilkraft des Wassers, aber die Menschen kommen weiterhin. Sie erinnern sich der Tradition, und das Wasser schmeckt gut.

Calistoga

Die Legende besagt, daß Sam Brannan, der Gründer von Calistoga, es nach seinem östlichen Lieblingsbadeort »Saratoga of California« nennen wollte, aber da er betrunken war, verhaspelte er sich und sprach von »Calistoga of Sarifornia«. Diese Bezeichnung setzte sich durch.

Am nördlichen Ende des Napa Valley, des großen Weinbaugebiets von Kalifornien, gelegen, verfügt Calistoga über offenbar unbegrenzte Reserven an heißen sprudelnden Wassern, in die Höhe schießenden Geysiren und zischenden Dampflöchern. Es ist ein rätselhafter Ort, der eine ungeheure thermale Energie birgt.

Die Indianerstämme der Pomo und Mayacamas nutzten die Wasser bereits, als die weißen Pioniere 1830 in Calistoga eintrafen. Um die Jahrhundertwende waren die Indianerstämme längst aus dem Tal verdrängt worden, und man hatte dreißig Bäder eingerichtet. Zu jedem gehörten ein aus Holz gebautes Hotel, Gärten und ein Badehaus. Calistoga hatte auch eine eigene Rennbahn. Die Menschen reisten mit der Fähre oder mit dem Zug bis nach San Francisco und legten die letzten Kilometer mit Pferden oder Kanus zurück.

Calistoga ist immer noch ein beliebter Badeort, der verschiedene Wasser-

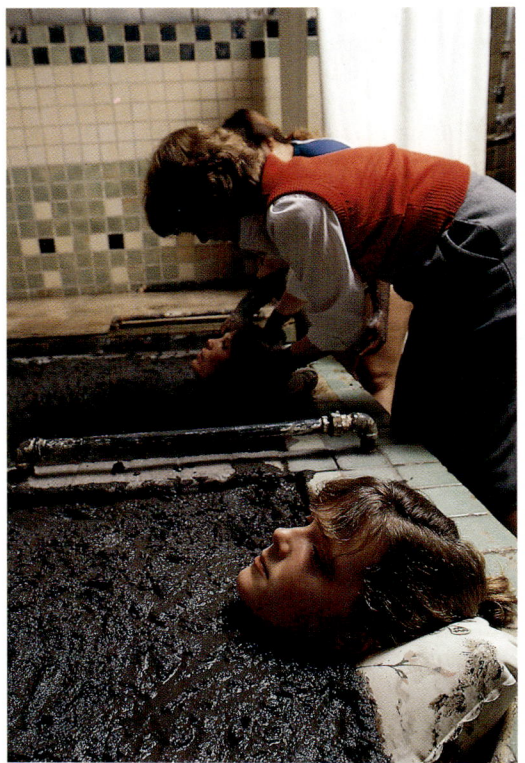

und Schlammbehandlungen zu bieten hat, doch es ist vor allem auf kurzfristige Aufenthalte angelegt, denn ihm fehlen die luxuriöseren Quartiere, die man in einigen Nachbarorten im von Touristen überlaufenen Napa Valley findet. Aber ein Schlammbad in Calistoga lohnt die Anreise.

Boyes Hot Springs und Sonoma Mission Inn

»Die ganze Umgebung von Mount Saint Helena ist voll von Schwefel und kochenden Quellen … und Calistoga selbst scheint auf einer dünnen Haut über einem kochenden unterirdischen See zu ruhen«, schrieb Robert Louis Stevenson in *The Silverado Squatters*. Mit der »Umgebung« meinte er das Sonoma Valley, das nur durch einen Gebirgskamm von Calistoga getrennt ist. Auch hier waren es die örtlichen Indianer, welche die Schätze des Tales als erste entdeckten und die Heilkraft dieser unterirdischen Quellen nutzten. Sie gaben der Gegend den bezaubernden Namen »Tal des Mondes« und betrachteten sie als eine heilige Stätte der Heilung.

Im Jahre 1895 machten Arbeiter, die auf dem Land eines Hauptmanns Boyes und dessen Frau Bohrungen durchführten, eine Entdeckung, die bald zu einer der größten Attraktionen des Sonoma Valley werden sollte: die Boyes Hot Springs. Das Wasser hatte eine Temperatur von 44 Grad Celsius und enthielt eine immense Menge Erdgas, die angeblich ausreichte, die gesamte Stadt

LINKS: *Schlammbäder, Calistoga, Kalifornien*

RECHTS: *Im Inneren, Sonoma Inn and Spa, Sonoma, Kalifornien*

RECHTE SEITE: *Im Inneren, Sutro Baths, San Francisco, ca. 1900, Lithographie*

Sonoma mit Licht zu versorgen. Bald wurde der Boyes Hot Springs Resort gegründet. Als die wohlhabenden Bürger San Franciscos von dem Badeort erfuhren, reisten sie in großer Zahl mit dem Schiff und mit der Postkutsche zu dieser Stätte für Romantiker, Genießer und Gesundheitsapostel.

Im Jahre 1928 wurde der Boyes Hot Springs Resort in Sonoma Mission Inn and Spa umbenannt. Das neue Gebäude war die Nachbildung eines kalifornischen Missionshauses mit einem Säulengang und einem Glockenturm. Das Badehaus war sehr modern und stand in dem Ruf, den besten und größten

1881 erwarb Adolph Sutro den größten Teil der westlichen Landspitze von San Francisco. Fünf Jahre später wurden die mehr als drei Morgen umfassenden Sutro-Bäder einem staunenden Publikum eröffnet. Die künstlerischen Details und die technische Ausführung des Badehauses waren beeindruckend. Ein klassisch-griechisches Portal führte in eine gewaltige gläserne Anlage, die ein Süßwasserbecken, fünf Salzwasserbecken mit unterschiedlicher Temperatur und ein großes Salzwasserbecken mit Ozeantemperatur umschloß. In den Galerien wurden Kunstwerke aus aller Welt gezeigt, und das Amphitheater mit 3700 Plätzen bot eine Vielzahl von Darbietungen. Die Sutro-Bäder konnten pro Tag 25000 Menschen aufnehmen, und der Eintrittspreis betrug zehn Cent. Als die Popularität der öffentlichen Bäder im 20. Jahrhundert nachließ, baute man die Anlagen zu einer Eisbahn um, die 1966 durch ein Feuer zerstört wurde.

Mineralwasser-Swimmingpool der Welt zu besitzen. Nach dem Zweiten Weltkrieg richtete man hier ein Genesungszentrum für verwundete Soldaten ein.

Die heißen Quellen sind inzwischen versiegt. 1981 gestaltete man die Anlage zu einem Badeort europäischen Stils mit eleganten Unterkünften um. Die Gäste können sich Massagen, Aromatherapien und Schönheitsbehandlungen unterziehen und an Fitneß-Übungen teilnehmen. Die beiden Restaurants verfügen über die besten kalifornischen Weine und eine exquisite kalifornische Küche, die auch kalorienarme Mahlzeiten enthält. Sonoma Mission Inn and Spa, nur eine kurze Fahrt von San Francisco entfernt und von einem acht Morgen großen Gelände mit schattenspendenden Eukalyptusbäumen umgeben, ist der Inbegriff eines kalifornischen Urlaubsortes.

Bootsfahrt in Boyes Hot Springs, Sonoma County, Kalifornien

Two Bunch Palms

Im Herzen von Desert Hot Springs, Kalifornien, in einer Wüstenlandschaft voller Kakteen und Erdkuckucke, steht ein großes Haus, bekannt als Rock House, das früher der Landsitz Al Capones war. Wunderschöne Tamarisken rauschen beruhigend im Nachmittagswind. Heute findet man hier die Haupthalle und das Badehaus des Kurortes Two Bunch Palms.

Unter dem Gebäude befindet sich eine leicht schwefelhaltige Thermalquelle. Ihr artesisches Mineralwasser wurde bereits von den Indianern und den Konquistadoren genutzt, aber sie fand erst vor hundert Jahren weithin Anerkennung, als sie von einem Vermessungstrupp der US-Armee entdeckt wurde. Man verzeichnete eine Gruppe hoher Zwillingspalmen, den Mittelpunkt der Gegend, als »Two Bunch Palms« auf der Armeekarte.

»Nach meiner Analyse des Wassers muß ich sagen, daß ich in keinem von mir erforschten Land etwas Ähnliches gefunden habe«, erklärte Dr. Broue, ein bedeutender Wiener Metallurg, Chemiker, Geologe und Physiker in den fünfziger Jahren des letzten Jahrhunderts. »Vor allem beeindruckte mich der Mineralgehalt des Wassers. Das Wasser ist ein ausgesprochenes Heilmittel, und es könnte Eigenschaften aufweisen, welche die jedes mir bekannten Wassers übertreffen.«

Im Jahre 1945 wurde diese Oase um ein Spielkasino erweitert. Prominente wie Alice Faye, Errol Flynn oder Jack Dempsey reisten herbei, um dem Glücksspiel zu frönen und zugleich eine Wasserkur zu machen und sich mit Salz massieren zu lassen. Der Ort ist auch heute noch ein beliebtes Refugium für die Angehörigen der Unterhaltungsindustrie.

Das Wasser sprudelt mit 74 Grad Celsius aus dem Boden, fließt durch eine Reihe von Teichen und dann durch einen Kanal, der an Rock House vorbei in die Wüste führt. Im Badehaus kann man sich einer Vielfalt von Massagen, Salz-, Gesichts- und Haarbehandlungen unterziehen.

Den grottenähnlichen Swimmingpool belebt eine anmutige Flora und Fauna: Jasmin, Oleander, Tamarisken, Kaninchen und Erdkuckucke. Die Stille wird nur vom Gurgeln des in die Becken strömenden heißen Wassers durchbrochen. Man kann leicht begreifen, weshalb Capone sich so gern an diesen Ort zurückzog. Hier hat man wahrhaftig das Gefühl, vom Alltag losgelöst zu sein.

Thermalbecken, Two Bunch Palms, Desert Hot Springs, Kalifornien

Super-
Badekurorte

In den letzten beiden Jahrzehnten sind überall in den Vereinigten Staaten neue Kurorte entstanden. Es gibt inzwischen ungefähr zweihundert, die unterschiedliche Bedürfnisse befriedigen: von Orten, an denen man sich das Rauchen abgewöhnen oder abnehmen kann, bis hin zu solchen, die speziell Müttern und Töchtern einen besonderen Aufenthalt gewähren. Einige Bäder gelten als Zufluchtsstätten für Menschen, die sich von einer persönlichen Krise erholen und ihr inneres Gleichgewicht wiederherstellen wollen, doch die meisten bieten jedem die Möglichkeit, sich sportlich zu betätigen, den Körper zu entschlacken und sich verwöhnen zu lassen. Als wirksame Zentren der Streßverringerung sind die Bäder wieder zu beliebten Urlaubsorten geworden.

Exklusive amerikanische Badekurorte unterscheiden sich von denen der Alten Welt durch den Wert, der auf Abgeschiedenheit gelegt wird. Einige — Golden Door, Cal-a-Vie, Canyon Ranch, Rancho La Puerta — sind völlig von der Welt abgeschlossene Enklaven. Die Gäste können zwar nach Belieben kommen und gehen, aber dazu gibt es kaum einen Anreiz. Diese Zentren sind so angelegt, daß man eine ungestörte Ruhe genießen kann. Die Gäste werden ermuntert, nur die Programme auszuwählen, an denen sie wirklich teilnehmen wollen, und sich ansonsten Zeit für sich selbst zu nehmen.

In der kokonartigen Atmosphäre dieser Bäder hört die reale Welt für ein oder zwei Wochen auf zu existieren. Tag um Tag schreitet die Befreiung des Geistes voran, und der Streß läßt nach. Die Schutzmasken lösen sich langsam ab, und es ist leicht, sich zu entspannen und seine Gefühle preiszugeben.

In den modernen Kurorten rät man den Gästen, so wenig Kontakt wie möglich zur Außenwelt zu halten. Zwar habe ich von Managern gehört, die ihre Telefaxgeräte und ihre drahtlosen Telefone mitbringen, aber in den meisten Fällen wird jegliche Möglichkeit einer Störung von außen vermieden. In Cal-a-Vie im südlichen Kalifornien erhalten Ehepaare zum Beispiel getrennte, nicht benachbarte Zimmer, damit sie so viel Abgeschiedenheit und Ruhe wie nötig haben und nicht der Versuchung erliegen, sich ständig umeinander zu kümmern.

Ich bin gemeinsam mit meinem Mann dorthin gereist und war zunächst etwas verblüfft über dieses Arrangement, doch nach ein paar Tagen wußte ich es zu schätzen, daß ich im Bett lesen oder nach einer anstrengenden Wanderung ein Nickerchen machen konnte, ohne auf einen anderen Rücksicht nehmen zu müssen. Natürlich verbringen viele Paare die Nacht gemeinsam, und vor allem langjährige Ehepaare halten die abendliche Frage: »Geh'n wir zu dir oder zu mir?« für sehr romantisch.

In den fortschrittlichen Kurorten wird der Geist nicht weniger verwöhnt als der Körper. Methoden zur Streßbekämpfung — zum Beispiel das Bemühen um Ausgewogenheit zwischen der linken und der rechten Gehirnhälfte sowie Biofeedback — können erlernt werden, und man kann Lehrgänge in Mind Healing, Änderungen der Lebensweise, Tai Chi, Yoga, Meditation, Atemtechnik, Visualisierung und Selbstbehauptung belegen.

Eine gesunde Diät, die den Körper entgiftet, wird oft mit faden und langweiligen Mahlzeiten in Verbindung gebracht. Golden Door, Cal-a-Vie und

Rancho La Puerta widerlegen dieses Vorurteil durch köstliche fett- und kalorienarme Speisen, die, im Verein mit sportlichen Aktivitäten, der Gesundheit dienen und, wenn erwünscht, das Abnehmen erleichtern. All diese Bäder haben prächtige Gemüse-, Kräuter- und Obstgärten, in denen ökologische Anbaumethoden gepflegt werden.

Die ausgewogene, ganzheitliche Therapie der besten amerikanischen Kurorte erinnert an die antiken Äskulapzentren. Hier findet man die fortschrittlichsten Programme, wohingegen sämtliche europäischen Kurorte relativ wenige Fitneß-Lehrgänge — Aerobic, Kraft- und Elastizitätsübungen — vorzuweisen haben. In einigen, etwa in Evian, werden zwar Übungen zur Herzkräftigung angeboten, doch diese sind längst nicht so ausgereift wie die Methoden guter amerikanischer Bäder; zudem geben sich die Lehrkräfte weniger Mühe bei der Schulung und Kontrolle der Teilnehmer.

Ein weiterer fundamentaler Unterschied zwischen europäischen und amerikanischen Bädern kommt in der Einstellung zum Service zum Ausdruck. In Europa gehört es für das Personal zum guten Ton, die Gäste zu ignorieren, wodurch der Eindruck entsteht, daß die Angestellten ihrer Arbeit ohne Engagement nachgehen. Im Cal-a-Vie und im Golden Door dagegen war das Personal sehr aufmerksam, und ich freute mich, als Individuum und nicht nur als anonyme Besucherin behandelt zu werden. Allerdings bin ich im Golden Door einer europäischen Baronin begegnet, die der Meinung war, daß die »Dienstboten« viel zu kumpelhaft mit den Gästen umgingen. Sie reiste nach zwei Tagen ab.

Was der Club Méditerranée für die achtziger Jahre war, sind die Badekurorte für die neunziger. Die größeren wie Rancho La Puerta oder Canyon Ranch ähneln Ferienlagern für Erwachsene. Die Gäste werden nicht nur in richtiger Ernährung und in Fitneßübungen unterwiesen, sondern sie können auch an zahlreichen Seminaren, Vorträgen und Vorführungen teilnehmen, zum Beispiel an Ikebana-Kursen, Kochkursen, Bauchtanz, Literaturlesungen, Dia- und Filmvorführungen. Da es kein Glücksspiel oder andere Formen wettbewerbsorientierter Unterhaltung gibt, scheinen gesellschaftliche und geistige Werte vorzuherrschen.

Weil alle auf die gleichen Ziele hinarbeiten, bildet sich rasch eine spezielle Kameradschaft heraus. In kleinen Bädern kennt am Ende der Woche jeder jeden. Freundschaften und Cliquen entstehen, und nicht selten beschließen Gäste, im folgenden Jahr gemeinsam zur gleichen Zeit zurückzukehren. In einem mir bekannten Fall fand ein vermögender Geschäftsmann sämtliche Mitglieder seiner Gruppe so sympathisch, daß er alle zu einer Rückkehr im folgenden Jahr einlud. Diese großzügige Geste kostete ihn ungefähr 90 000 Dollar.

Bäder ziehen oft Exzentriker an, die spezielle Wünsche haben. Ein Mann verlangte jeden Abend vor dem Zubettgehen eine gründliche Massage; er warf mit Hundertdollarscheinen um sich, und der Wunsch wurde ihm erfüllt. Golden Door bietet den Gästen allabendlich Kurzmassagen an, damit auch die letzte Spur von Spannung vor dem Schlafen beseitigt wird.

Die Geschäftsführung von Kurbädern wie dem Golden Door und dem Cal-a-Vie empfiehlt den Gästen, nichts außer Schuhen, Bade- und Sportbekleidung und wenigen persönlichen Habseligkeiten einzupacken. Dies hat etwas äußerst Beruhigendes an sich, besonders für jemanden, der sich den Kopf darüber zerbricht, was für Kleidung an einen eleganten Ferienort mitzunehmen ist. Bald tragen alle, unabhängig von ihrem Status, die gleiche Sportbekleidung — sogar beim Dinner. In diesen Bädern wird man mit allem Nötigen versorgt. Das Golden Door zum Beispiel rüstet seine Gäste mit frisch gestärkten blauweißen japanischen *yukatas* als Dinnerbekleidung, mit Schirmen und Regenmänteln für feuchte Tage sowie mit warmen Mützen und Handschuhen für frühmorgendliche Wanderungen aus.

Die angebotenen Aktivitäten üben einen unterschiedlichen Reiz auf die Geschlechter aus. Ich habe beobachtet, daß die meisten Männer zum Sport neigen, während die Frauen Massagen und andere Formen der Körperpflege bevorzugen. Zur Zeit sind fünfundsiebzig Prozent der Kurortgäste Frauen, meist zwischen fünfundzwanzig und fünfzig Jahren. Aber dieses Ungleichgewicht wird sich sehr rasch ändern, da mittlerweile auch die Männer die Freuden der Kur entdecken.

Rancho La Puerta

Im Jahre 1940 trafen die siebzehnjährige Deborah Szekely und ihr Mann, Professor Edmond Bordeaux-Szekely, ein Siebenbürger Philosoph, in Tecate ein, einem Wüstental der Baja California, das südlich der Grenze liegt. Deborah kam aus einer Vegetarierfamilie, und der Professor hielt sich an die Lehren der Essener, einer jüdischen Sekte, die vor zwei Jahrtausenden entstand. Durch den Verzehr natürlicher Nahrung und durch ständige körperliche Übungen gelang es den Essenern, ein sehr einfaches, streßfreies Leben zu führen. Die Szekelys zogen in ein Haus aus Adobeziegeln und richteten eine Gesundheitsfarm ein, die sie Rancho La Puerta (Ranch der Tür) nannten, da sie die Tür zu einer neuen Realität öffnen wollten. (Das Golden Door erhielt seinen Namen deshalb, weil es eine luxuriösere Form des Rancho darstellt.)

Hoch über dem Anwesen liegen die geheimnisvollen Hänge des Cuchuma mit ihren seltsam gestalteten Felsen; einige davon sind alte indianische Begräbnisstätten. Traditionsgemäß begann — und beginnt — jeder Tag mit einer frühmorgendlichen Bergwanderung. Manche Angehörige des Rancho-La-Puerta-Personals glauben ebenso wie die Indianer, daß dem Berg magische Kräfte innewohnen. Jahrhundertelang durfte nur der *kwisiyai* (Medizinmann)

Atemübungen,
Grape Valley Lodge,
Rancho La Puerta,
Tecate, Mexiko

auf den Gipfel steigen, von wo er an Körper und Seele gekräftigt zurückkehrte.

Als die Gesundheitsfarm eröffnet wurde, hatte sie weder fließendes Wasser
noch Elektrizität, noch bequeme Unterkünfte. Aber sie besaß eine natürliche
Quelle und einen Bach, der den Anbau von Pflanzen ermöglichte. Die Farm
konnte das erste ökologisch angebaute Gemüse der Westküste, Ziegenmilch,
einen Fluß zum Schwimmen und Hügel für Wanderungen anbieten. Am Anfang zahlten die Gäste wöchentlich 17,50 Dollar, und sie mußten ihre eigenen
Zelte mitbringen.

In den späten vierziger und den frühen fünfziger Jahren begann die Ranch,
Menschen anzuziehen, die an neuen Methoden der Gesundheitsförderung in-
teressiert waren. Bald trafen Gäste aus Hollywood ein, ebenso wie Testpiloten
einer Flugzeugfirma, welche das für ihren Beruf erforderliche Gewicht sowie
die nötige Fitneß erreichen wollten.

Heutzutage braucht man kein Zelt mehr mitzubringen. Die Ranch ist nun
so groß, daß man wöchentlich hundertfünfzig Gäste unterbringen kann. Sie
wohnen in herrlichen Zimmern und Villen im Kolonialstil, von denen einige
einen eigenen Garten, einen Swimmingpool und einen Kamin besitzen. Jedes
Gebäude ist mit Produkten des einheimischen Kunsthandwerks geschmückt:
mit bunten Stoffen, Borkengemälden und exotischen Terrakottaobjekten. Der
Speisesaal mit seinen farbenprächtigen Garnbildern und Webereien läßt an
eine bevorstehende Fiesta denken. Die Speisen kommen zumeist aus den eigenen Gärten der Ranch; das Menu ist vegetarisch.

Die Gäste erhalten bei ihrer Ankunft eine Karte der Umgebung und ein
Verzeichnis sämtlicher Aktivitäten. Man kann stündlich zwischen mindestens
fünf Betätigungen wählen: Aerobic, Zirkeltraining, Yoga, Tai Chi, Jazztanz und
manchmal sogar Bauchtanz. Massagen, Kräuterpackungen und Schönheitsbehandlungen sind nicht im Preis inbegriffen, aber sie sind beliebt und jederzeit
verfügbar. Für zwanzig Dollar verabreichte mir eine Mexikanerin eine Stunde
lang eine der besten Massagen, die ich je erlebt habe.

So unterschiedliche Menschen wie Madonna, Michael Murphy, Bill Murray,
Kim Novak, Betty Friedan, William F. Buckley junior und Dr. Jonas Salk sind
häufige Gäste der Ranch — ein Zeichen dafür, wie umfassend ihre Anziehungskraft ist. Rancho La Puerta ist ein erlesener Kurort mit erträglichen Prei-
sen, einer großen Vielfalt an Angeboten und einer wunderbaren Atmosphäre.
Es ist ein idealer Ort für die ganze Familie, und die meisten Gäste der Ranch
kommen wieder.

Golden Door

Der Eingang, der in den Harem des Sultans von Istanbul führte, wurde Tor der
Glückseligkeit genannt; wer ihn passiert hatte, konnte nicht mehr zurück. So
fühlte ich mich, als ich durch die blankpolierte Messingtür des Golden Door
trat, in die der Baum des Lebens eingeprägt ist. Es war, als sei mir der Zugang
zu einem Heiligtum gewährt worden.

Golden Door liegt im kalifornischen Escondido und wurde 1959 von Deborah Szekely gegründet, die so großen Erfolg mit Rancho La Puerta gehabt hatte und ein besonderes Talent für die Schaffung von Badekurorten besaß. Hier
entstand ein Tempel der Genußsucht für Frauen, die es sich leisten können
(nur drei Wochen im Jahr werden auch Männer aufgenommen).

Es ist ein Zufluchtsort in japanischem Stil: Die Landschaft, die Architektur,

das Dekor, sogar die lackierten *yukatas* für regnerische Tage — alles schafft die Illusion, in einem uralten japanischen *honjin* (Gasthof an einer heißen Quelle) zu sein. Wie in allen japanischen Gärten spielt Wasser auch hier eine wichtige Rolle für die Gestaltung der Landschaft. Die visuellen, sinnlichen und geistigen Aspekte des Wassers werden mit Hilfe von Wasserfällen, *koi*-(Karpfen-) Teichen und Meditationsbecken maximal genutzt.

Golden Door hat vierzig Zimmer mit *tatami*-Böden, *shoji*-Fenstern und einem täglich neuen Blumengesteck. Zu jedem Zimmer gehört ein winziger japanischer Garten, in dem die Gäste morgens ihr Frühstück zu sich nehmen können. Zum Frühstück erhält man auch ein Zen-Gedicht und einen Fächer, auf den ein persönlich auf den jeweiligen Gast abgestimmter Stundenplan für den bevorstehenden Tag gedruckt ist. Den Gästen wird geraten, alle Probleme zu vergessen und sich rundum umsorgen zu lassen. Und jeden Tag gibt es eine Überraschung.

Das einladende Badehaus des Golden Door enthält eine Sauna, ein Dampfbad und eine japanische Familienwanne mit Düsen. Hier werden Kräuterpackungen und abendliche Kurzmassagen verabreicht. Manche Menschen empfinden Kräuterpackungen als sehr beruhigend und nützlich, während sie bei anderen erschreckend klaustrophobische Gefühle auslösen. Ich persönlich liebte das behagliche Gefühl, in zahlreiche Schichten schwerer, nasser Laken, die nach einem Kräutergemisch duften, eingewickelt zu sein.

Den Gästen werden persönliche Trainer zugewiesen, die den Grad ihrer körperlichen Aktivitäten festlegen und ihnen helfen, ein vorgeschriebenes Programm zu absolvieren. Nicht selten nehmen die Gäste an fünf oder sechs Fitneß-Lehrgängen pro Tag teil, aber dies scheint weniger qualvoll, wenn man weiß, daß man bald wieder in einem friedlichen Raum sein wird, wo entspannende Musik zu hören ist und wo ein Masseur bereits mit vorgewärmten Laken am Massagetisch wartet.

Daneben erhalten die Besucherinnen täglich eine Gesichtsmassage, eine Maniküre, eine Pediküre und einen Make-up-Kurs, und sie können sich jeder-

zeit das Haar schneiden lassen. Man muß sehr zäh sein, um so viel Verwöhnung auszuhalten. Ich sollte auch erwähnen, daß viel Unterhaltsames geboten wird. Zum Beispiel lernte ich, Lambada zu tanzen und Pfeile herzustellen.

Es war eine unglaubliche Freude, durch die schöne Landschaft spazierenzugehen und an einem Wasserfall stehenzubleiben, um meine Gedanken zu ordnen oder mich in den Anblick der schwimmenden Karpfen zu vertiefen. »Bittet, so wird euch gegeben«, scheint die Regel in diesem Bad zu sein, wo das Wort Nein nicht existiert. Golden Door ist das reinste Paradies.

Cal-a-Vie

Wie die Architektur der großen europäischen Badekurorte den unterschiedlichen Stilen untergegangener Reiche nachempfunden ist, so enthält auch die Architektur der neuen amerikanischen Badekurorte eine Vielfalt von ethnischen Stilen. Golden Door ist japanisch, Rancho La Puerta mexikanisch und Cal-a-Vie neoprovenzalisch. Den Besuchern der Bäder vermittelt diese architektonische Zauberkunst letztlich ein romantisches Gefühl der Flucht und des Abstands vom Alltagsleben.

Cal-a-Vie kann maximal vierundzwanzig Gäste aufnehmen. Es schmiegt sich in eine 125 Morgen große Fläche, die aus Wüste und einem bewaldeten Tal nördlich von San Diego besteht. Tagsüber scheinen die Hügel von dem Feuer goldener und blauer Lupinen in Brand gesteckt zu werden. Nachts hört man die Schreie von Eulen und das Geheul von Kojoten. Cal-a-Vie wurde von Bill Power gegründet, der sein ganzes Leben lang Krankenhäuser gebaut hatte und den Drang verspürte, eine Heilstätte anderer Art zu schaffen: einen Ort, an dem sich die Menschen nicht von einer Krankheit erholen, sondern ihre Gesundheit bewahren wollen — einen Ort der ästhetischen Schönheit, des Friedens und der Eleganz.

Der Tagesablauf in Cal-a-Vie ähnelt dem im Golden Door, obwohl sich das Ambiente sehr stark von dem dortigen unterscheidet. Der Tag beginnt mit einer Morgenwanderung in die Hügel, gefolgt von den intensiven Übungen, die auf dem Frühstücksfächer festgelegt sind, und von einer genauso intensiven Verwöhnung. Die Gäste treiben sehr viel Sport, trinken eine Menge Wasser und köstliche Mixturen mit hohem Kaliumgehalt (man verliert bei anstrengenden Übungen sehr viel Kalium) und überlassen sich der Aromatherapie oder der Hydrotherapie. Eine der beliebtesten Behandlungen ist »Body glo«, eine lange Massage und Lymphdränage unter Verwendung ausgesuchter ätherischer Öle. Die Hydrotherapie des Kurortes erinnert an die Thalassotherapie:

Die Gäste sitzen in einer tiefen Wanne, in der Meerwasser und Algen brodeln. Der Druck der Düsen stimuliert die Muskeln und das Lymphsystem sanft, doch wirkungsvoll, verbessert den Kreislauf, setzt Giftstoffe frei und ermöglicht es den im Meerwasser und in den Algen enthaltenen Nährstoffen, durch die Poren in den Körper zu dringen und ihre Wirkung zu entfalten.

Im Zentrum von Cal-a-Vie befindet sich ein klarer Bach, der durch eine Reihe von Kaskaden und Teichen fließt. Er erzeugt ein überaus beruhigendes Geräusch, das jedoch auf ein Meisterwerk der Technik zurückgeht. Marlene Power, die Mitbesitzerin des Bades, hat ein untrügliches Gefühl für Perfektion, und da sie Wert darauf legte, daß sich das Geräusch des fließenden Wassers auch richtig anhörte, konsultierte sie einen Spezialisten. Mit Hilfe hydraulischer Technik wurde der Wasserfluß so geregelt, daß der Wasserdruck nicht zu hoch und nicht zu tief und die Fließgeschwindigkeit nicht zu schnell und nicht zu langsam war. Das Ergebnis ist ein akustischer Triumph.

Die *cuisine fraîche* von Cal-a-Vie — die meisten Gerichte werden aus den Produkten der eigenen Gärten zubereitet — ist tatsächlich frisch und schmackhaft. Obwohl man die Kalorienzufuhr auf tausend pro Tag beschränkt, haben die Gäste nie das Gefühl, nicht satt zu werden. Das Mittagessen wird an den Kaskaden serviert und das Abendessen bei Kerzenlicht in einem Speisesaal, der die Atmosphäre eines guten französischen Restaurants ausstrahlt. Es gibt auch einen besonderen Abend, an dem alle in der Küche essen und der Köchin bei der Zubereitung der Mahlzeit zuschauen. Bei dieser Gelegenheit teilt sie nicht nur ihre handwerklichen Künste, sondern auch einige der besten Rezepte des Kurortes mit den Gästen.

〜〜〜〜〜

Ich werde oft gefragt, was mein Lieblingsbad ist und ob ich europäische oder amerikanische Badekurorte vorziehe. Aber die einen sind mit den anderen nicht zu vergleichen. Europäische Bäder bezaubern mich, weil sie von der Geschichte und dem Geist begabter Menschen erfüllt sind, deren Kunst, Musik oder Gedanken ich bewundere. Hier herrscht eine Atmosphäre der Romantik und Nostalgie. Und die amerikanischen Badeorte gefallen mir, weil man dort verwöhnt wird wie nirgendwo sonst und weil sie ein Gefühl der Kontinuität erzeugen. Alle Bäder, die ich kenne, haben mir unterschiedliche Einblicke verschafft und auf vielerlei Art zu meiner Gesundheit beigetragen. Ich besuchte die meisten in einer Zeit großer persönlicher Belastung und kehrte aus jedem mit einem Gefühl der Harmonie zurück.

Ich bin überzeugt davon, daß unser anstrengendes, schnelles, kompliziertes Leben hin und wieder eine Pilgerfahrt in einen Badekurort unumgänglich macht. Dies wußten bereits die Römer, doch der Besuch ihrer *thermae* war kostenlos, während in der heutigen Zeit die besten Bäder das Portemonnaie stark strapazieren. Immerhin, die heißen Quellen gehören der Erde, und jeder kann sich an ihnen erfreuen.

Auf die Frage, warum Badekuren so wirkungsvoll sind, erwiderte der berühmte französische Arzt Deslois-Paoli: »Wir wissen es nicht genau. Es gibt zwei Hauptgründe: Der eine liegt in der Wirkung des Wassers selbst, der andere liegt, zugegebenermaßen, in der psychosomatischen Wirkung. Tatsache ist, daß der Mechanismus vieler verbreiteter medizinischer Behandlungen ungeklärt bleibt. Weshalb sollte das bei Thermalbehandlungen anders sein?«

Das wirkliche Wunder einer Wasserkur besteht in der durch sie bewirkten Metamorphose: Man fühlt sich verwandelt — wie ein Schmetterling, der seiner Larve entschlüpft.

Wasser zu Hause

Abfüllung des Wassers

Die Suche nach den besten Trinkwasserquellen reicht bis in die Tage vor der Gründung Ägyptens, Karthagos und Roms zurück. Sowohl der Staatsmann Aristides als auch der Kirchenvater Epiphanius lobten nicht nur den geistigen Wert des Nilwassers, sondern auch dessen Heilqualitäten. Aristides wies darauf hin, daß die Ägypter mit dem Nilwasser umgingen wie andere mit Wein — sie füllten es in Flaschen ab und bewahrten es jahrelang auf. Wie er behauptete, prahlten die Ägypter sogar mit dem Alter ihres abgefüllten Wassers. Epiphanius war davon überzeugt, daß sich Nilwasser mit der Zeit in Wein verwandele. Aus diesem Grunde füllten die Ägypter das Wasser am Epiphaniusfest, dem 6. Januar, in Krügen, häufig auch in Flaschen ab und ließen es ins Ausland transportieren. Sogar bis nach Rom wurde das Nilwasser geliefert. Es war eines der großen Heilmittel der Antike.

Das Trinken von Wasser spielte eine ebenso bedeutende Rolle wie seine äußerliche Anwendung. Die Menschen legten große Entfernungen zurück, um das Wasser besonderer Quellen zu probieren. »Ihr trinkt den Regen, der fiel, als Moses in der Wüste war«, heißt es in der Werbung von Evian. Seit 1789, als der Marquis de Lessert seine Nierenkrankheit durch das Trinken von Evian-Wasser linderte, hat der Ort ungezählte Gesundheitssuchende an seine Brunnen gelockt.

Pierrot, das Maskottchen des Trinkwassers von Spa, erlebte sein Debüt 1923. Poster

Im 16. Jahrhundert wurden Tonkrüge mit Mineralwasser, sorgfältig in Stroh verpackt, in die europäischen Hauptstädte verschickt. Gleichzeitig brachte man ein italienisches Wasser, das als Acqua dei Navigatori bekannt war, mit dem Schiff in die Neue Welt. Im Laufe des 19. Jahrhunderts entdeckten dann Geschäftsleute eine neue Möglichkeit, Profit zu erzielen: die Abfüllung modischer europäischer Heilwässer und ihren Export in andere Teile der Welt.

Die Kriterien der Auswahl des abgefüllten Wassers unterschieden sich ein wenig von denen der Auswahl von Badewasser: Der Geschmack war ein genauso wichtiger Faktor wie die medizinischen Qualitäten. Die Menschen verlangten, daß ihnen das Trinkwasser mundete, und die übelriechenden Wasser der Schwefelquellen waren für diesen Zweck ungeeignet. Auch wenn es den Gästen gelang, beim Besuch von Baden-Baden oder Montecatini die vorgeschriebene Menge des abschreckend schmeckenden Wassers zu trinken, waren sie nicht zu bewegen, dies auch zu Hause zu tun. Außerdem waren einige Wassersorten so mineralreich, daß ihr regelmäßiger Genuß die Gesundheit gefährden konnte. Deshalb bevorzugte man milde schmeckender Wasser mit niedrigem Mineralgehalt.

Während George Smith, der Eigentümer der *Pall Mall Gazette,* 1870 in Deutschland Urlaub machte, entdeckte er das Apollinaris-Wasser im fruchtbaren Ahrtal. Von diesem von Natur aus sprudelnden Wasser mit hohem Mineralgehalt wußte man, daß es katarrhalische Beschwerden der Kehle und der Atemorgane linderte. Smith importierte es nach England und bewog die privilegierten Schichten, es zu trinken. Selbst der Prinz von Wales schätzte diese geheimnisvolle Flüssigkeit, die er liebevoll »Polly« nannte. Das Wassergeschäft

Die Gärten der Quelle von Cachat, Evian-les-Bains, Frankreich

wurde so einträglich für Smith, daß er bald daranging, auch den amerikanischen Markt zu erschließen: Im Jahre 1902 wurde im Weißen Haus Apollinaris serviert.

Der Erfolg von »Polly« veranlaßte andere Zeitungsmagnaten, ebenfalls ins Wassergeschäft einzusteigen. Ende des 19. Jahrhunderts verkaufte St. John Harmsworth seine Anteile an der *Daily Mail* und erwarb eine Quelle im Süden Frankreichs, die von einem gewissen Dr. Perrier betrieben wurde. Die Quelle war uralt; es gab Dokumente darüber, daß sich bereits Hannibal im Jahre 218 v. Chr. an ihr ausgeruht hatte. Harmsworth wurde durch einen Autounfall schwer verletzt und blieb gelähmt. Im Delirium sah er wie Keulen geformte Flaschen vor sich. Später stellte er solche Flaschen her, die bis zum heutigen Tage das Kennzeichen von Perrier sind.

Zwar hat Mineralwasser für das Leben der Europäer stets eine große Bedeutung gehabt, doch in Amerika kam man erst vor relativ kurzer Zeit auf den Geschmack. Erst seit 1908 ist abgefülltes Wasser in amerikanischen Haushalten zu finden.

Das erste inländische Produkt dieser Art war das Mountain-Valley-Wasser aus Hot Springs, Arkansas. Die Abfüllfirma beabsichtigte, den ausländischen Wassern Konkurrenz zu machen und ihre Marke als das Getränk von Präsidenten zu etablieren. Sie rühmt sich, das Weiße Haus seit den Tagen von Calvin Coolidge beliefert zu haben. Präsident Eisenhower trank es aus gesundheitlichen Gründen, und Präsident Reagan nahm es in jüngerer Zeit mit nach Korea und Japan.

Der neue Wasser-Trend

In den letzten Jahrzehnten haben industrielle Schadstoffe eine große Zahl von Trinkwasserquellen recht unappetitlich werden lassen, und mit dem zunehmenden Wissen um gesundheitliche und ökologische Gefahren ist auch das Geschäft mit dem Flaschenwasser gewachsen. Mittlerweile erhöht sich der Absatz dieser Produkte rascher als der aller anderen Getränke, und sie sind viel populärer als Wein.

Perrier wurde in den siebziger Jahren auf das in den Vereinigten Staaten entstehende Gesundheitsbewußtsein aufmerksam und gab jährlich mehr als 6 Millionen Dollar für seine Werbung aus. Innerhalb von drei Jahren entwickelte sich ein regelrechter Kult um die Marke. Plötzlich erhöhte sich insgesamt der Verkauf von Flaschenwasser im ganzen Land (um 500 Prozent im Jahre 1990), und auch andere Quellwasser wie Evian, San Pellegrino und Calistoga begannen, sich durchzusetzen. Die Beliebtheit von körperlicher Betätigung und ökologisch erzeugten Nahrungsmitteln verband sich mit der Sorge um die Wasserverschmutzung, und Mineralwasser wurde zu einem nicht mehr wegzudenkenden Teil der Ernährung.

Im *Good Water Guide* werden die Druckmedien jener Zeit folgendermaßen zitiert:

Folgende Doppel-
seite: *Verschiedene
Etiketten von
Flaschenwassern*

Willkommen in der Wassergeneration … Wassersnobismus hat den Weinsnobismus abgelöst.
Time

Der Getränkemarkt hat einen gewaltigen Stimmungsumschwung zum Besseren durchgemacht.
Newsweek

Eine Revolution ist im Gange. Bei Dinnerpartys erscheint ein Drittel der Gäste mit so viel Perrier, daß es für den ganzen Abend reicht.

The Sunday Times

Die Amerikaner haben bei den Mahlzeiten eine Menge sprudelndes Wasser vor sich stehen. Fortune

Plötzlich ist Mineralwasser an fast jeder Tafel de rigueur *geworden.*

The Times

Ein entscheidender Wandel der Trinkgewohnheiten. Financial Times

Wasserkuren sind wieder zu einem modischen Zeitvertreib geworden.

The Guardian

Die große »Perrier-Verschwörung« machte nicht nur aus einem recht beschei-denen Geschäft den am schnellsten wachsenden Zweig der amerikanischen Getränkeindustrie, sondern sie leitete auch eine Art Trinkwassermode ein. In den achtziger Jahren waren Clubs wie Les Amis de l'Eau (Freunde des Was-sers), Wasserbars und Partys, bei denen alle möglichen Wasserarten angeboten wurden, Ausdrucksformen dieser Mode. Eine neue Wasserverehrung hatte uns ereilt.

Die große Zunahme des Wasserkonsums bei geselligen Anlässen war eine Gefahr für die alkoholischen Getränke. Sorgfältig vermarktete Wasser wie Evian oder San Pellegrino machten plötzlich den besten Weinen Konkurrenz, und die Wasserhändler traten in einen Wettbewerb mit den Weinhändlern. Mehrere Faktoren trugen zur Starrolle der Wasser bei: Reinheit, Geschmack, Reichlichkeit, Reputation und manchmal ein natürliches Moussieren.

Das Flaschenwasser kam von überall her: aus Italien, Frankreich, Deutsch-land, Belgien, Mexiko, sogar aus China. Der Markenname des jeweiligen Was-sers wurde genauso bedeutsam wie der von Weinen. Zu den hochrangigen eu-ropäischen Marken gehören Evian, Perrier, Badoit, Contrexéville, Vichy Céle-stins, Volvic, Vittel, Spa, San Pellegrino, Ferrarelle, Fiuggi, Ramlosa und Apolli-naris, und die amerikanischen Marken reichen von Saratoga in New York bis hin zu Calistoga in Kalifornien. Chateldon, das aus einer kleinen Quelle in der Auvergne stammt und den Ruf des exklusivsten französischen Produktes be-sitzt, gilt als der Dom Perignon unter den Wassern. Seine Besonderheit liegt darin, daß es sprudelt und gleichzeitig extrem leicht ist. Da es sehr teuer ist, bieten es nur vier der besten Pariser Restaurants an: das Ritz, die Plaza Athénée, das Maxim und das La Tour d'Argent.

Im Jahre 1976 organisierte Robert Levin, ein amerikanischer Ingenieur, Che-miker und Mineralwasserhändler, den Club Les Amis de l'Eau für seinesglei-

Wenn der durchschnittliche Franzose irgendwo in der Welt ein Glas Vichy-Wasser zu sich nimmt, wird sein Heimweh sofort gelindert.

*Trinkhalle an der
Quelle von Grande
Grille, Vichy,
Frankreich*

chen. Der Club hielt häufig Wasserproben in Chicago und Miami ab und erhob das Wasserkosten zu einer Kunst. 1978 erschienen mehr als vierhundert Menschen zu einer stilvollen Wasserprobe in einer Villa an der Biscayne Bay in Florida. Dabei traten ein Acht-Mann-Orchester, ein Zauberkünstler und ein Weinauktionator von der Londoner Firma Christie's auf.

Seitdem haben gesellschaftliche Ereignisse, die mit Wasser zu tun haben, große Popularität errungen. Zum Beispiel feierte man im Herbst 1990 in Montecito, einem wohlhabenden Vorort von Santa Barbara, ein Fest, das unter der Schirmherrschaft des American Institute of Wine and Food stand und als »Huldigung an H$_2$O« angekündigt wurde. Auf dem Programm standen ein Festmahl aus Wasserkresse, Wassernüssen, Wassermelone und so weiter sowie der Besuch einer Wasserbar, eine Wasserprobe und eine Wasser-Show.

Leider verpaßte ich das Ereignis, aber ich habe mehrere Wasserbars und Wasserproben besucht. Bei manchen wird ein Blind-Test vorgenommen: Bei einer nicht lange zurückliegenden Wasserprobe schenkte man zwanzig Mineralwasser, deren Etikett verhüllt war, an die Teilnehmer aus. Wir alle hatten Bewertungskarten und beurteilten diese Wasser nach Geschmack, Mineralgehalt, Moussieren und so weiter. Dabei durften wir weder rauchen noch Wein trinken. Einige der Experten unterstrichen, daß Wasserproben äußerst subjektiv seien und viel mehr Sensibilität als Weinproben verlangten, da Wasser, ein universelles Lösungsmittel, sogar die schwächsten Düfte der Umgebung, etwa den von Parfüm, annehme. Andere behaupteten, man brauche einen erstklassigen Gaumen, um einen Geschmack für Wasser zu entwickeln. Die Anfänger bevorzugten süße und milde Wasser, genau wie Weintrinker anfangs leichte Rosés vorziehen. Erfahrene Wasserkenner dagegen schätzten einen würzigeren Geschmack.

Im Vertrauen auf die neue Wassermanie hat man überall in den Großstädten Bars eröffnet, die nichts außer einer großen Vielfalt von Flaschenwasser aus allen Ländern servieren. Erlesene Mineralwasser aus einer exotischen Gegend können bis zu zwanzig Dollar pro Flasche kosten. Um Personen anzuziehen, die auf den Wasserkonsum ihrer Haustiere achten, bot eine Bar sogar ein Mineralwasser für Hunde — genannt Thirsty Pup — an.

Das Ambiente von Wasserbars ist still und friedlich; ein minimalistisches Dekor in gedämpften Pastell- und Weißtönen beruhigt die Sinne. Elegante weiße Ledersitzsäcke ersetzen harte Stühle. Rauchen und wilde Musik sind verboten. In einigen Wasserbars kann man den Tastsinn durch die Berührung von Kristallen erfreuen (ein Besitzer berichtete mir allerdings, er müsse auf Kristalle verzichten, weil sie dauernd gestohlen würden). Auf riesigen Videoschirmen bewegen sich Delphine, Wellen und Wolken. Im Hintergrund spielt sanfte Musik.

Wasserbars sind nicht als Alternative, sondern als Ergänzung zu normalen Bars gedacht. Nach einem nächtlichen Bummel durch die Clubs, bei dem die

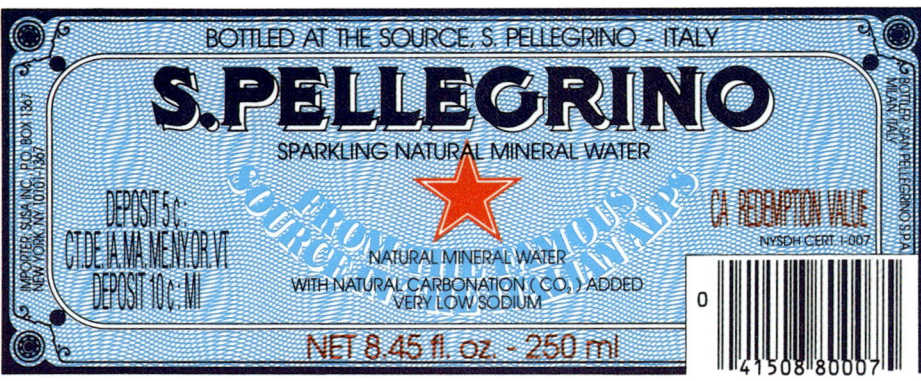

Sinne allzusehr stimuliert werden, sorgt der Besuch einer Wasserbar für ein seltsames Gefühl des Ausgleichs.

Typisch Kalifornien, sollte man meinen! Aber auch New York hat Wasserbars, und Paris besaß sie bereits vor fast einem Jahrzehnt. Solche Bars sind offenkundig nicht nur bessere Verkaufsstätten für Mineralwasser, sondern sie dokumentieren die Prioritäten der Gesellschaft.

Die Wasserverschmutzung hat unsere Aufmerksamkeit auf saubere Quellwasser gelenkt, und neue Erkenntnisse über die physischen und psychischen Folgen des Alkoholkonsums haben die Menschen dazu bewogen, ihren Körper innerlich zu reinigen und sich dem Wasser zuzuwenden. Auch die Tatsache, daß andere alkoholfreie Getränke oft sehr viel Zucker und keine Nährstoffe enthalten, hat Wasser bei gesundheitsbewußten Personen populär gemacht. Wir sind zum Anfang zurückgekehrt: *mens sana in corpore sano.* Die Reinigung des Körpers geht mit der Reinigung des Geistes einher.

Mehr als tausend Wasserabfüllbetriebe überall auf der Welt sind Mitglieder des Internationalen Flaschenwasserverbandes. Nach dem Vorbild anderer Bereiche der Getränkeindustrie haben einige der größeren Wasserfirmen kleinere aufgekauft. Konzerne wie Perrier, Evian und Suntory haben sich mit großer Schnelligkeit Neuerwerbungen zugelegt. Evian zum Beispiel hat das Unternehmen Saratoga-Springs-Mineralwasser von Anheuser-Busch aufgekauft und ist heute einer der größten Produzenten. Der größte Wasserlieferant der Welt ist Perrier, das mehrere andere Wasserfirmen, etwa Calistoga in Napa und Arrowhead in Los Angeles, erworben hat. Große amerikanische Gesellschaften wie Clorox und Westinghouse haben ebenfalls begonnen, ins Wassergeschäft einzusteigen. Gerüchten zufolge planen Coca-Cola und Pepsi-Cola im großen Stil das gleiche.

Schon heute werden Flaschenwasser aller Art angeboten, die eine Vielfalt von Wünschen befriedigen sollen. Es gibt nicht nur viele unterschiedliche Marken, sondern z. B. in Amerika auch etliche — manchmal künstliche — Geschmacksrichtungen: zum Beispiel Zitrone, Orange, Limone oder Himbeere. Dieser neue Absatztrick zielt auf die große Gruppe jener Amerikaner, die mit Soft Drinks, die einen Aromazusatz haben, aufgewachsen sind.

Manche Quellwasser, etwa Evian oder Volvic, sind von Natur aus still. Andere stillen Wasser werden als Quellwasser etikettiert, obwohl es sich in Wirklichkeit um Stadtwasser handelt, die durch wiederholte Filterung von Chlor und anderen Stoffen befreit wurden. Wasser wie Badoit oder Apollinaris sprudeln von Natur aus, während solche wie San Pellegrino in stillem Zustand aus der Erde kommen und später mit Kohlendioxyd versetzt werden. Laut Werbung sprudelt Perrier von Natur aus, doch in Wirklichkeit ist es spätestens seit 1956 nicht mehr ohne Verarbeitung an die Oberfläche gelangt. Man pumpt es durch ein Rohr aus dem Boden und versetzt es dann mit Kohlendioxyd. Ein erheblicher Teil von Perrier besteht aus jüngerem Regenwasser, das heißt, es ist keineswegs so alt, wie die Firma behauptet. Dieser ungerechtfertigte Anspruch rief eine heftige Kontroverse hervor: Der Staat New York brachte Perrier vor Gericht und siegte. Daraufhin forderten die Kartellbehörde sowie die Lebensmittelbehörde Perrier auf, in Zukunft in der Etikettierung und der Werbung auf falsche Angaben zu verzichten.

Die meisten Mineralwasser werden unter strengen Vorschriften, die ihre Reinheit garantieren sollen, an der Quelle abgefüllt. Man trifft sorgfältige Maßnahmen, um das Aroma und den Zusatz von Kohlendioxyd konstant zu halten und Verschmutzungen zu vermeiden. In Evian zum Beispiel führt ein verriegeltes Tor zu einer schweren Metalltür, die an einen Banksafe erinnert und den Tunnel zur Quelle schützt. Trotzdem kann es zu Unglücksfällen kommen. Im Jahre 1990 wurde Benzol, ein Karzinogen, im Perrier-Wasser entdeckt, und man mußte sämtliche Flaschen auf dem internationalen Markt zurückrufen. Das Benzol wurde schließlich bis zu dem Holzkohlefilter in der französischen Abfüllanlage von Perrier zurückverfolgt. Der Weltmarktanteil der Firma fiel von 45 auf ungefähr 21 Prozent, ist inzwischen aber wieder deutlich gestiegen.

Es war ungeheuer beeindruckend, riesige Abfüllbetriebe wie den in Amphion-les-Bains zu besichtigen, wo man Evian, das meistkonsumierte Wasser der Welt, produziert und von wo man es in mehr als hundert Länder exportiert. BSN — die Gesellschaft, der die Marke gehört — produziert auch Badoit, Lyonnais, Athlon (ein Hochenergiegetränk für Sportler) sowie das Saratoga-Wasser in den Vereinigten Staaten. Die Anlage ist elf Kilometer von der Evian-Quelle entfernt, und das Wasser wird durch ein rostfreies Stahlrohr zu ihr geleitet.

Die Anlage produziert 4 Millionen Plastikflaschen pro Tag und ist rund um die Uhr in Betrieb. Von dem Moment, in dem das Wasser durch das Rohr eintrifft, braucht man dreißig Minuten, um es abzufüllen, in Kisten zu verpacken und auf Züge zu verladen. Mehr als 220 Eisenbahnwaggons fahren täglich aus Evian ab. Man fragt sich, wie lange die Quelle weiterhin in diesem Tempo sprudeln kann. Werden einige Quellen vertrocknen? Werden wir eines Tages synthetisches Wasser trinken?

Mineralwasser

Wenn die Vermutung des Theosophen Theodor Schwenk zutrifft, daß sich Wasser im Naturzustand in S-Kurven bewegt und daß wir es seiner natürlichen Eigenschaften berauben, wenn wir es durch gerade Aquädukte oder Rohre leiten, dann ist das einzig gute Wasser solches, das an seiner natürlichen Quelle entnommen wird, vorausgesetzt, diese ist nicht verschmutzt oder mit Mineralien überlastet.

Natürliches Quellwasser kommt aus tiefen, wasserreichen Gesteinskörpern, die man Aquifers (Wasserträger) nennt. Hier sammelt sich Regenwasser, nachdem es durch die Felsen und den Boden gesickert ist und unterwegs Feststoffe und Mineralien aufgenommen hat.

Die amerikanische Lebensmittelbehörde, die Flaschenwasser als »Nahrungsmittel« klassifiziert, weigert sich ebenso wie die deutsche, Mineralwasser exakt zu definieren. Die übliche Definition lautet: »Wasser, das auf natürliche oder künstliche Weise mit natürlichen Salzen, vor allem solchen mit Heileigenschaften, angereichert wird.« Einige der Mineralien sind Chloride, Sulfide, Karbonate, Silikate, Phosphate sowie Kalzium-, Eisen-, Lithium-, Kalium- und Natriumsulfate. Außerdem findet man Kohlendioxyd, Wasserstoffsulfid, Stickstoff und Edelgase. Interessanterweise enthalten viele dieser Wasser Lithium, das für die Behandlung von manisch-depressiven Leiden verwendet wird.

Der Internationale Flaschenwasserverband charakterisiert Mineralwasser als »Flaschenwasser, das nicht weniger als fünfhundert Teile aufgelöster Feststoffe pro Million des Gesamtvolumens enthält«. »Auf natürliche Art karbonisiert« bedeutet, daß der Kohlendioxydgehalt aus derselben Quelle stammt wie das Wasser. Mit der Bezeichnung »sprudelnd« ist gemeint, daß man dem Mineralwasser Kohlendioxyd hinzugefügt hat.

Wasser gilt als »hart«, wenn der Mineralgehalt mehr als zehn Gran pro 3,8 Liter beträgt, das heißt etwa hundert Teile aufgelöster Feststoffe pro einer Million Wasserteile. Hartes Wasser enthält mehr Mineralien als weiches Wasser und eignet sich deshalb gut zum Trinken, jedoch nicht zum Waschen, da es keinen Schaum bildet. In weichem Wasser — etwa Regenwasser oder Wasser, das in einem Bett ohne lösliche Substanzen fließt — findet man wenig oder keine Mineralien, wodurch es eher zum Baden als zum Trinken geeignet ist. Thermalwasser stammt aus heißen Quellen, die auf natürliche Art in der Erdkruste erwärmt werden, etwa durch unterirdische Vulkane oder durch die Bewegung gewaltiger Felsformationen. Der pH-Wert zeigt den Basen- oder Säuregrad einer Lösung an. Idealerweise hat Wasser einen pH-Wert von sieben. Liegt der Wert unter sieben, ist es säurehaltig, liegt er darüber, ist es alkalisch.

Gletscherwasser und Entsalzung

Unser unterirdischer Wasservorrat ist nicht unerschöpflich; der Pegel der Aquifers sinkt immer weiter ab. Allerdings erscheint inzwischen ein neuer Wassertyp auf dem Markt: Gletscherwasser. Es wird in der Werbung als das älteste und reinste Wasser gepriesen. Da es nicht aus dem Boden hervorkommt, durchläuft es nicht so viele Ablagerungsschichten wie Quellwasser und sammelt keine Feststoffe. »Es fließt aus schmelzenden Schneeflächen in der Gletschertundra, weit von der industrialisierten Welt und schädlichen Schadstoffen entfernt«, heißt es in der Reklame der Glacier Water Company. Im Unterschied zu Wassern wie Evian, das dreihundert Teile aufgelöster Feststoffe pro einer Million, und Perrier, das 505 Teile enthält, weist Glacier nur 1,5 Teile auf. Man bringt es in attraktiver Form auf den Markt, denn die Einweg-Sportflaschen wurden von dem weltberühmten Designer Philippe Starck kreiert, der auch für die Hotels Royalton und Paramount in New York verantwortlich ist. Besonders wenn es eiskalt getrunken wird, sorgt es für ein Gefühl der Kühle und Frische.

Der größte Teil des Süßwassers der Erde ist in Berggletschern und in den polaren Eiskappen eingefroren. Gletscher entstehen aus Schnee, der sich über Tausende von Jahren in übereinanderliegenden Schichten anhäuft. Eisberge sind abgebrochene Gletscherstücke, die durch die Ozeane wärmeren Strömungen entgegentreiben, wo sie irgendwann schmelzen. Alljährlich werden ungefähr 18,5 Kubikkilometer Gletscher zu Eisbergen — mehr als genug, um den Jahreswasserbedarf der gesamten Erdbevölkerung zu decken. Ein Kubikkilometer Wasser enthält fast eine Milliarde Liter.

In Ländern mit trockenem Klima wird die Möglichkeit erforscht, Eisberge in die Häfen zu schleppen und sie dort für die Wasserversorgung zu schmelzen. Dies wäre allerdings nicht nur kostspielig, die Anwesenheit eines großen Eisbergs würde sich auch drastisch auf die Wetterbedingungen auswirken und das ökologische Gleichgewicht durch die Bildung schwerer Nebelwolken stören.

Eine Wasserquelle, die bisher kaum angezapft wurde, ist der Ozean. Entsalzungsanlagen haben sich in Dürregebieten wie Israel und Saudiarabien als erfolgreich erwiesen, und zur Zeit wird auch in den Vereinigten Staaten an solchen Vorrichtungen gearbeitet. Wenn sich die Kosten senken lassen, könnte das Meer das Nutzwasser der Zukunft liefern.

Bedrohtes Wasser

Das Trinkwasser durchläuft mehrere Filtrierungs- und Reinigungsprozesse. Man unterscheidet nicht zwischen Wasser für den allgemeinen Gebrauch und Trinkwasser. In dem Bemühen, unsere häuslichen Bedürfnisse zu decken, haben wir etwas verloren, das viel elementarer ist als bloße hygienische Werte. Wir sehen, hören oder schmecken das Wasser nicht mehr. Mit den Worten des französischen Schriftstellers Antoine de Saint-Exupéry: »Wir schmecken es, aber wir lernen es nie wirklich kennen.« Was wir haben, ist totes Wasser, ein Gebrauchsartikel, der den Durst von Menschen, die den Geschmack von Wasser lieben, unmöglich stillen kann. Die meisten Tiere trinken instinktiv kein verschmutztes Wasser, während Menschen den Unterschied zwischen gutem und schlechtem Wasser nicht mehr wahrnehmen. W. C. Fields verkündete einmal, daß er nie Wasser trinke. Nach dem Grund befragt, antwortete er: »Ich trinke kein Wasser, weil die Fische ins Wasser ——.«

Der endlose hydrologische Zyklus beginnt mit der Verdunstung aus dem Meer, die etwa siebenundneunzig Prozent des Weltwasservorrats umfaßt. Die Sonnenhitze verwandelt dieses Wasser in Dampf, das in die Atmosphäre steigt und Wolken bildet. Wenn die Wolken kondensieren, kehrt das Wasser in Form von Regen und Schnee auf die Erde zurück und ergänzt unsere Süßwasservorräte. Der Niederschlag sickert in den Boden und fällt in Seen und Flüsse, die ihn zurück zum Ozean befördern, wo der Zyklus von neuem beginnt.

Von unserem Süßwasservorrat, also den übrigen drei Prozent des Wassers der Erde, befindet sich ein Drittel in Seen und Flüssen oder im Grundwasser, das auf natürliche Weise gereinigt wird, während es durch viele Sedimentschichten in die Aquifers sickert. Wir bohren Brunnen, um dieses reine Trinkwasser zu erreichen. Die übrigen zwei Drittel sind in Gletschern enthalten.

Gegenwärtig werden sämtliche Aquifers der Welt durch übermäßigen Konsum entwässert. Zum Beispiel besteht die Gefahr, daß der Oglala-Aquifer im Mittelwesten der USA, der bis zum Pleistozän zurückdatiert, bei der jetzigen Konsumrate in dreißig Jahren versiegen wird. Es würde Tausende von Jahren dauern, bis sich ein solcher Aquifer von neuem füllt. Erdsenkungen sind ein weiteres Problem. Beispielsweise ist der Ort Alviso, am südlichen Ende der San Francisco Bay, um mehr als drei Meter gesunken, und das kalifornische Central Valley ist in manchen Gebieten um über dreißig Meter abgesackt, so daß die Gegend unterhalb des Meeresspiegels liegt und immer wieder überschwemmt wird.

Wenn das Grundwasser nicht ausreicht, müssen Städte wie Los Angeles Wasser mit Hilfe großer Aquädukte importieren. Derartige Umleitungen von Strömen, welche unter anderem auch die Seen der jeweiligen Gegend speisen, haben aber stets das gesamte ökologische Gleichgewicht gestört. Zum Beispiel

Ein Fisch traut dem Wasser, und im Wasser wird er gekocht.
Haitianisches Sprichwort

wird der Mono Lake, ein Salzsee, der eine Million Jahre alt ist, für die Erhaltung von Leben bald zu salzig sein. Ibsens Drama *Ein Volksfeind*, in dem es um einen verschmutzten Badekurort und die damit verbundene Politik geht, kann als Metapher für eine Gesellschaft dienen, die von Habgier und Nachlässigkeit verseucht ist.

Die Prophezeiung des Wassers

Da der Körper des Menschen fast ausschließlich aus Wasser besteht, benötigen wir Wasser, um nicht zu sterben. Wir können lange ohne feste Nahrung, doch nicht ohne Wasser auskommen, und trotzdem nehmen die meisten von uns es als selbstverständlich hin. Wir duschen mit Wasser, spülen unsere Toiletten damit, waschen unser Geschirr und unsere Kleidung darin. Es ist zu einem Alltagsprodukt geworden — stets verfügbar mit Hilfe einer magischen Leitung.

Aber wenn etwas zu verfügbar wird, verliert es seinen Wert. Die »Domestizierung« des Wassers hat dazu geführt, daß die moderne Umgebung entweiht wurde. »Wasser als Gebrauchsgegenstand ist zu einer bloßen ›Reinigungsflüssigkeit‹ ohne Bedeutung und Wert geworden«, kommentiert der Philosoph Ivan Illich. In unserem alltäglichen Leben halten wir Wasser nicht mehr für etwas Besonders, und wir behandeln es entsprechend. Wir bieten ihm keine Dankopfer mehr an, wie wir es einst taten. Heute geschieht dies nur noch in vereinzelten Teilen der Welt. Und das Wasser reagiert darauf.

Die Cogui-Indianer, ein isolierter Stamm in den fernen Bergen von Kolumbien, leben zwischen zwei Wasserquellen: der Karibik und den Gletschern der Anden. Für die Indianer ist der Berg, den sie bewohnen, ein Mikrokosmos der Erde, und Wasser ist absolut notwendig für ihre Interpretation der Welt: In ihrer Sprache sind das Wort »Wasser« und das Wort »Geist« identisch. Sie bezeichnen den Schöpfungsakt als »Wasserdenken«, und all ihre Lehren beginnen mit der Frage: »Was ist Wasser?« Wasser ist das Leben selbst. Es denkt, ist lebendig und muß ernährt werden. Ein Bach ist ein Baby, ein Fluß ein Erwachsener. Das Opfersystem der Cogui entspricht dem Kreislauf des Wassers.

Abgeschlossen in ihrer ursprünglichen Existenz, hatten die Cogui bis vor kurzem wenig Kontakt zur Außenwelt, doch dann traten sie mit ihren Warnungen an die Öffentlichkeit. Über all die Jahre hinweg haben sie die Zivilisation anhand der Auswirkungen beobachtet, die sie auf das Wasser hatte. Sie bemerkten die geringer werdende Ernte an Seemuscheln, die für alle organischen Formen der Natur repräsentativ sind. Das allmähliche Zurückweichen von Schnee und Eis zeigte für sie eine Verkleinerung der gesamten Welt an. Sie fürchten, daß die globale Erwärmung zum Tod der Welt führen kann und daß wir kurz davor stehen, den Planeten zu vernichten. Die Cogui werfen der westlichen Kultur vor, »die Wolken verkauft zu haben«, und sie sind zu dem Schluß gelangt, daß unsere ganze Zivilisation heute gefährdet ist. Das Wasser hat es ihnen erzählt.

WASSERMOTIVE
IN
DER KUNST

Wir haben eine feuchte Phantasie. Darin ist Wasser das Auge der Erde — ein helles Auge, in dem klare Teiche zu Spiegeln werden, die uns unser eigenes Bild sehen lassen und jeden von uns zum Mittelpunkt der Welt machen. In tieferen Teichen verdunkelt es sich, wird finster und unergründlich und gemahnt eher an Ertrinken und Tod.

LYALL WATSON, *The Water Planet* (1988)

Jungfrauen, Nymphen und der Künstler

Schwimmende Jungfrauen

Seit uralten Zeiten wurden Künstler durch den Kult des Wassers und die mit ihm verwandten Mythologien inspiriert. Klassische Themen wie die Geburt der Venus, Echo und Narziß, Perseus und Andromeda, Odysseus und die Sirenen sowie Variationen der Nymphen sind seit langem beliebte Motive.

Die Faszination durch Wasserthemen und die Beziehung zu übersinnlichen und mythologischen Gestalten erreichte im 19. Jahrhundert bei den neoklassischen, orientalischen und präraffaelitischen Künstlern einen Höhepunkt. Während der viktorianischen Ära kam es zu einem großen Wiederaufleben des Interesses an mittelalterlichen Legenden wie der König Artus' und der Ritter der Tafelrunde, und Wasser, das die spirituelle Macht verkörperte, spielte bei diesen Themen eine bedeutende Rolle. Zum Beispiel konnte die unsichtbare Insel Avalon nur durch eine Seereise erreicht werden. Der Zauberer Merlin hatte wie alle anderen Druiden die Fähigkeit, über das Wasser zu schreiten, und er ging mit Geistern zu Rate, die in der Dunkelheit und in der Tiefe hausen. Excalibur, das Schwert des Königs Artus, tauchte als Geschenk aus dem Wasser auf. Und die Dame vom See war verlockend und verführerisch, doch sie gewährte Artus Erlösung, nachdem sein Stolz Excalibur beinahe zerstört hätte.

Die neue Begeisterung für solche Themen wurde durch Tennysons *Idylls of the King* und andere Gedichte ausgelöst. Präraffaeliten wie Dante Gabriel Ros-

Pablo Picasso, Die Badenden, *1918, Ölgemälde auf Leinwand, 27 x 22 cm. Picasso-Museum, Paris*

setti und John William Waterhouse wurden besonders von dem Archetypus der schwimmenden Jungfrau — einer Maid, die in zartem Alter an unerwiderter Liebe gestorben war — angezogen. Zu diesen tragischen Heldinnen gehörten die Dame von Shalott, Elaine und Ophelia.

In der Legende von der Dame von Shalott bemerkten König Artus und die Ritter der Tafelrunde verwundert ein reich verziertes Boot mit einem goldenen Sonnensegel, das ohne Steuermann den Fluß hinuntertrieb. Im Inneren entdeckten sie die Leiche einer schönen jungen Frau, der Dame von Shalott. Ein paar Monate zuvor hatte sie sich in Sir Lancelot verliebt, dessen Herz bereits vergeben war. Des Gegenstandes ihrer Leidenschaft beraubt, verzehrte sich die Maid vor Gram. Eines Tages verließ sie das Schloß ihres Vaters und stieg zum Flußufer hinab, wo sie in ein Boot kletterte und flußabwärts nach Camelot trieb.

> *Unter Türmen und Bastein,*
> *An Gartenmauern, Söllerreih'n,*
> *Ein Schattenbild mit lichtem Schein,*
> *Zog sie als Leichnam ein*
> *Still und stumm in Camelot.*
>
> Tennyson, *Die Dame von Shalott*

Im Jahre 1861 fertigte Henry Peach Robinson eine fotografische Rekonstruktion der Dame von Shalott an. Er schrieb: »Ich baute ein Galaboot, lockte das Haar des Modells nach präraffaelitischer Art, legte sie zwischen den Seerosen in das Boot auf dem Fluß und gab ihr einen Hintergrund aus Trauerweiden, die im Regen aufgenommen worden waren, damit sie trübselig aussahen.« Im Jahre 1888 malte Waterhouse die Dame, während ihr Boot — anscheinend auf einem überwucherten Nebenarm der Themse — ablegte.

Tennysons Elaine, die schöne Maid von Astolat, war eine weitere Version der Dame von Shalott. Auch sie verliebte sich in Sir Lancelot, wurde wahnsinnig, nahm sich das Leben und trieb den Fluß hinunter. Gustave Doré zeigte sie in seiner Illustration für die *Idylls of the King* in dem Boot, das sich lautlos Camelot näherte. Auch die Fotografin Julia Margaret Cameron stellte zwei Versionen von Elaine her.

Zur Darstellung eines kummervollen, rührenden Todes wandten sich die Präraffaeliten außerdem Ophelia zu, deren Besessenheit von Hamlet sie in den Wahnsinn treibt und an gebrochenem Herzen sterben läßt. Der Maler Millais porträtierte sie 1852, wie sie auf einem malerischen, von Blumen übersäten Fluß auf dem Rücken liegend dahintreibt. Ihr offenes Haar kündet vom Ende der Jugend und des Frühlings. Elizabeth Siddal, Rossettis Modell und spätere Frau, posierte für Millais in einer Badewanne voll Wasser, die nur von ein paar kleinen Kerzen erwärmt wurde. Als die Kerzen erloschen, erkrankte sie an Lungenentzündung und wäre fast gestorben.

Später brachte Elizabeth, leidend und von Rossetti verschmäht, ihre Melancholie in den folgenden Versen, die ihren eigenen Freitod vorwegnehmen, zum Ausdruck:

> *Ich lieg' im hohen, grünen Gras,*
> *Das über meinem Kopf sich neigt*
> *Und mein verzehrt' Gesicht bedeckt,*
> *Umhüllend wie ein Bett sich's zeigt,*
> *Zärtlich und liebkosend,*
> *Wie über Toten Gras sich beugt.*

> *Der Fluß, der strömet durch*
> *Sein Grasesbett — hinab sich's neigt —,*
> *Die Stimmen einer Vogelschar,*
> *Die über meinem Kopf sich zeigt,*
> *Trüb're Träume werden sie verkünden,*
> *Wenn dieser trübe Traum dem Tod sich beugt.*

Arthur Hughes' *Ophelia*, im selben Jahr wie Millais' Bild gemalt, zeigt ein heranwachsendes, feenhaftes Mädchen, das geistesabwesend Blütenblätter in einen Teich fallen läßt. Waterhouse schuf drei Bilder Ophelias. In dem ersten (1889) wird ein untröstliches Mädchen vor einer detailliert abgebildeten Landschaft porträtiert, was an sein Gemälde der »Dame von Shalott« erinnert. Das zweite (1894) zeigt Ophelia, in ihren privaten Wahnsinn vertieft, an einem Lilienteich. Die letzte Fassung (1910) ist weitaus lebhafter: Ophelia ist außer sich und nimmt eine aggressive Haltung ein.

Das Thema des Wassertodes kommt auch in der Literatur des 19. Jahrhunderts häufig vor. Es wird oft von unglücklichen Frauen verkörpert, die sich in letzter Verzweiflung den unendlichen und unpersönlichen Wellen überantworten. Die Heldin in *Die arme Lisa*, einer Erzählung des russischen Schriftstellers Nikolai Karamzin, stürzt sich aus Kummer über eine unerwiderte Liebe in einen Teich und ertrinkt. Nach der Veröffentlichung der Geschichte pilgerten viele junge russische Frauen zu der Stätte und folgten Lisas Beispiel. Edna Pontellier, die Heldin von Kate Chopins Roman *Das Erwachen*, wählte den Tod im Meer (wie die Schriftstellerin Virginia Woolf im wirklichen Leben). Diese Stoffe könnten John Fowles beeinflußt haben, der die viktorianische Ära in seinem Roman *Die Geliebte des französischen Leutnants* wiedererschuf; darin steht seine bekümmerte Heldin am Rand eines öden Kais und betrachtet gedankenvoll das aufgewühlte Meer.

Nymphen, Meerjungfrauen und Sirenen

Im Gegensatz zu den schwimmenden Jungfrauen — diesen armen Opfern der Liebe, die vor dem Aufblühen ihrer Weiblichkeit sterben — boten Nymphen den Künstlern die Möglichkeit, die verführerischen und destruktiven Aspekte des Weiblichen darzustellen. Für Maler, die nackte junge Frauen beim Spiel zeigten, um Lebensfreude und ländliche Harmonie auszudrücken, war das Wasser ein erregender und sinnlicher Hintergrund.

Waterhouse, der häufig Legenden und Mythen malte, die mit Wasser zu tun hatten — *Die Dame von Shalott, Ophelia, Orpheus und die Nymphen, Eine Meerjungfrau, Die Sirene* —, kehrte in *Hylas und die Nymphen* (1896) erneut zu diesem Motiv zurück. Der griechische Prinz Hylas war der geliebte Ziehsohn des Herakles und begleitete diesen auf der Fahrt der Argonauten. Als sie den Fluß Chius in Mysien erreichten, ging Hylas an Land, um Wasser aus der heiligen Quelle von Pegae zu holen. Doch die Wassernymphen, von seiner Schönheit entzückt, lockten ihn zu sich herab.

Im 19. Jahrhundert spielte der irische Dichter Thomas Moore in einem seiner Lieder auf diesen Vorfall an:

*Als Hylas ward geschickt mit seinem Krug zur Quelle
Durch lichte Felder, erfüllt' ihn Frohsinn unbegrenzt,
Und spazierend durch der Wiesen Helle
Vergaß den Auftrag er, von Blumen ward umkränzt.*

Als Hylas nicht zurückkehrte, wurde Herakles so zornig, daß er drohte, das Land zu verwüsten, wenn sein Gefährte nicht gefunden werde. Um ihn zu besänftigen, streiften die Bewohner der Gegend danach alljährlich an einem bestimmten Tag durch die Berge und riefen vergeblich nach Hylas.

Mit Ausnahme von Robert Reid und Henry Scott Tuke, die sich auf homoerotische Phantasien über halbwüchsige Knaben spezialisierten, zogen die meisten Künstler des 19. Jahrhunderts es vor, Wassermythen zu thematisieren. Waterhouse gelang mit *Die Meerjungfrau* (1901) ein Meisterwerk, in dem er all seine ästhetischen Werte und handwerklichen Begabungen nutzen konnte. Die

Einsamkeit, Melancholie und Selbstversunkenheit der Meerjungfrau sind exquisit und zeitlos. Die Art und Weise, wie sie sich das Haar kämmt, entspricht dem Plätschern der Wellen hinter ihr, wodurch ein Gefühl des ewigen Synchronismus entsteht.

»Das wehmütig-traurige Aussehen der Meerjungfrau, die in ihrem Felsenheim sitzt und sich das trübrote Haar kämmt, bevor sie es mit Perlen durchflicht, die in der schillernden Muschel liegen, ist ungewöhnlich ausdrucksstark«, hieß es im *Art Journal.* »Es läßt an menschliche Sehnsüchte denken, die nie befriedigt werden können ... Die Kühle des Meeres ist für immer in ihrem Herzen beschlossen; das endlose Murmeln des Wassers ist ein kärglicher Ersatz für den Klang von Menschenstimmen; niemals kann dieses schöne, von Emotionen geplagte Geschöpf einen bewußten Frieden einerseits und die Freuden der Weiblichkeit andererseits erfahren.«

Im Gegensatz zu *Die Sirene* — ein Bild, das Waterhouse im Jahr zuvor gemalt hatte und in dem eine junge Frau bedauernd den ertrinkenden Seemann betrachtet, den sie in den Tod gelockt hat — stellt die Meerjungfrau keine Bedrohung dar. Sie ganz allein leidet an dem Trauma, halb Frau, halb Fisch zu sein.

In den *Danaiden* (1904) porträtierte Waterhouse dann ganz mit sich selbst beschäftigte Nymphen, die ihre Männer in der Hochzeitsnacht ermordet haben und dazu verdammt sind, auf ewig Wasser in ein gesprungenes Gefäß zu gießen. In *Echo und Narziß* wählte er ein weiteres klassisches Thema. Echo, eine schöne Nymphe, lenkte Hera ab, so daß Zeus sich mit anderen Nymphen amüsieren konnte. Als Hera den Betrug entdeckte, bestrafte sie Echo, indem sie ihr die Sprechfähigkeit nahm. Echo konnte nur noch Geräusche nachahmen, die sie hörte. Eines Tages sah sie Narziß an einem Fluß und verliebte sich in ihn. Er aber wies ihre unartikulierten Annäherungsversuche zurück, denn sie war nur dazu fähig, seine Worte zu wiederholen. Echo verzehrte sich vor Kummer, bis ihr Fleisch verdorrte und ihre Knochen in Felsen verwandelt wurden. Nur ihre Echostimme blieb zurück, die immer noch jenen antwortet, die sie rufen.

Narziß ignorierte auch die anderen ihn verehrenden Nymphen und wurde für seine Egozentrik bestraft. Als er eines Tages aus einem Gebirgsbach trank, sah er sein Spiegelbild im Wasser und hielt es für einen schönen Wassergeist. So verliebte er sich in sich selbst. Da sein Spiegelbild nicht reagierte, schmachtete er dahin und starb schließlich an gebrochenem Herzen. Die Nymphen trauerten um ihn, doch als sie seine Leiche suchten, um sie zu beerdigen, fanden sie statt dessen eine zarte und süß duftende Blume.

Narzißmus wurde zu einer Metapher für übermäßige Selbstversunkenheit und Eigenliebe. Auch Eva versenkt sich in Miltons *Das verlorene Paradies* narzißtisch in ihr eigenes Spiegelbild im Wasser:

> *... Ich trat hinzu*
> *Mit unerfahrnem Sinn und legte mich*
> *Ans grüne Ufer, in den glatten See,*
> *Der mir ein andrer Himmel schien, zu schauen.*
> *Als ich mich bückte, um hinabzusehn,*
> *Erschien im Wasserspiegel ein Gebild,*
> *Gebückt, mich anzuschaun. Ich wich zurück,*
> *Es wich zurück. Doch lächelnd kehrt ich wieder,*
> *Und lächelnd tauscht' es mit mir Blick um Blick*
> *Voll Mitgefühl und Liebe. Noch bis jetzt*

OBEN LINKS: *John William Waterhouse,* Danaiden, *1904, Ölgemälde auf Leinwand, 154,3 x 111,1 cm. Privatkollektion*

OBEN RECHTS: *Jean Auguste Dominique Ingres,* Die Quelle, *Ölgemälde auf Leinwand, 163 x 80 cm. Musée d'Orsay, Paris*

UNTEN: *Paul Cézanne,* Die Badenden, *ca. 1875—1877, Ölgemälde auf Leinwand, 22 x 19 cm. Musée d'Orsay, Paris*

Blickt ich mit eitler Sehnsucht wohl nach ihm,
Wenn eine Stimme nicht gerufen hätte:
Was, holdes Wesen, du hier siehst, bist du …

Außerdem steht der Narzißmus für die Konfrontation mit dem eigenen Selbst, also für eine Reise, die so unkalkulierbar ist, daß die Gefahr, in seinem eigenen Elend zu ertrinken, genauso groß ist wie die Gefahr, vom Meer verschlungen zu werden.

Hab acht, mein Freund, vor klaren Brunnen
Oder Bächen; magst sehen deiner krummen
Nase schiefen Speer.
Narzissus' Schicksal würd'st du teilen,
Dem Leben voller Selbsthaß rasch enteilen
Wie voller Eigenliebe er.

WILLIAM COWPER, *On an Ugly Fellow*

Die Badenden und die Bäder

Das Thema der Badenden liefert Künstlern eine Allegorie des Lebens auf seinem mittsommerlichen Höhepunkt und einen weiteren Vorwand dafür, die nackte Frau in einer natürlichen Umgebung zu malen.

Courbet, Delacroix, Renoir, Cézanne, Matisse, Gauguin, Léger und Picasso gingen alle recht willkürlich mit ihren Badenden um, jeder in seinem eigenen Stil. Courbets *Die Badenden* (1853) zeigt zwei dralle Bauersfrauen bei einem zögernden Annäherungsversuch, der zweifellos ein erotisches Verhältnis an-

Gustave Courbet,
Die Badenden,
1853, Ölgemälde auf Leinwand, 227 x 193 cm. Musée Fabre, Montpellier, Frankreich

deutet. Der Realismus dieser kräftigen Landfrauen ist weit entfernt von der Vergeistigung der präraffaelitischen Nymphen. In seinem Bild *Die Badenden* (1918) wählte Picasso das andere Extrem, indem er drei Frauen in eleganten Badeanzügen in einem Seebad malte.

Die Badenden entfernten sich mit der orientalistischen Bewegung aus der freien Natur; diese Bewegung verherrlichte die exotischen *hamams* des Orients und zeigte die Odaliske in einer Vielzahl von Badeposen. In dem von Ingres gemalten Bild *Türkisches Bad* (1832) drängt sich eine Gruppe nackter Frauen in einem erotischen Opiumtraum zusammen. Jean-Léon Gérôme fand ein realistischeres Gleichgewicht zwischen der Architektur des Badehauses und der weiblichen Gestalt. Nachdem er nach Ägypten und in die Türkei gereist war, vermochte er die dortige Realität einzufangen; allerdings romantisierte er sie später durch westliche Modelle, die in die exotische Kleidung des Orients gehüllt waren. Seine Gemälde wirken fast fotografisch.

Der niederländische Maler Sir Lawrence Alma-Tadema zeigt in *Ein Lieblingsbrauch* (1909) feenhafte Schönheiten, die im Marmorbecken eines römischen Badehauses herumtollen. Das Gemälde strahlt eine verhaltene Sinnlichkeit aus, aber es hat nichts von der wilden Erotik, die Ingres' *Türkisches Bad* kennzeichnet. Alma-Tademas Frauen sind kindlich und ätherisch; ihnen fehlt das wollüstige Verhalten der Frauen in den türkischen Bädern. Er benutzte die gleiche Kulisse in seinem Gemälde *Caracallathermen* (1899), in dem sich präraffaelitische Nymphen und junge Athleten in prächtigen römischen Bädern tummeln.

Die Quelle

Während das Kurortleben im 19. Jahrhundert blühte, entwickelte es eine einzigartige Kultur mit eigenen Göttern und Ritualen, Feiern und Tempeln. Die eleganten Trinkhallen, Lustgärten, Villen, palastartigen Thermalbäder, Grandhotels und Kasinos waren alle mit den erlesensten, kunstfertig verarbeiteten Materialien, mit Mosaiken, Fresken, Kuppeln und Marmorstatuen geschmückt. Und in welcher Form auch immer: Die Kunst der Badekurorte legte stets Nachdruck auf ewige Jugend und Unsterblichkeit. Allegorische Gestalten aus Volkskultur und Mythologie zierten diese säkularen Heiligtümer; Aphrodite und Artemis stellten die Polaritäten der Kurort-Bildnisse dar: die gleichzeitige Feier von Keuschheit und Eros.

Eines der häufigsten Motive ist die Quelle oder der Brunnen, die Maler und Bildhauer wie Ingres, Rodin oder Miró inspirierten. In ihren Werken wurden ein Brunnen oder eine Quelle häufig von einer attraktiven jungen Frau — sexuell ausgereift, aber unschuldig — verkörpert. In *Die Quelle* (1856) zeigt Ingres ein nacktes, heranwachsendes Mädchen, das im Kontrapost in einer Quelle steht. Sie gießt Wasser aus einem Krug — dem Symbol der Weiblichkeit und der Großen Göttin — in die Quelle zurück. Diese Aktion erinnert auch an die Buße der Danaiden. (Romantische Maler des 19. Jahrhunderts wie Bourguereau brachten das Bild eines zerbrochenen Kruges häufig mit der verletzten Tugend einer jungen Frau in Verbindung.) Mit *Die Quelle* verlieh Ingres der mythologischen Vermenschlichung von Seen, Flüssen und Quellen eine visuelle Realität. Durch dieses Gemälde wurde der Inbegriff der Wassernymphe geschaffen.

Im Jahre 1969 erschien das gleiche Bild auf dem Plakat für das Musikfestival von Woodstock. Es war von Bildern umgeben, die den Frühling und die

Sir Lawrence Alma-Tadema, Ein Lieb-lingsbrauch, *1909, Ölgemälde auf Lein-wand, 660 x 451 cm. Tate Gallery, London*

Edgar Degas, Frau beim Verlassen des Bades, *1886, Pastell, 60 x 83 cm. Musée d'Orsay, Paris*

Einige Künstler der heutigen Zeit lassen sich durch die Gottheiten und Riten von Stammesgesellschaften inspirieren und erschaffen sie neu. »Wolkenbewegerin, Engel des Wassers, ist die uralte Regengöttin, unsere Großmutter des Wachstums; sie ruft die Regenwolken vom Pazifik herüber«, erläutert der kalifornische Stoffmaler und Erzähler Timothy Hinchcliff. »Mit ihrem heiligen Göttinnenstab am Herzen und einer Votivschale in den Händen ruft sie laut vor sich hin. Sie ruft den tiefblauen Ozean, damit das Leben erneuert zurückkehre. Mit den Wolken, die als ihre grauen Decken dienen, packt sie ihre Kinder ins Bett. Gleichermaßen umsorgt sie Menschen, Pflanzen und Tiere. Sie bringt das frische Wasser, das unsere Haut wäscht und unseren Körper pflegt. Sie hat uns gelehrt, ihren Regentagen all unsere Zuneigung zu widmen, denn wir alle sind die Söhne und Töchter ihrer heiligen Wasser.«

Liebe darstellten, wodurch man versuchte, eine moderne Maifeier oder ein Bacchanal heraufzubeschwören. Die Vision des Plakats erfüllte sich. Von überallher kamen junge Menschen, um den Liedern ihrer Minnesänger über Liebe und Frieden zu lauschen, und sie widmeten sich der Liebe und dem Genuß bewußtseinsverändernder Stoffe, synthetischer Versionen der göttlichen Pilze. Das Ereignis wurde zum Meilenstein der Gegenkultur im Zeitalter des Wassermanns(!).

Die Künstler des *Fin de siècle* zwängten die einsame Nymphe in ein kleines Zimmer, das wenig mehr als ein Bett und ein Waschbecken enthielt. Das Waschbecken ersetzte die Quelle, und die Jungfrau wurde zur Hure. Da man sich auf den Körper konzentrierte, gingen die Gesichter verloren. Degas' *Frau beim Verlassen des Bades* (um 1888), Picassos *Das blaue Zimmer* (1901) und verschiedene Gemälde Bonnards sind Studien voll Farbe und Licht. Vor allem Bonnard war ungeheuer fasziniert vom Malen der Badewanne, besonders von dem schillernden Effekt des Wassers auf dem Körper, und vom prosaischen Akt des Badens.

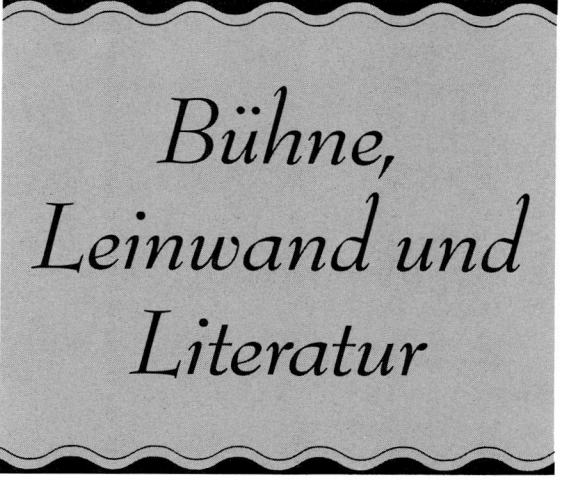

Bühne, Leinwand und Literatur

Wasser und Kino

Eines Abends saß ich mit Freunden zusammen, und wir machten ein Spiel, bei dem es darauf ankam, die Namen von Filmen mit Wassermotiven niederzuschreiben. Hier ist unsere Liste: *Histoire d'eau; Willkommen Mr. Chance; Der Mann, der vom Himmel fiel; Chinatown; Am Goldenen See; Gier; Mr. Peabody und die Meerjungfrau; Splash; Letztes Jahr in Marienbad; Der Regenmacher; Die letzte Flut; South Pacific; Das Rettungsboot; Das zauberhafte Land; Julia und die Geister; 8½; Nacht über Indien; Das Geheimnis der Agatha Christie; Singing in the Rain; Die Lady und der Tramp; Die Nacht vor der Hochzeit; Niagara; Fluß ohne Wiederkehr; Ein Platz an der Sonne; Das Lied von Bernadette; Regen; Die Nacht des Jägers; Fitzcarraldo; Der alte Mann und das Meer; Boudu — aus den Wassern gerettet; Drei Münzen im Brunnen; Boulevard der Dämmerung; Die Höllenfahrt der Poseidon; Schwarze Augen; Der Strom; Die Jungfrauenquelle.*

Natürlich gibt es noch viel mehr. In den meisten dieser Filme hat das Wasser die Aufgabe einer Metapher. In *Das zauberhafte Land* zum Beispiel verschwindet die Böse Hexe des Westens, als sie mit Wasser bespritzt wird, was andeuten soll, daß das Böse angesichts der elementaren Reinheit machtlos wird. In Ingmar Bergmans *Die Jungfrauenquelle* wird durch die Vergewaltigung und den Tod einer Jungfrau eine Quelle geschaffen. *Boulevard der Dämmerung* beginnt damit, daß der Erzähler unter Wasser spricht; in diesem Fall handelt es sich um einen Swimmingpool, aber die Szene wirkt so, als singe ein toter Held aus der Tiefe des Meeres.

Esther William in
Die goldene Nixe,
1954

Konventionelle wie experimentelle Filme machen sich die symbolische Kraft des Wassers weiterhin zunutze. In *Window, Water, Baby moving*, einem experimentellen Film von Stan Brakhage, ist Wasser eine Metapher für Geburt. In *Eine verhängnisvolle Affäre* hat die von Glenn Close gespielte Geliebte wiederholt mit Wasser zu tun — vom Liebesakt am Waschbecken bis hin zum Ertrinken in der Badewanne; hier wird auf die geschlechtlichen und unheilvollen Aspekte des Wassers verwiesen. In *Chinatown* wird Wasser zu einem Symbol von Macht und Gier: Wer das Wasser besitzt, hat auch die Macht.

Das Bild der Jungfrau ist auch in den Film vorgedrungen. In besonders stereotyper Form zeigt es sich im Western, wo das schöne Indianermädchen häufig in einem Fluß badet. Wenn der Held sie überrascht, bedeckt sie erschrocken ihre Blößen, aber dieser Vorfall kennzeichnet oft den Beginn der jungen Liebe.

Sehr ausdrucksvoll ist die Darstellung von Manon in *Manon des sources*, dem zweiten Buch und Film der zweiteiligen Arbeit *L'Eau des collines* des französischen Schriftstellers und Regisseurs Marcel Pagnol. Manon hat eine natürliche Beziehung zu Wasserquellen und verkörpert eine Quellnymphe mit beunruhigend heidnischen Merkmalen. Auch im ersten Teil, *Jean de Florette*, wird die Symbolik des Wassers behandelt. Jean, der gute und ehrliche Bucklige, erscheint in der Provence und baut auf scheinbar unfruchtbarem Boden einen lebensfähigen Bauernhof auf, aber seine schurkischen Nachbarn sind eifersüchtig.

Der faszinierendste Filmemacher, der sich in die Zeichensprache des Was-

Philippe Halsman, Mike Todds Peepshow, 1950. Copyright Yvonne Halsman

sers vertieft, ist natürlich Federico Fellini. Er erforscht ständig die symbolischen Tiefen des Wassers: vom Ende von *La Strada,* als Gelsomina gegen das Meer gesetzt wird, über *Das süße Leben,* als das Geschöpf aus dem Meer aufgeschwemmt wird, bis hin zu dem prächtigen Tanz der Hure Saraghina vor den Jungen am Strand in *8½* und zu der Szene in den Bädern von Montecatini in demselben Film. Aber die Aussage, die sich mir am stärksten eingeprägt hat, stammt aus *Julia und die Geister,* einem Film, der im großen Kasino des Kurorts San Pellegrino gedreht wurde: »Wenn du die Wahrheit wissen willst, Julia, trink Wasser.«

»Ich bin wegen des Wassers nach Casablanca gekommen.«
»Welches Wasser? Wir sind in der Wüste.«
»Ich bin falsch informiert worden.«
    Humphrey Bogart und Claude Rains in dem Film Casablanca

Jacques-Louis David,
Der Tod Marats,
*1793, Ölgemälde auf
Leinwand, 165,1 x
128,3 cm. Musées
Royeaux des
Beaux-Arts de
Belgique, Brüssel*

Die Flußfahrt in der Literatur

In James Joyce' *Finnegans Wake* fließt der Liffey gleichsam durch die Seiten und begleitet den Leser auf dessen Reise durch das Buch. Mark Twain verwandte den Mississippi als Kulisse für die gefährliche Flucht Huck Finns und des entlaufenen Sklaven Jim. C. S. Forester beschreibt in seinem Roman *African Queen,* wie die Beziehung eines ungleichen Paares alle Schwierigkeiten überdauert; dies wird durch eine Reise auf einem reißenden Fluß und alle damit verbundenen Gefahren — Stromschnellen, Blutsauger und Feinde auf anderen Booten — symbolisiert. In James Dickeys Roman *Flußfahrt* findet ein Teilnehmer der Reise nach dem anderen den Tod.

Die großen Bademorde

Ein Bad ist ein gefährlicher Ort. Dort ist man nicht nur völlig entspannt, sondern auch nackt und ungeschützt. Vielleicht sind Bäder aus diesem Grunde oft die Stätten berühmter Morde in Kunst und Mythologie. Im *Agamemnon* des Aischylos wird Agamemnon von Klytemnestra und ihrem Liebhaber Aigisthos mit einer Axt ermordet, während der König und seine Konkubine Kassandra nach seiner Rückkehr aus dem Trojanischen Krieg ein Bad nehmen. Die Ermordung Jean Paul Marats durch Charlotte Corday in seiner *sabotière* ist in die Geschichte eingegangen und hat Gemälde, Dramen und literarische Werke inspiriert, etwa Jacques-Louis Davids Bild *Marat mort,* das angeblich nach der Leiche skizziert wurde, oder Peter Weiss' Stück *Die Verfolgung und Ermordung Jean Paul Marats.* Bekannte Kriminalschriftsteller wie Agatha Christie, Dorothy Sayers oder Mary Higgins Clark zwängen manchmal Leichen in Badewannen und lassen einige ihrer Morde in Badekurorten stattfinden. Aber der wohl gespenstischste »Wassermord« ist die Erstechung unter der Dusche in Alfred Hitchcocks Film *Psycho.* Norman Bates, gespielt von Anthony Perkins, ist wegen des von ihm begangenen brutalen Mordes zum Inbegriff des Bösen geworden. Dieser Mord ist in die Psyche jeder Frau eingedrungen, die je unter der Dusche gestanden hat — und er ließ den Absatz von Badezimmerschlössern in die Höhe schnellen.

Klänge und Gestalten des Wassers

Wassermusik

Wasser hat eine fließende Sprache, die vom Plätschern eines Baches bis zum Brüllen eines aufgepeitschten Meeres im Sturm reicht, und Komponisten haben wiederholt versucht, die Stimmungen und Variationen der Musik des Wassers einzufangen. Brahms' *Regenlied*, Liszts *Aubord d'une source*, Debussys *La Mer* und Ravels *Jeux d'eau* wurden von diesem Versuch inspiriert. Händels *Wassermusik*, für Georg I. komponiert, wurde gespielt, wenn der Monarch in seinem Galaboot auf der Themse fuhr. Chopins Stück *Regentropfen* ist ein Präludium voller Melancholie; jeder Tropfen berührt ein Stück Trauer in unserer Seele.

Einige von Felix Mendelssohns dramatischen Kompositionen können als musikalische Pendants zu den Meeresbildern seines Zeitgenossen Joseph Turner betrachtet werden. Der Beginn der Ouvertüre *Die Hebriden* ist eine der genauesten musikalischen Darstellungen der sturmgepeitschten See. Camille Saint-Saëns' Präludium zu dem Oratorium *Le Deluge* beginnt mit lyrischem Charme in Vorahnung einer mächtigen Sturmflut, während Wassily Kalinnikows *Die Nymphen* die erotische Sinnlichkeit der Natur feiert.

Musikalische Interpretationen des Wassers sind weiterhin beliebt. Die Songs der Beach Boys sind den physischen und heiteren Aspekten der Surfkultur gewidmet, und die New-Age-Komponisten versuchen, uns zu beruhigen, indem sie echte Wassergeräusche wie das Dröhnen der Wellen und das Murmeln von Bächen in ihre Musik einbauen.

Pat Steir, August Waterfall for Berlin, *1991, Ölgemälde auf Leinwand, 271,1 x 226 cm. Robert Miller Gallery, New York*

Bezaubernde Brunnen

Keine Beschreibung der mit dem Wasser verbundenen Kunstformen wäre vollständig ohne einen Blick auf die Brunnen. Das aus ihnen hervorströmende Wasser bildet einzigartige »flüssige Skulpturen« und erfreut uns sowohl durch die visuellen als auch durch die klanglichen Variationen, die es hervorbringen kann.

Die Nähe zu fließendem, plätscherndem und herabstürzendem Wasser fördert das Wohlbefinden, und man weiß, daß der hypnotische, besänftigende Klang des Wassers eine heilsame Wirkung hat. Deshalb haben Architekten und Landschaftsgärtner natürliche Wasserformen wie Wasserfälle, Quellen und Teiche in künstlichen Umgebungen neu geschaffen. Besonders in jenen Gebieten der Erde, in denen es an Wasser mangelt, sind Künstler von Stolz erfüllt, wenn es ihnen gelungen ist, die dürre Landschaft in ein wasserreiches Paradies zu verwandeln.

Zuerst waren Brunnen ein Teil der heiligen Gärten, die gewöhnlich aus kleinen Grotten mit einer natürlichen Quelle im Inneren bestanden; ihr einziger Schmuck war eine aus Stein gemeißelte Statue, die als Denkmal für die Gottheit oder den Geist des Brunnens diente. Allmählich führten die gleichen Motive zu kunstvolleren Werken, etwa zu prächtigen Nymphäen mit reichverzierten Brunnen und Statuen.

Die Perser, die Araber und später die Osmanen verwandelten ausgetrocknete Wüstenlandstriche in ein Paradies und erhoben den Garten zu einer Kunstform. In persischen Gärten wurde Wasser zu verschiedenen symbolischen und religiösen Zwecken eingesetzt. Im Zentrum befanden sich kunstvolle Brunnen und Becken, deren Fliesen mit Edelmetallen und -steinen eingefaßt waren. Das Wort »Paradies« ist über das Griechische vom persischen *pairidaeza* (»ummauerter Garten«) zu uns gekommen.

P. Coste (Architekt), Cl. Savageot und Huguet Ainé (Graveure), Ispahan, Spiegelpavillon, ca. 1839—1844, Gravüre, 30 x 41 cm. The British Library, Oriental and India Offices Collection

Brunnen der vier
Mauren im Garten
der Villa Lante,
Viterbo, Italien

Die Brunnen der Alhambra, die Gärten von Schalimar und die des Kyros in Pasargadae — sie wurden vor mehr als zweieinhalb Jahrtausenden gebaut — haben überall auf der Welt einen legendären Ruf erlangt. Es waren zauberhafte Orte voll von wunderbaren Widerspiegelungen, harmonischen Klängen und ätherischem Dunst.

Die Mogulinvasionen brachten die persische Gartenbaukunst nach Indien, wo sie den Hindus zusagte, die das Wasser bereits sehr verehrten. Die Hindus bauten Tempel und Paläste auf Seeinseln, etwa den Goldenen Tempel der Sikhs in Amritsar oder den Inselpalast von Jag Mandir in Udaipur, wodurch sie die Bedeutung des Wassers für ihre religiösen Handlungen betonten.

Die Alhambra in Granada, ein Meisterwerk der restaurierten maurischen Architektur, bietet einen herrlichen Anblick. Die Höfe sind mit Blumenbeeten geschmückt und werden von Bogengängen umschlossen, die mit anmutiger Filigranarbeit verziert sind und denen schlanke Säulen aus weißem Marmor als Stützen dienen. Im Mittelpunkt eines der Höfe liegt der Brunnen, der durch Lieder und Erzählungen berühmt geworden ist; Diamanttropfen ergießen sich aus seinem Alabasterbecken, während die zwölf Löwen, die es stützen, Kristallströme speien. Die architektonische Nutzung des Wassers, das durch Laubwerk tröpfelt oder plätschert, trägt dazu bei, eine zauberhafte Atmosphäre zu schaffen.

Die Chinesen hielten sich an die Auffassung, daß nichts schöner sei als die Natur selbst. Die Gärten chinesischer Gelehrter waren — im Gegensatz zu den meist geometrisch angelegten Gärten des Westens — den natürlichen Formen der Landschaft angepaßt. Brunnen, Quellen und Grün sollten ein Gefühl der Harmonie erzeugen. Die Erbauer dieser Gärten mußten Kunst und Poesie studieren, bevor sie als Landschaftsgärtner arbeiten konnten.

Japanische Gärten

Die Japaner haben ebenfalls große Achtung vor der natürlichen Landschaft; dieser Respekt wird sowohl in der schintoistischen als auch in der buddhistischen Philosophie unterstrichen. Der Gartenbau soll keine künstlichen Strukturen schaffen, sondern die natürlichen Formen und Gegebenheiten nutzen.

Zunächst wurden die japanischen Gärten von den Küstenlandschaften der Inselnation inspiriert. Frühe japanische Landschaftsgärtner bauten an aus Quellen gespeisten Teichen oder Seen Felsenhügel, die so angelegt waren, daß sie Buchten entstehen ließen oder wie Vorgebirge wirkten. Ein Beispiel liefert der Inselschrein von Itsukushima, der das Meer in den gestalterischen Entwurf der Jodo-Sekte einbezog. Nur die Eingeweihten, die den Gottheiten des Tempels dienten, durften die heilige Insel betreten, die durch überdachte Brücken zu erreichen war.

Wasserfälle, ein wichtiges Merkmal japanischer Gärten, wirken stets natürlich, nicht künstlich. Je nach Landschaft findet man breite, wild herabstürzende Ströme (im Gebirge) oder eine Vielzahl von schmalen, in die Tiefe tröpfelnden Bächen (an den Küstenstreifen). Das Volumen und die Geschwindigkeit des Wassers sowie die Position und die Größe der Felsen sind die wichtigsten Gesichtspunkte beim Bau von Wasserfällen. Der Landschaftsgärtner hat die Aufgabe, all diese Elemente in Einklang zu bringen und einen Wasserfall anzulegen, der die Illusion erweckt, schon immer ein Bestandteil der Landschaft gewesen zu sein.

Am Fuß des Wasserfalls liegt stets ein klarer Teich zur Meditation und zur Betrachtung der Natur. Häufig verbinden in einem scheinbar natürlichen Muster angeordnete Trittsteine den Teich mit dem Garten. Die meisten Teiche sind mit *koi* (Karpfen) besetzt; man kann endlose Stunden damit verbringen, zu meditieren und den hypnotischen Tanz dieser bunten Fische zu beobachten, die manchmal Hunderte von Jahren leben und die Weisheit dieses ehrwürdigen Alters besitzen sollen.

Strömungsformen

Auf uns mag fließendes Wasser chaotisch und willkürlich wirken, doch laut Theodor Schwenk, einem außergewöhnlichen Erforscher der Rätsel des Wassers, hat es eine feste Fließstruktur. Seine ephemeren Wirbelringe zum Beispiel, die aus von links nach rechts alternierenden Spiralen bestehen, bilden ein Schleifenmuster, das sich von einer Seite zur anderen bewegt. Diese meta-

Die »Emerson-Strö-
mungsform« im
Emerson College,
England

morphe Sequenz hat eine bemerkenswerte Ähnlichkeit mit organischen Formen, etwa mit dem fortlaufenden Muster von Wirbeln am Rückgrat.

In *Das sensible Chaos* schrieb Schwenk: »Wo immer das Wasser auftritt,
zeigt es das Bestreben, in die Kugelform zu gehen« — sei es ein sich dahin-
schlängelnder Bach, eine sich kräuselnde Welle oder ein wirbelnder Strudel. Er
beobachtete zudem rhythmische Bewegungen in verschiedenen Erscheinungsformen des Wassers, zum Beispiel im Wandel der Gezeiten oder beim Aufein-
andertreffen von Wellen. Schwenk kam zu der Auffassung, daß die regenerati-
ven Prozesse, von denen das gesamte Leben abhängt, unaufhörlich im Wasser
wirksam sind. Sonst wäre es nicht das lebenserhaltende Element.

Bei dem Versuch, die Sprache des Wassers zu verstehen, bezog der britische Bildhauer John Wilkes Schwenks Theorien über die natürliche Bewegung
des Wassers in seine Strömungsformen mit ein, das heißt in Skulpturen, die
dem Wasser dessen natürliche Gestalt zurückgeben sollen, indem sie seinen
Rhythmus und seine Spiralen nachahmen. Die Folge von Wirbeln, die das
Wasser naturgemäß hervorbringt und die in jedem Bach zu beobachten sind,
wird durch ein pulsierendes Schleifenmuster verstärkt, das von den Proportio-
nen der Strömungsformen erzeugt wird.

Untersuchungen bestätigen, daß Strömungsformen neben ihrem ästhetischen Effekt auch eine positive Wirkung auf die »Gesundheit« des Wassers sowie auf die menschliche und die natürliche Umwelt haben. Sie scheinen dem
Wasser Energie zu verleihen, so daß es anders schmeckt und bessere Ernten
hervorbringt. Deshalb verwendet man sie bei der landschaftlichen Gestaltung
von Gesundheitszentren, für Anlagen zur Wasserbehandlung, landwirtschaftliche Forschungseinrichtungen, Atrien und städtische Geschäftszentren. Studien
lassen den Schluß zu, daß Strömungsformen positive Auswirkungen haben,
besonders auf autistische Kinder und blinde Personen. Wenn Wasser und sein
Behältnis in vollkommener Harmonie sind, erscheinen sie als großartige Mani-
festation von Kunst und Natur. Dadurch werden wir an Goethes Ausspruch
erinnert, daß derjenige, dem die Natur ihre offenen Geheimnisse zu enthüllen
beginnt, eine unwiderstehliche Sehnsucht nach ihrem würdigsten Interpreten
verspürt: nach der Kunst.

Führer zu den exklusivsten Kurorten der Welt

Ein Sternchen kennzeichnet Hotels oder Erholungsorte, die Bäderbehandlungen anbieten, aber nicht unbedingt über Mineralquellen verfügen.

Deutschland

BADEN-BADEN

Der legendärste europäische Badeort, gelegen im Talkessel der Oos im Schwarzwald.

Empfehlenswertes Hotel:
Brenner's Park Hotel
Schillerstraße 6
7570 Baden-Baden
Telefon 49-72 21-35 30
Telefax 49-72 21-3 53-353

WIESBADEN

Ein malerischer Kurort mit luxuriösen Villen im Rheintal.

Empfehlenswertes Hotel:
Hotel Nassauer Hof
Kaiser-Friedrich-Platz 3—4
6200 Wiesbaden
Telefon 49-6 11-21-13-30
Telefax 49-6 11-21-13-36-32

BAD REICHENHALL

Ein anmutiger Kurort unweit des Chiemsees an der Süd-spitze Bayerns zwischen Salzburg und Kitzbühel.

Empfehlenswertes Hotel:
Hotel Axelmannstein
Salzburger Straße 2—6
8230 Bad Reichenhall
Telefon 49-86 51-40 01

Wir danken Jenni Lipa von Spa Trek Travel in New York für ihre Hilfe bei der Überprüfung der in diesem Führer enthaltenen Angaben.

England

Champney's at Tring*
Tring
Hertfordshire HP23 6HY
Telefon 44-2 87-31-55

Champney's, gelegen in einem wunderschönen großen Parkgelände, ist ein luxuriöses Anwesen mit modernen Badeanlagen.

Grayshott Hall & Leisure Center*
Grayshott, near Hindhead
Surrey GU26 6JJ
Telefon 44-4 28-73-43-31

Gesundheits-/Fitneß-Kurort in romantischer, anheimeln-der Umgebung.

Lucknam Park*
Colerne
Wiltshire SN14 8AZ
Telefon 44-2 25-74-27-77

Ein luxuriöses georgianisches Landhaus mit eigenen Badeanlagen, rund zehn Kilometer von Bath entfernt.

Shrubland Hall Health Clinic*
Coddenham, near Ipswich
Suffolk IP6 9QH
Telefon 44-473-83-04-04

Ein palastartiger georgianischer Herrensitz mit klassi-schen englischen Gärten; ausgerichtet auf Gesundheits-und Schönheitspflege.

Frankreich

ÉVIAN-LES-BAINS

Ein eleganter und bezaubernder Kurort mit Belle-Epoque-Gebäuden am Südufer des Genfer Sees.

Empfehlenswertes Hotel:
Hôtel Royal
Rive Sud du Lac de Genève
74500 Évian-les-Bains
Telefon 33-50-75-14-00
Telefax 33-50-74-38-00

EUGÉNIE-LES-BAINS

Dieser Kurort, in der Nähe der Vorhügel der Pyrenäen und der spanischen Grenze, bietet die Kuren an, die bereits von Kaiserin Eugénie geschätzt wurden. Er ist zudem das Zentrum von Michel Guérards cuisine minceur.

Empfehlenswertes Hotel:
Les Prés d'Eugénie
40320 Eugénie-les-Bains
Les Landes
Telefon 33-58-51-19-50

LA BAULE

Ein stilvoller Kurort an der Atlantikküste.

Empfehlenswertes Hotel:
Hôtel Hermitage
Esplanade François André
44504 La Baule
Telefon 33-40-60-20-23
Telefax 33-40-60-89-21

BIARRITZ

Ein Atlantikkurort im Herzen des Baskenlandes, der den Glanz des Neuen und des Alten miteinander verbindet. Er besitzt das beste Thalassotherapie-Zentrum in Frankreich.

Empfehlenswertes Hotel:
Atlanthal
153 Boulevard des Plages
64600 Anglet-Chiberra
Telefon 33-59-52-75-75

DEAUVILLE

Modischer Erholungsort an der normannischen Côte Fleurie; bietet thalassotherapeutische Behandlungen an.

Empfehlenswertes Hotel:
Hôtel Normandy
38 rue Jean Mermoz
14800 Deauville
Telefon 33-31-88-09-21

Israel

TOTES MEER

Dieser Salzsee an der Grenze zwischen Israel und Jordanien ist berühmt für seine konzentrierten Mineralwässer und Schlämme. Seine Oberfläche liegt rund 400 Meter unter dem Meeresspiegel.

Empfehlenswertes Hotel:
Dead Sea Spa Hotel
Sdom 84960
Telefon 972-57-84-221

Italien

MONTECATINI TERME

Der eleganteste italienische Kurort, in der Toskana gelegen.

Empfehlenswertes Hotel:
Grand Hotel & La Pace
Viale Della Torretta
51016 Montecatini Terme
Telefon 39-572-75801

ABANO TERME

Dieser Kurort bei Padua — und unweit von Venedig — ist berühmt für seine Fangobehandlungen.

Empfehlenswertes Hotel:
Grand Hotel Orologio
Viale delle Terme 66
35031 Abano Terme
Telefon 39-49-66-91-11

MERAN

Ein Thermalquellen-Kurort in Südtirol.

Empfehlenswertes Hotel:
Hotel Castel Rundeg
Via Scena 2
39012 Merano
Telefon 39-473-34100
Telefax 39-473-37200

ISCHIA

Eine Insel im Golf von Neapel mit prächtigen Weingärten, Olivenhainen und Thermalquellen.

Empfehlenswertes Hotel:
Grand Hotel Punta Molino Terme
Lungomare Cristoforo Colombo
80077 Ischia Porto
Telefon 39-81-99-15-44
Telefax 39-81-99-15-62

SATURNIA

Sprudelnde Thermalwasser aus einer unterirdischen Schwefelquelle.

Empfehlenswertes Hotel:
Terme di Saturnia Hotel
58050 Saturnia (Grosetto)
Telefon 39-564-601-061
Telefax 39-564-601-266

Japan

BEPPU

Ein Seehafen auf der Insel Kyushu mit dampfendem Mineralwasser, das sich aus fast vierhundert Quellen ergießt.

Empfehlenswertes Hotel:
Hakkuu Sanso Hotel
2473-1 Oaza Minami-Tateishi
Beppu 874
Telefon 81-977-23-11-51

NOBORIBETSU ONSEN

Ein Thermalquellen-Kurort in einem engen Tal zwischen bewaldeten Bergen auf der Insel Hokkaido.

Empfehlenswertes Hotel:
Noboribetsu Grand Hotel
154 Noboribetsu Onsen
Noboribetsu City 059-05
Telefon 81-1438-42101

ATAMI

Einer der beliebtesten japanischen Thermalquellen-Kurorte, unweit des Fuji.

Empfehlenswertes Hotel:
Horai Ryokan
750-6 Izuyama
Atami City 413
Telefon 81-557-85151

HAKONE

Herrliche heiße Quellen in den Bergen von Hakone.

Empfehlenswertes Hotel:
Fujiya Hotel
Miyanoshita Hakone
Telefon 81-460-2-2211
Telefax 81-460-2-2210

Kanada

Harrison Hot Springs Villa Hotel
P. O. Box 389
270 Esplanade
British Columbia VOM 1KO
Telefon 604-796-9339
Telefax 604-796-9374

Ein beliebter Unterschlupf mit natürlichen heißen Quellen in den Bergen unweit des Harrison Lake.

Mexiko

Rancho La Puerta*
Tecate, Baja California
Telefon 1-800-443-7565

Dieser außergewöhnliche Kurort in den Vorhügeln des Cuchuma bietet siebentägige Fitneß- und Gesundheitsprogramme an.

Österreich

BADEN BEI WIEN

Dieser Kurort, umgeben von weitflächigen Weinbergen an den Osthängen des Wienerwaldes, ist berühmt für seine Thermalquellen.

Empfehlenswertes Hotel:
Grand Hotel Sauerhof
Weilburgstraße 11—18
2500 Baden/Wien
Telefon 43-2252-412-510
Telefax 43-2252-480-47

BADGASTEIN

Ein prachtvoller Alpenkurort in den Vorhügeln der Hohen Tauern.

Empfehlenswertes Hotel:
Hoteldorf Grüner Baum
5640 Badgastein
Telefon 43-6434-251-60
Telefax 43-6434-251-625

Schottland

Stobo Castle & Health Spa*
Peebleshire EH45 8NY
Telefon 44-721-6249

Ein erlesenes Kurhotel in einem monumentalen Fels- und Backsteinschloß des frühen 19. Jahrhunderts, in einem weitläufigen Gelände gelegen.

Schweiz

BADEN

Ein sehr alter Kurort an der Limmat, unweit von Zürich.

Empfehlenswertes Hotel:
Hotel Verenahof
Kurplatz 1
5400 Baden
Telefon 41-56-22-52-51

BAD RAGAZ

Der führende Schweizer Kurort, gelegen am Rhein im Kanton Sankt Gallen, unweit von Liechtenstein.

Empfehlenswertes Hotel:
Hotel Quellenhof
7310 Bad Ragaz
Telefon 41-85-90111

ST. MORITZ

Mondänes Heilbad im Oberengadin; Wintersportplatz.

Empfehlenswertes Hotel:
Park Hotel Kurhaus
7500 St. Moritz
Telefon 41-82-22111

LENK IM SIMMENTAL

Kleiner Kurort in idyllischer Gebirgslage am Fuß des Wildstrubel unweit von Bern.

Empfehlenswertes Hotel:
Hotel Kreuz
3775 Lenk im Simmental
Telefon 41-30-31387

LEUKERBAD

Heiße Mineralquellen hoch in den Alpen.

Empfehlenswertes Hotel:
Les Sources des Alpes
3954 Leukerbad
Telefon 41-27-62-11-51

Spanien

COSTA DEL SOL

Ein Kurort unweit von Malaga, mit Louison-Bobet-Thalassotherapie-Zentrum.

Empfehlenswertes Hotel:
Hotel Byblos Andaluz*
Mijas Golf, Apt. 138
Fuengirola, Malaga
Telefon 34-52-473-050
Telefax 34-52-476-783

PONTEVEDRA

Einer der mondänsten spanischen Kurorte.

Empfehlenswertes Hotel:
Gran Hotel La Toja*
36991 La Toja
Telefon 34-86-73-00-25
Telefax 34-86-73-12-01

Tschechoslowakei

MARIÁNSKE LÁZNĚ (MARIENBAD)

Ein mitteleuropäischer Kurort mit langer Tradition.

Empfehlenswertes Hotel:
Ruda Hvezda Hotel
353 29 Mariánske Lázně
Telefon 42-165-3061/65

KARLOVY VARY (KARLSBAD)

Einst ein beliebter Urlaubsort der Oberschicht, heute von Nüchternheit geprägt.

Empfehlenswertes Hotel:
Bankovní Spojení
SBČS Karlovy Vary 2109-341
Telefon 42-17-25401/07

Ungarn

BUDAPEST

Mehrere der 120 Thermalquellen der Stadt speisen öffentliche Bäder.

Empfehlenswertes Hotel:
Gellert Hotel*
Szt Gellert ter 1
Budapest XI
Telefon 36-1-85-22-00

Vereinigte Staaten

Golden Door*
P. O. Box 1567
Escondido, CA 92033
Telefon 619-744-5777
Telefax 619-471-2393

Wunderbare Verhätschelung in einem Milieu japanischen Stils; Minimum sieben Nächte.

Cal-a-Vie*
2249 Somerset Road
Vista, CA 92084
Telefon 619-945-2055

Romantische provenzalische Umgebung, sehr klein und exklusiv, großartige persönliche Fürsorge.

Canyon Ranch*
8600 East Rockcliff Road
Tucson, AZ 85715
Telefon 800-742-9000

Viele Aktivitäten zur Auswahl, darunter Streßlinderungs-programme.

Canyon Ranch in the Berkshires*
Bellefontaine, Kemble Street
Lenox, MA 01240
Telefon 800-742-9000

Herrliche Landschaft, Ganzheitspflege für Geist, Körper und Seele.

Doral Saturnia International Spa Resort*
8755 N. W. 36th Street
Miami, FL 33178
Telefon 800-331-7768

Ein opulentes Kurhotel mit speziellen Programmen und Gruppenaktivitäten.

Sonoma Mission Inn and Spa*
18140 Hwy. 12
Boyes Hot Springs, CA 95416
Telefon 800-358-9022

Ein Zufluchtsort mit einem Hotel im Stil eines Missions-hauses, mitten im Weinbaugebiet von Kalifornien.

The Oaks at Ojai*
122 East Ojai Avenue
Ojai, CA 93023
Telefon 805-646-5573

Leistungsfähiges Kurhotel im Ojai Valley der Los Padres Mountains.

The Greenhouse*
P. O. Box 1144
Arlington, TX 76004
Telefon 817-640-4000

Ein luxuriöses, nur Frauen vorbehaltenes Kurhotel, das interessante Ablenkungen bietet, etwa Einkaufsausflüge zu Neiman-Marcus.

Maine Chance*
5830 East Jean Avenue
Phoenix, AZ 85018
Telefon 602-947-6865

Von Elizabeth Arden gegründeter Zufluchtsort für Frauen.

Safety Harbor Spa & Fitness Center*
105 North Bayshore Drive
Safety Harbor, FL 34695
Telefon 800-237-0155, 813-726-1161

Luxuriöses Kurhotel, eingerahmt von natürlichen heißen Quellen.

The Phoenix Fitness Resort*
111 North Post Oak Lane
Houston, TX 77024
Telefon 800-548-4700

Ein kleines, gemütliches Kurhotel nur für Frauen.

Greenbrier Hotel
West Main Street
White Sulphur Springs, WV 24986
Telefon 800-624-6070

Das stilvollste Hotel in dem berühmten Kurort in West Virginia.

Arlington Hotel
Central Avenue at Fountain St.
Hot Springs, AR 71902
Telefon 800-643-1502

Das beliebteste Hotel in diesem alten Thermalquellen-Kurort.

Two Bunch Palms
67-425 Two Bunch Palms Trail
Desert Hot Springs, CA 92240
Telefon 714-329-8791

Ein Zufluchtsort mit dampfenden Quellen mitten in der Wüste.

Doral Telluride Resort & Spa
Atop Country Club Drive
P. O. Box 272
Telluride, CO 81435
Telefon 800-22-DORAL
      303-728-6800
Telefax 303-728-6567

Ein Kurzentrum mit allen Dienstleistungen; Skifahren im Winter und sämtliche Abenteuersportarten im Sommer.

Westindien

JAMAIKA

The Sans Souci Hotel Club & Spa*
Box 103
Ocho Rios, Jamaika
Telefon 809-974-2353/54

Ein sich aus den Meeresklippen erhebendes Kurhotel mit vollständigen Fitneßprogrammen und stärkenden Körper-behandlungen.

Badehaus im Hotel Gellert, Budapest, Ungarn

Danksagung

Mein Dank gilt vielen Personen, die mir enorm geholfen haben, dieses Buch Realität werden zu lassen:

Allen bei Abbeville, insbesondere Robert Abrams dafür, daß er mir wiederum Vertrauen schenkte; meinen beiden Lektoren, Alan Axelrod, der den Prozeß einleitete, und Jacqueline Decter, die sich geduldig mit mir durch die Fluten kämpfte; Cliff Cord Browder, der sämtliche Klippen entdeckte; der Designerin Patty Fabricant, die ein Kunstwerk vorlegte; Adrienne Aurichia, Deborah Abramson, Hope Koturo, Robin James, Rozelle Shaw und Lori Horak für ihre außergewöhnlichen Bemühungen; sowie Mark Magowan, der das Resultat elegant durch die internationalen Gewässer steuerte. Rolf Heyne, Hans-Peter Übleis und Marike Gauthier dafür, daß sie an einen Traum glaubten.

Ich möchte auch Carol Tarlow, Kyriaki Albenis, Arthur von Wiesenberger, Pamela Lechtman, Paolo Belloni, Roberta Frateschi, Claire Burkert, Sandra und Bram Dijkstra, Sandra Butler, Alan Ereira und Timothy Hinchliff danken; ebenso wie Barbara Rosenblum für Anregungen, die ich zur Reife bringen konnte.

Außerdem spreche ich jenen meinen tiefempfundenen Dank aus, die mich zu den Wassern führten: Mary Homi und Timothy Fox; Karen Preston und den *Leading Hotels of the World*; den »Grandesdames« der amerikanischen Kurorte; Marlene Powers vom Cal-a-Vie und Deborah Szekely vom Golden Door; Florence Radot und Gilles Janin vom Club Royal in Evian; Pierre Barrelet und Jörg Schweizer vom Quellenhof; Walter Wenger und dem Badener Touristenbüro; Bill Blum und der Sonoma Mission Inn; Richard Schmitz vom Brenner's Parkhotel; Ricardo Pucci vom Grand Hotel & La Pace; Signor Baccara vom Orologgio; der Familie Sinn von Schloß Rundeg; Elke Träger vom Nassauerhof und vielen, vielen anderen.

Und wie immer danke ich Robert Croutier, der die lieblichsten und die übelsten Wasser kostete, um mir Gesellschaft zu leisten.

Ausgewählte Literatur

- ACKERMAN, DIANE, *A Natural History of the Senses*, New York 1990
- AUDEN, W. H., *The Enchafed Flood or Romantic Iconography of the Sea*, Charlottesville 1979
- BABBITT, HAROLD E., *Water Supply Engineering*, New York 1949
- BAEDEKER, KARL, *Wiesbaden*, Freiburg 1986
- BIRD, CHRISTOPHER, *The Divining Hand. The Art of Searching for Water, Oil, Minerals, and Other Natural Resources or Anything Lost, Missing, or Badly Needed*, New York 1979
- BLUM-HEISENBERG, BARBARA, *Die Symbolik des Wassers. Baustein der Natur*, München 1988
- BOCCA, GEOFFREY, *The Great Resorts. An Inside View*, New York 1971
- BÖHME, HARTMUT (Hrsg.), *Kulturgeschichte des Wassers*, Frankfurt/Main 1988
- BULFINCH, THOMAS, *Bulfinch's Mythology*, New York 1976
- BULTEAU, MICHEL, *Die Töchter des Wassers*, Bad Münstereifel 1987
- CALVERT, ALBERT F., *The Alhambra*, London 1952
- CARCOPINO, JEROME, *Daily Life in Ancient Rome*, New Haven 1940
- COFFEL, STEVE, *But Not a Drop to Drink. The Life-Saving Guide to Good Water*, New York 1991
- COOPER, PATRICIA / COOK, LAUREL, *Hot Springs and Spas of California*, San Francisco 1978
- CRISMER, LEON M., *The Original Spa Waters of Belgium*, Spa 1983
- DENBIGH, KATHLEEN, *A Hundred British Spas. A Pictorial History*, London 1981
- DUNDES, ALAN (Hrsg.), *The Flood Myth*, Berkeley 1988
- DUPAVILLON, CHRISTIAN, *O Royal d'Evian*, Evian-les-Bains 1990
- EBERHART, GEORGE M., *Monsters, a Guide to Information on Unaccounted for Creatures, Including Bigfoot, Many Water Monsters and Other Irregular Animals*, New York 1983
- FIECCHI, GABRIELLA, *Alle Terme*, Mailand 1981
- FIELDS, RICK, u. a., *Chop Wood, Carry Water. A Guide to Finding Spiritual Fulfillment in Everyday Life*, Los Angeles 1984
- FISCHER, KLAUS, *Baden-Baden erzählt*, Bonn 1985
- FISHER, M. F. K., *A Cordiall Water. A Garland of Odd & Old Receipts to Assuage the Ills of Man & Beast*, San Francisco 1981
- FRAZER, SIR JAMES GEORGE, *The Golden Bough*, New York 1922
- FRONTINUS, SEXTUS JULIUS, *The Two Books on the Water Supply of the City of Rome*, Boston 1899
- GADON, ELINOR, *The Once & Future Goddess. A Symbol of Our Time*, San Francisco 1989
- GIEDION, SIEGFRIED, *Die Herrschaft der Mechanisierung. Ein Beitrag zur anonymen Geschichte*, Frankfurt/Main 1982
- GIMBUTAS, MARIJA, *The Language of the Goddess. Unearthing the Hidden Symbols of Western Civilization*, San Francisco 1989
- GRAVES, ROBERT, *The White Goddess*, New York 1966
- GREEN, TIMOTHY / GREEN, MAUREEN, *The Good Water Guide*, London 1985
- GRENIER, LISE, *Villes d'eaux en France*, Paris 1984
- GRÜN, ANSELM, *Taufstätten: Quellen des Lebens*, Würzburg 1988
- HARDING, M. ESTHER, *Woman's Mysteries*, San Francisco 1971
- HART, MICKEY / STEVENS, JAY, *Drumming at the Edge of Magic. A Journey into the Spirit of Percussion*, San Francisco 1990
- HOBSON, ANTHONY, *J. W. Waterhouse*, Oxford 1990
- HOLDEN, WILLIAM S., *Water Treatment and Examination*, Baltimore 1970
- HOTTA, ANNE / ISHIGURO, YOKO, *A Guide to Japanese Hot Springs*, Tokio 1986
- HOUSTON, JEAN, *The Search for the Beloved. Journeys in Mythology and Sacred Psychology*, Los Angeles 1987
- ILLICH, IVAN, *H_2O und das Wasser des Vergessens*, Reinbek b. Hamburg 1987

- JOHNSON, BUFFIE, *Lady of the Beasts. Ancient Images of the Goddess and Her Sacred Animals*, San Francisco 1988
- JORGENSEN, ERIC P., *The Poisoned Well. New Strategies for Groundwater Protection*, Washington D.C. 1989
- KANNER, CATHERINE, *The Book of the Bath*, London 1985
- KAYSING, BILL, *Great Hot Springs of the West*, Santa Barbara, Calif. 1990
- KEIGHTLEY, THOMAS, *Fairy Mythology*, London 1880
- KESTNER, JOSEPH A., *Mythology and Misogyny. The Social Discourse of Nineteenth-Century British Classical Subject Painting*, Madison 1989
- KIRA, ALEXANDER, *The Bathroom. Criteria for Design*, New York 1967
- LACHMAYER, HERBERT / MATTE-WURM, SYLVIA / GARGERLE, CHRISTIAN (Hrsg.), *Das Bad, Eine Geschichte der Badekultur im 19. und 20. Jahrhundert*, Salzburg und Wien 1991
- LAOTSE, *Tao-Te-King*, München 1984
- LERMONTOV, MIHAIL, *Ein Held unserer Zeit*, Aus dem Russischen übertragen von Günther Stein, München 1989
- MACKINLAY, JAMES M., *Folklore of Scottish Lochs and Springs*, Glasgow 1893
- MASANI, RUSTOM P., *Folklore of Wells. Being a Study of Waterworship in East and West*, 1918. Reprint. Norwood, Pa. 1978
- PARIS, GINETTE, *Pagan Meditations. The Worlds of Aphrodite, Artemis and Hestia*, Dallas 1986
- PIMLOTT, JOHN A. R., *The Englishman's Holiday. A Social History*, London 1947
- POWLEDGE, FRED, *Water. The Nature, Uses and Future of Our Most Precious and Abused Resource*, New York 1983
- REISNER, MARC, *Cadillac Desert. The American West and Its Disappearing Water*, New York 1987
- ROLLINS, SCOTT, *Painting with Water*, Amsterdam 1991
- ROUILLE, FRANCE, *The Source*, Evian-les-Bains 1989
- RUBOVSZKY, ANDRAS, *The Gellert*, Budapest 1988
- SARNOFF, PAM MARTIN, *The Ultimate Spa Book*, New York 1989
- SCHAFER, EDWARD H., *The Divine Woman. Dragon Ladies and Rain Maidens in T'ang Literature*, San Francisco 1980
- SCHOLL, NORBERT, *Wasser des Lebens: Taufe und christliches Leben*, München 1987
- SCHWARTZ, STEVEN, *The Book of Waters*, New York 1979
- SCHWENK, THEODOR, *Das sensible Chaos. Strömendes Formenschaffen in Wasser und Luft*, Stuttgart 1963
- SEELYE, JOHN, *Prophetic Waters. The River in Early American Life*, New York 1977
- SÉJOURNÉ, LAURETTE, *Burning Water. Thought and Religion in Ancient Mexico*, New York 1960
- SIDENBLADH, ERIK, *Water Babies. The Igor Tjarkovsky Method for Delivery in Water*, New York 1983
- SIMMONS, DOUGLAS A., *Schweppes. The First Two Hundred Years*, Reston, Va. 1983
- SMITH, JAMES R., *Springs and Wells in Greek and Roman Literature*, New York 1922
- STARR, CHESTER G., *The Influence of Sea Power on Ancient History*, New York 1988
- STEFFEN, UWE, *Taufe. Ursprung und Sinn des christlichen Einweihungsritus*, Stuttgart 1988
- SZEKELY, EDMOND, *Healing Waters*, San Diego 1976
- TOLLE-KASTENBEIN, RENATE, *Antike Wasserkultur*, München 1990
- TSYPKIN, LEONID, *Summer in Baden-Baden. From the Life of Dostoevsky*, London 1887
- VAN ITALLIE, THEODORE B. / HADLEY, LEILA, *The Best Spas. Where to Go for Weight Loss, Fitness Programs and Pure Pleasure in the U.S. and Around the World*, New York 1988
- WATSON, LYALL, *The Water Planet. A Celebration of the Wonder of Water*, New York 1988
- WEISS, HARRY B. / KEMBLE, HOWARD R., *They Took to the Waters. The Forgotten Mineral Spring Resorts of New Jersey and Nearby Pennsylvania and Delaware*, Trenton, N.J. 1962
- WILD, ROBERT A., *Water in the Cultic Worship of Isis and Sarapis*, Leiden, 1981
- WILSON, COLIN, *Mysteries*, New York 1980
- WOOD-MARTIN, WILLIAM G., *Traces of the Elder Faiths of Ireland, a Folklore Sketch. A Handbook of Irish Pre-Christian Traditions*, 2 Bde., London 1902
- WRIGHT, CAROL, *Guide to Health Spas Around the World*, Chester, Conn. 1988
- WRIGHT, LAWRENCE, *Clean and Decent. The Fascinating History of the Bathroom and the Water Closet*, New York 1960
- WYLSON, ANTHONY, *Aquatecture. Architecture and Water*, New York 1987

Register

Bildnachweis

Die Fotografen und die Quellen des Fotomaterials, soweit nicht in den Bildlegenden angegeben, sind folgende:

Altgelt-Scott Associates: Seite 209; AP/Wide World Photos: Seite 33; Art Resource, New York: Seiten 30, 108, 190 oben und unten, 196 oben; Baden-Baden, Deutschland: Seite 132 rechts; Baden-Badener Bädervereinigung: Seiten 129, 132 links; Badener Fremdenverkehrsamt, Schweiz: Seiten 2, 146 unten, 147 oben und unten; Ian Baker: Seite 54; Paolo Belloni & Marzia Malli: Seiten 1, 10—11, 74—75, 141, 184—185; Paul Berg: Seite 87; The Bettmann Archive: Seite 96 links; Marilyn Blaisdell Publishing: Seite 159; mit Genehmigung der Bridgeman Art Library: Seite 29; Claire Burkert: Seite 42; Cal-a-Vie: Seite 168; mit Genehmigung von Casino Knokke, Belgien: Seite 24 unten; Paul Chesley/Photographers Aspen: Seite 102 rechts; mit Genehmigung von Christie, Manson and Woods International, Inc.: Seiten 5, 193 oben links; Colorphoto Hans Hinz: Seite 24 oben; Alev Lytle Croutier: Seite 144 oben; Dänische Fremdenverkehrsbehörde: Seite 26; John Durant: Seite 197; FOTEK, Bath, Vereinigtes Königreich: Seite 119; Fotostudio Otto: Seite 39; Roberta Frateschi: Seite 122 oben und unten; Copyright © Robert Frerck/Odyssey, Chicago: Seiten 19, 82; Golden Door: Seite 166; Robin Groth: Seite 167 unten; Barbara Hansen: Seite 51; Hotel Quellenhof, Bad Ragaz, Schweiz: Seiten 145, 146 oben; Icona: Seiten 43 (Foto Mairani), 150 (AFE/Luca Servo), 207 (Toni Nicolini, TCI); Frédéric Jaulmes: Seite 194; Thomas L. Kelly: Seite 103 links; Das Kurhaus, Wiesbaden, Deutschland: Seite 133; Library of Congress: Seite 152; Copyright © 1954 Loews: Seite 198; Copyright © The Metropolitan Museum of Art, New York, alle Rechte vorbehalten: Seiten 56, 102 links; Andreas Müller-Franz: Seite 149 unten; Musées de la Ville de Paris: Seite 95; Grazia Neri/Shooting Star: Seite 140 oben, rechts und unten; Robert Nugent Photography: Seite 38; Jerry Ohlinger's, New York: Seite 149 oben; Copyright © 1956 by Paramount Pictures. Alle Rechte vorbehalten: Seite 201; Beth Phillips: Seite 204; Rancho La Puerta: Seite 164; Copyright © Photo R.M.N. (Réunion des Musées Nationaux), Paris: Seiten 4, 12, 21 unten, 60, 186, 193 oben rechts und unten, 196 unten; Roger-Viollet: Seiten 62, 78, 80, 84, 89, 91 links, 93, 96 rechts, 97, 100, 105, 112, 113 oben, Mitte und unten, 114, 117 oben und unten, 124 oben und unten, 126, 172, 177; San Pellegrino Spa, Italien: Seite 144 unten; Scala/Art Resource, New York: Seite 21 oben; Sonoma Mission Inn & Spa, Kalifornien: Seiten 158 rechts, 160; Spa-Monopole Corp.: Seiten 136, 170; Tettuccio, Montecatini, Italien: Seite 140 oben links; Türkisches Fremdenverkehrsamt: Seite 65; Two Bunch Palms: Seite 161; Underwood Photo Archives: Seite 155; Woodfin Camp & Associates: Seiten 103 rechts (Michael Yamashita), 158 links (Copyright © Chuck O'Rear), 167 oben (Copyright © Karen Kasmauski), 215 (Alon Reininger).